한자능력
검정시험

기출·예상문제집
한국어문회가 직접 발간한 문제집

1급

머리말

우리의 글은 70% 이상이 한자로 이루어져 있다. 비록 우리말이 소리로 표시되다고 하더라도, 결국 그 표시의 근본이 한자였기 때문에 한글이 만들어지기 전까지는 우리의 모든 역사와 생활이 한자로 기록되었고, 한글 창제이후에도 대부분의 기록은 한자로 이루어졌다.

따라서 우리의 학문, 역사, 민속 등 모든 문화유산은 한자를 모르고는 정확히 이해할 수 없으며, 무엇보다 지금 당장의 생활과 공부를 위해서도 한자가 필요한 것이다.

그 동안 어문교육에 대한 이견으로 한자 교육의 방향성이 중심을 잡지 못하고 표류하였으나 아무리 한글전용이 기본이고 어려운 한자어를 우리말로 바꾸는 작업을 꾸준히 한다 하더라도 눈앞에 문장을 이해하지 못하고 어쩔 수 없이 사교육의 영역에서 한자를 공부하는 현실을 부인할 수 없는 것이다. 공교육의 영역에서 충실한 한자교육이 이루어지지 못하는 지금의 상황에서는 한자학습의 주요한 동기부여수단의 하나인 동시에 학습결과도 확인해볼 수 있는 한자능력검정시험의 역할이 더욱 중요하기 때문에, 우선적으로 시험을 위한 문제집으로서 이 책을 출간하게 되었다. 한자공부가 어렵게만 느껴지는 분들에게 이 책이 충분히 도움이 될 것으로 믿으며, 한자학습을 지도하는 부모님들이나 선생님들의 부담도 덜어줄 것이라고 감히 추천하는 바이다.

이 책의 구성

- 출제유형 및 합격기준
- 출제유형분석 – 학습이나 지도의 가이드라인을 제시
- 배정한자 및 사자성어 수록
- 예상문제 – 기출문제분석에 의한 배정한자의 문제화
- 실제시험답안지 – 회별로 구성
- 최근 기출문제 8회분 수록

이 책이 여러분들의 한자실력향상에 도움이 되기를 바란다.

편저자 씀

한자능력시험 급수별 출제유형

구 분	특급	특급II	1급	2급	3급	3급II	4급	4급II	5급	5급II	6급	6급II	7급	7급II	8급
읽기 배정 한자	5,978	4,918	3,500	2,355	1,817	1,500	1,000	750	500	400	300	225	150	100	50
쓰기 배정 한자	3,500	2,355	2,005	1,817	1,000	750	500	400	300	225	150	50	0	0	0
독 음	45	45	50	45	45	45	32	35	35	35	33	32	32	22	24
한자 쓰기	40	40	40	30	30	30	20	20	20	20	20	10	0	0	0
훈 음	27	27	32	27	27	27	22	22	23	23	22	29	30	30	24
완성형[성어]	10	10	15	10	10	10	5	5	4	4	3	2	2	2	0
반의어	10	10	10	10	10	10	3	3	3	3	3	2	2	2	0
뜻풀이	5	5	10	5	5	5	3	3	3	3	2	2	2	2	0
동음이의어	10	10	10	5	5	5	3	3	3	3	2	0	0	0	0
부 수	10	10	10	5	5	5	3	3	0	0	0	0	0	0	0
동의어	10	10	10	5	5	5	3	3	3	2	0	0	0	0	0
장단음	10	10	10	5	5	5	3	0	0	0	0	0	0	0	0
약 자	3	3	3	3	3	3	3	3	3	3	0	0	0	0	0
필 순	0	0	0	0	0	0	0	0	0	0	3	3	2	2	2
한 문	20	20	0	0	0	0	0	0	0	0	0	0	0	0	0

▸ 상위급수 한자는 모두 하위급수 한자를 포함하고 있습니다.

▸ 쓰기 배정 한자는 한두 급수 아래의 읽기 배정한자이거나 그 범위 내에 있습니다.

▸ 출제유형표는 기본지침자료로서, 출제자의 의도에 따라 차이가 있을 수 있습니다.

▸ 공인급수는 교육과학기술부로부터 국가공인자격 승인을 받은 특급·특급II·1급·2급·3급·3급II이며, 교육 급수는 한국한자능력검정회에서 시행하는 민간자격인 4급·4급II·5급·5급II·6급·6급II·7급·7급II·8급 입니다.

▸ 5급II·7급II는 신설 급수로 2010년 11월 13일 시험부터 적용됩니다.

▸ 6급II 읽기 배정한자는 2010년 11월 13일 시험부터 300자에서 225자로 조정됩니다.

한자능력검정시험 합격기준

구 분	특급	특급II	1급	2급	3급	3급II	4급	4급II	5급	5급II	6급	6급II	7급	7급II	8급
출제문항수	200	200	200	150	150	150	100	100	100	100	90	80	70	60	50
합격문항수	160	160	160	105	105	105	70	70	70	70	63	56	49	42	35
시험시간	100분	100분	90분	60분	60분	60분	50분	50분	50분	50분	50분	50분	50분	50분	50분

▸ 특급, 특급II, 1급은 출제 문항수의 80% 이상, 2급 ~ 8급은 70% 이상 득점하면 합격입니다.

차 례

한자능력검정시험

1級에서는 2級과 마찬가지로 한자어의 讀音, 한자의 訓音, 한자어 등의 빈칸을 메워 완성하는 문제, 反對語[相對語] 문제, 同意語[類義語] 문제, 한자어의 뜻풀이 문제, 한자나 한자어를 직접 쓰는 문제, 同音異義語 문제, 略字 문제, 部首 문제, 長短音(한자말 첫소리의 길고 짧은 소리) 문제가 나오며 특별히 출제기준에 추가된 것은 없다. 총 200문제가 출제된다.

우선 정해진 배정한자 3,500자 낱글자의 훈음을 모두 익힌 뒤에 그 글자들이 어울려 만들어내는 한자어의 독음과 뜻을 학습하여야 한다. 그리고 反對語[相對語], 同意語[類義語], 同音異義語의 개념도 학습하여야 한다. 또 전체 배정한자의 部首와 해당 범위 내의 略字도 익혀 두어야 한다. 한자 쓰기 문제를 대비하기 위해서는 2급 배정한자 2,355자 중 인명지명용 한자로 분류된 350자를 제외한 2,005자 범위 내의 한자어 중 많이 쓰이는 중요한 것은 모두 읽고 쓸 줄 알아야 한다.

長短音은 특별한 규칙이 있는 것이 아니므로 기본 지침서의 장단음표를 참조하여 한자어 전체를 소리내어 발음하면서 입에 배도록 익혀야 한다. 기출 문제를 풀어 보고 시험에 자주 등장하는 장음 한자어들만 따로 모아 문장을 만들어 익히는 등의 여러 노력이 필요하다.

시험에서 중요한 사항은 우선 출제자가 요구하는 답이 무엇인지 질문을 통해 확인하여야 한다. 기출문제를 풀어보면 알 수 있지만 대개 질문은 회차에 무관하게 각 급수별로 일정한 유형으로 정해져 있다. 따라서 기출문제를 통하여 질문에 익숙해져야 한다.

❶ 한자어의 讀音 문제는 대개 지문 속의 한자어를 제시하거나 한자어 목록이 제시된다.

다음 漢字語의 讀音을 쓰시오. (1~5)

1	堪輿	2	揆度
3	囹圄	4	戒律
5	舅甥		

기본적으로 한자 낱글자의 소리를 알고 있으면 답할 수 있다. 다만 두음법칙, 속음, 여러 가지 소리가 나는 글자 등에 주의하면 된다. 위의 문장의 '囹圄'의 경우 답안지에는 '영어'로 적어야 한다. '령어'로 적으면 틀린 답이 된다. '囹'은 본래 소리가 '령'이지만 국어에는 두음법칙이 있어 첫소리에 'ㄹ'이 오는 것을 꺼리므로 '영'으로 하여야 한다. 물론 한자어가 '幽囹'으로 '囹'이 뒤에 온다면 '유령'으로 정상적으로 '령'으로 답하면 된다.

한편 '論難, 許諾' 등의 경우 답안지에는 '논란, 허락' 등으로 적어야 하며, '논난, 허낙'으로 적으면 틀린 답이 된다. 속음이라 하여 국어에는 한국인이 소리내기 쉽게 한자음이 바뀌는 경우 등이 발생하며 이때는 바뀐 한자 소리를 우선하여야 한다. 이런 한자어들은 사례가 많지 않으므로 기본 지침서를 활용하여 익혀두면 된다.

또 한자의 소리가 '렬, 률'인 것이 모음이나 'ㄴ' 뒤에 오는 경우 국어에서는 '열, 율'로 소리나고 표기하게 되어 있는 것에 주의하여야 한다. 위의 경우 戒律은 한자음대로 하면 '계률'이지만 모음 뒤에 '률(律)'이 오는 데서 실제 소리와 표기는 '계율'이 되는 점에 주의하여야 한다.

그리고 위의 揆度의 '度'처럼 두 가지 이상의 소리가 있는 한자는 어울리는 한자와 뜻에 의하여 소리가 달라지므로 평소에 자주 쓰이는 두 가지 이상의 훈음을 가진 한자는 주의 깊게 익혀 두어야 한다. 예로 揆度은 소리가 '규탁'이 되고, '頻度'는 그 소리가 '빈도'가 되는 것이다.

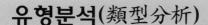
2 한자의 訓音 문제는 대개 다음과 같다.

> **다음 漢字의 訓과 音을 쓰시오. (71~75)**
>
> 71 隙   72 凱
>
> 73 耗   74 剝
>
> 75 頯

유형해설

위의 訓音 문제는 한자 낱글자의 뜻과 소리를 알고 있으면 풀 수 있는 문제들이다.

3 한자어의 뜻풀이 문제는 대개 다음과 같다.

> **다음 漢字語의 뜻을 쉬운 우리말로 바꾸어 보시오. (51~55)**
>
> 51 堪輿   52 泡沫
>
> 53 寤寐   54 糟粕
>
> 55 旱魃

> **다음 漢字語의 轉義(字義가 아님)를 쓰시오. (56~60)**
>
> 56 杜撰   57 膏粱
>
> 58 庶黎   59 跋扈
>
> 60 刺股

유형해설

뜻풀이 문제는 배정한자 범위 내에 있는 한자어들을 많이 익혀 두어야 한다. 한자의 訓音으로 한자어의 뜻을 짐작하는 훈련을 하고, 뜻을 가지고 해당 한자어를 머릿속에 떠올리고 쓸 수 있도록 연습하여야 한다.

그리고 한자어는 순우리말과 풀이 순서가 다를 수 있으므로 한자어의 구조에 대하여도 기본적인 것은 학습하여 두어야 한다. 예로 植木은 보통 '심을 식, 나무 목'으로 익혀 植木을 '심은 나무' 등으로 풀이하기 쉬운데, 뜻이 달라지거나 말이 통하지 않으므로 뒤부터 풀이하여 '나무를 심음'이라는 뜻이 드러나도록 표현하여야 한다. 또 대표훈음만으로는 이해되지 않는 자주 쓰이는 한자어도 출제되므로 한자어가 잘 이해가 안 될 때는 자전 등을 참고하여 다른 중요한 뜻도 공부하여 두어야 한다. 예로 選手의 경우 '가릴 선, 손 수'가 대표훈음이지만 이를 토대로 '가린 손'이라 해 보아야 뜻이 통하지 않는 것이다. 이런 경우의 '手'는 '사람'의 뜻이라는 것도 알아 두어야 '(여럿 중에서)가려 뽑은 사람'이라는 뜻을 이해하고 설명할 수 있는 것이다.

특히 1급 등에서는 한자어를 순우리말로 풀이하는 문제가 나오므로 순우리말로 표현 가능한 한자어는 개념을 이해하는 데서 나아가 순우리말로 표현해 보는 연습도 해두어야 한다. 위의 경우 한자의 훈음을 토대로 한자어의 뜻을 이해하고 있다면 뜻풀이 문제의 연장선에 있는 것으로 특별히 어려운 문제라 할 수는 없다. 堪輿는 하늘과 땅, 泡沫은 물거품, 寤寐는 자나깨나, 糟粕은 지게미, 旱魃은 가뭄 정도로 답하면 되는 것이다.

漢字語의 轉義는 字義(한자 그대로의 뜻)가 아닌 바뀐 뜻을 말한다. 예로 矛盾의 字義는 '창과 방패'이다. 그런데 실제로는 어떤 방패로도 막지 못하는 창과 어떤 창으로도 뚫지 못하는 방패를 팔려고 했던 상인의 이야기에서 '어떤 사실의 앞뒤, 또는 두 사실이 이치상 어긋나서 서로 맞지 않음'을 이르는 말로 쓰이는데, 이것이 轉義이다. 대개 故事가 있는 용어는 轉義를 지니고 있다. 위 문제 중 膏粱을 예로 들면 字義는 '기름과 기장' 정도가 된다. 그런데 기름은 기름진 고기를, 기장은 좋은 곡식을 나타냄에서 결국 이 말은 '맛있는 음식'을 나타내는 말로 쓰이게 되었는데, 이것이 轉義다.

4 相對語[反對語], 同義語[類義語] 문제는 대개 相對[反對] 또는 같거나 비슷한 뜻을 지닌 한자를 찾아내어 한자어를 완성하는 형태가 많고 한자어를 상대로 같거나 다른 뜻의 한자어를 완성하는 형태의 문제도 출제된다.

다음 각 글자와 意味上 對立되는 漢字를 적어 單語를 完成하시오. (78~81)

78 眞 [　] 　　　　79 寒 [　]

80 [　]悲 　　　　81 [　]重

다음 漢字語의 反對語를 쓰시오. (116~120)

116 懶怠 ↔ [　][　] 　　　117 稀薄 ↔ [　][　]

118 硬直 ↔ [　][　] 　　　119 斬新 ↔ [　][　]

120 錦上添花 ↔ 雪上 [　][　]

다음 각 글자에 뜻이 비슷한 漢字를 연결하여 單語를 完成하시오. (87~90)

87 洗 [　] 　　　　88 [　]眠

89 勉 [　] 　　　　90 [　]愼

다음 漢字語의 同義語를 쓰시오. (126~130)

126 換骨 – [　][　] 　　　127 逍遙 – [　][　]

128 破瓜 – [　][　] 　　　129 未曾有 – 破 [　][　]

130 見利思義 – 見危 [　][　]

유형해설

평소에 相對(反對)의 개념과 相對(反對)자를 학습해 두어야만 풀 수 있다. 반대어 문제는 대개 결합되어 한자어를 만드는 것들이 주로 출제된다. 위의 眞僞, 寒暖, 喜悲, 輕重은 그대로 반대되는 뜻을 지닌 채 결합한 한자어들인 것이다. 따라서 한자어를 학습할 때 이런 점에 관심을 두고 이런 한자어들을 따로 추려 공부해 두면 문제를 쉽게 풀 수 있다. 주의해야 할 점은 한자어를 완성할 때에 기왕에 존재하는 한자어를 만들어야 하고 새로운 한자어를 만들어 내서는 안 된다는 점이다. 사전적으로 개념 정의가 되어 있는 약속된 한자어가 아니면 본인의 의도와는 달리 전연 다른 뜻으로 이해될 수 있고, 풀이에 따라서는 상대나 동의 관계가 유지되지 않을 수도 있기 때문이다.

相對(反對)는 완전히 다른 것은 아니다. 비교의 기준으로서 같은 점이 있어야 하고 하나 이상은 달라야 반대가 되는 것이다. 朝夕을 예로 들면 둘 다 하루 중의 어떤 시점을 나타낸다는 점에서는 같으나 하나는 해가 뜨는 아침을 하나는 해가 지는 저녁을 나타낸다는 점에서 반대가 되는 것이다. 春夏를 예로 든다면 반대가 되지 않는다. 계절을 나타내는 점에서는 같으나 반대가 되는 것이 없기 때문이다. 봄이 아니라고 하여 반드시 여름인 것은 아니고 가을, 겨울도 있으므로 여름만이 봄의 반대가 될 수는 없다. 春秋는 다르다. 계절을 나타내는 점에서는 같으나 하나는 씨를 뿌리는 계절을 하나는 열매를 거두는 계절이 대비되는 점에서 반대가 될 수 있는 것이다.

同義[類義]란 뜻이 같거나 비슷하다는 뜻이다. 이와 같은 한자를 찾아내어 한자어를 완성하면 된다. 同義[類義] 문제는 역시 대개 결합되어 한자어를 만드는 것들이 주로 출제된다. 위의 洗濯, 睡眠, 勉勵, 謹愼은 뜻이 같거나 비슷한 글자끼리 결합된 한자어인 것이다.

기타 斬新과 陳腐, 錦上添花와 雪上加霜, 稱讚과 險談, 喪失과 獲得, 感情과 理性 등의 개념 대비 反對[相對] 관계에 있는 한자어, 逍遙와 散策, 未曾有와 破天荒, 見利思義와 見危致命, 客地와 他鄉 등 개념 대비 同義[類義] 관계에 있는 한자어를 묻는 문제도 출제되므로 한자어의 뜻과 개념을 확실히 이해하고 있어야만 한다.

---

5 同音異義語 문제는 소리는 같고 뜻은 다른 한자어 문제다.

[유형 1] 다음 同音異義語를 구별하여 正字로 쓰시오. (181~190)

- 사거 181 죽어 세상을 떠남   182 작별하고 떠남
- 제수 183 임금이 벼슬을 시킴   184 15÷3=5일 때의 3
- 사제 185 신부   186 내 집
- 사주 187 모래섬   188 신하에게 술을 내림
- 주사 189 못된 술버릇   190 (몸 아프면 맞아야지)

[유형 2] 다음 글에서 생각되는 漢字語(동음이의어) 둘(2)을 쓰시오. (185~188)

- 전시(185, 186)중 國寶를 안전하게 지킨 사람
- 의연금 많이 낸 그 부자(187, 188), 모두 칭송

유형해설

제시된 한자어를 통해 소리는 알 수 있으므로, 제시된 뜻을 통해 특정 소리와 뜻을 가진 한자를 찾아내어 한자어를 완성하는 문제로 볼 수 있다. '사거' 소리를 가진 한자어 중에 제시된 '죽어 세상을 떠남'이라는 단서를 통하여 '死去'를 찾아내어 쓰면 되는 것이다. 한자어를 찾아낼 단서는 뜻 이외에 소리 하나가 더 있는 셈이므로 뜻만 가지고 해당 한자어를 찾아내는 문제 보다는 해답에 접근하기가 더 쉽다고 할 수 있다. 다만 출제 한자어의 수준이 매우 높으므로 국한문 혼용으로 된 古典을 많이 읽어 현대 생활 용어 외에 역사나 문학 등에 등장하는 여러 용어들에 관심을 가져야 한다. [유형 2]의 경우는 문장 중에서 연상되는 한자어가 둘 이상 있을 수 있는 경우이다. 예를 들어 '의연금 많이 낸 그 부자(187, 188), 모두 칭송'이라 하면 이 문장에서는 富者와 父子를 연상할 수 있고, 두 한자어 모두 문맥에서 잘 어울리는 것을 확인할 수 있다.

---

6 완성형 문제는 대개 사자성어나 고사성어 등의 한 글자 정도를 비워 놓고 채워 넣을 수 있는 지를 검정하는 문제가 출제된다.

다음 같은 뜻의 故事成語가 되도록 ( )안 漢字를 쓰시오. (197~200)

197 刻舟求劍 – [ ]株[ ]兎   198 斑[ ]之戲 – [ ]萊之戲

199 脣[ ]齒[ ] – 輔車相依   200 三遷之敎 – [ ][ ]之敎

다음 ( )속에 알맞은 漢字를 正字로 써 넣어 四字成語를 完成하시오. (108~111)

108 隻手[ ][ ]   109 [ ]角[ ]牛

110 不[ ]戴[ ]   111 [ ]寒[ ]柏

유형해설

배정한자 범위내의 자주 쓰이는 사자성어나 고사성어는 별도로 익혀두는 것이 좋다. '수주대토, 세한송백' 등 소리만이라도 연상할 수 있다면 문제에 쉽게 접근할 수 있을 것이다.

7 한자어를 쓰는 문제는 대개 맞는 한자어를 바로 머리에 떠올릴 수 있도록 지문이 주어진다.

다음 글을 읽고 밑줄 친 漢字語를 漢字 正字로 쓰시오. (156~167)

• <u>오염</u>[156]된 하천을 덮은 <u>복개</u>[157] 도로, 그 위의 <u>고가</u>[158]도로, 그 도로를 원래의 개울로 <u>복원</u>[159]한 것은 국민의 <u>잠재</u>[160]力을 능력 있는 리더가 잘 활용해 일군 것

• <u>침범</u>[161]해 온 <u>조폭</u>[162]들의 무리를 <u>구축</u>[163]하고 부당하게 <u>해고</u>[164]되었던 店員들 망라하여 새 市場을 이루니 여기 다시 形成된 우리 <u>상권</u>[165], 이제 <u>초미</u>[166]의 과제는 <u>배상</u>[167] 협의

다음의 뜻을 가진 故事成語를 漢字로 쓰시오. (85~86)

85 [　][　][　][　] : 잘못된 점을 고치려다 도리어 망침

86 [　][　][　][　] : 하늘을 놀라게 하고 땅을 뒤흔듦, 세상을 아주 크게 놀라게 함

유형해설

한자어를 쓰는 문제는 한자 능력을 종합적으로 검정하는 문제라고 할 수 있다. 평소에 익힌 한자와 한자어를 여러 번 써 보고 뜻을 익히는 일을 게을리 하지 말아야 한다. 또 문장 속에서 익힌 한자어를 활용하는 습관을 들여야 한다.

8 略字 문제는 대개 정자를 제시하고 해당 약자를 쓰라는 형태로 출제되지만, 간혹 약자를 제시하고 정자로 바꾸어 쓰라는 문제도 출제되므로 범위 내의 정자와 약자를 다 익혀 두어야 한다.

다음 漢字의 略字는 正字로, 正字는 略字로 쓰시오. (148~150)

148 屬　　　　　　　　　149 稱

150 圍

---

9 部首 문제는 주로 한자를 제시하고 그 한자의 부수를 찾아내어 쓰라는 형태로 출제된다.

다음 漢字의 部首를 쓰시오. (133~137)

133 照　　　　　　　　　134 坐

135 當　　　　　　　　　136 臺

137 鴻

유형해설

부수 문제는 해당 한자의 부수를 찾아내어 한자의 뜻을 짐작하고 자전에서 찾아낼 수 있는 능력 여부를 검정하는 데 주안점이 있으므로 다소 주변적인 획수를 묻는 문제는 출제된 적이 없다. 평소에 배정한자의 부수를 중심으로 학습하여 두면 된다.

❿ 長短音

[유형 1] 다음에 열거된 單語들 중에서 **첫 音節이 긴 소리로 나는 것 10개를 가려 그 기호(①~**
㉛)를 쓰시오. (123~132)

<table>
<tr><td rowspan="4">例</td><td>① 靭帶</td><td>② 鍍金</td><td>③ 臀腫</td><td>④ 誣告</td><td>⑤ 剖析</td></tr>
<tr><td>⑥ 煖房</td><td>⑦ 戍樓</td><td>⑧ 臼齒</td><td>⑨ 妓生</td><td>⑩ 媚藥</td></tr>
<tr><td>⑪ 欠缺</td><td>⑫ 逍遙</td><td>⑬ 弑害</td><td>⑭ 蕩兒</td><td>⑮ 瀕死</td></tr>
<tr><td>⑯ 膿瘍</td><td>⑰ 膵臟</td><td>⑱ 酵素</td><td>⑲ 樽酒</td><td>⑳ 聾啞</td></tr>
</table>

[유형 2] 다음 各항에서 **첫 音節이 긴 소리로 나는 것을 1개씩 가려 그 기호(㉮~㉳)를 쓰시오.**
(123~125)

123 ㉮ 繡衣 ㉯ 徇前 ㉰ 豬毛 ㉱ 閻羅

124 ㉮ 嗚呼 ㉯ 溶媒 ㉰ 銑鋼 ㉱ 梵唄

125 ㉮ 誹謗 ㉯ 茅屋 ㉰ 隕石 ㉱ 萌芽

[유형 3] 다음 밑줄 친 漢字語 (131~155)에서 **첫소리가 '긴소리'인 것을 10개만 가려 그 번호**
를 쓰시오. (131~155)

• 파벌[131] 싸움. 변증[132]되지 않은 편벽[133]된 변론[134]. 모멸[135]을 느끼고 권총[136]으로 자살한 비적[137]
의 두목. 시신[138]을 동굴[139]에 유기[140]한 졸도[141]들.

• 난[란]숙[142]한 경지에 이르러 그린 규방[143]의 아기씨인데 여배우[144]의 매혹[145]적인 자태[146]처럼 느
껴지고 그림에 낙관도 없어 구매[147]할 사람이 기피[148]한다.

• 벽계[149]에 목욕[150]하고 3간 모옥에서 청량[151]한 바람 맞으니 세상 속진은 오불관언이라.

• 당뇨[152]로 신장[153]이 나빠졌다. 매일 뜰에서 도약[154]운동을 하고 매주 검진을 받는데 차도[155]는 없
다.

유 형 해 설

長短音(한자말 첫소리의 길고 짧은 소리) 문제는 쉽지 않다. 長短音은 특별한 규칙이 있는 것이 아니므로 기본 지침서의 장단
음표를 참조하여 한자어 전체를 소리내어 발음하면서 입에 배도록 익혀야 한다. 기출 문제를 풀어 보고 시험에 자주 등장하는
장음 한자어들만 따로 모아 문장을 만들어 익히는 등의 여러 노력이 필요하다.

특히 [유형 3]과 같은 형태의 문제는 한자어의 한자가 노출되어 있지 않으므로 문맥의 한자가 아닌 다른 한자로 이해하는 경우
장단음의 판정도 달라질 수 있으므로 더 주의를 하여야 한다.

배정한자(配定漢字)

8급~1급(3,500자)

한자음 뒤에 나오는 ":"는 장음 표시입니다. "(:)"는 장단음 모두 사용되는 한자이며, ":"나 "(:)"이 없는 한자는 단음으로만 쓰입니다.

8급 배정한자(50자)

敎	가르칠	교:	母	어미	모:	小	작을	소:	中	가운데	중
校	학교	교:	木	나무	목	水	물	수	靑	푸를	청
九	아홉	구	門	문	문	室	집	실	寸	마디	촌:
國	나라	국	民	백성	민	十	열	십	七	일곱	칠
軍	군사	군	白	흰	백	五	다섯	오:	土	흙	토
金	쇠	금	父	아비	부	王	임금	왕	八	여덟	팔
	성	김	北	북녘	북	外	바깥	외:	學	배울	학
南	남녘	남		달아날	배	月	달	월	韓	한국	한(:)
女	계집	녀	四	넉	사:	二	두	이:		나라	한(:)
年	해	년	山	메	산	人	사람	인	兄	형	형
大	큰	대(:)	三	석	삼	日	날	일	火	불	화(:)
東	동녘	동	生	날	생	一	한	일			
六	여섯	륙	西	서녘	서	長	긴	장(:)			
萬	일만	만:	先	먼저	선	弟	아우	제:			

☑ 8급 배정한자는 모두 50자로, 읽기 50자이며, 쓰기 배정한자는 없습니다. 가장 기초적인 한자들로 꼭 익혀 둡시다.

7급 배정한자(100자)

家	집	가	工	장인	공	男	사내	남	動	움직일	동:
歌	노래	가	空	빌	공	內	안	내:	同	한가지	동
間	사이	간(:)	口	입	구(:)	農	농사	농	洞	골	동:
江	강	강	旗	기	기	答	대답	답		밝을	통:
車	수레	거	氣	기운	기	道	길	도:	登	오를	등
	수레	차	記	기록할	기	冬	겨울	동(:)	來	올	래(:)

力	힘	력	夕	저녁	석	邑	고을	읍	天	하늘	천
老	늙을	로:	姓	성	성:	入	들	입	川	내	천
里	마을	리:	世	인간	세:	子	아들	자	草	풀	초
林	수풀	림	少	적을	소:	字	글자	자	村	마을	촌:
立	설	립	所	바	소:	自	스스로	자	秋	가을	추
每	매양	매(:)	手	손	수(:)	場	마당	장	春	봄	춘
面	낯	면:	數	셈	수:	全	온전	전	出	날	출
名	이름	명	市	저자	시:	前	앞	전	便	편할	편(:)
命	목숨	명:	時	때	시	電	번개	전:		똥오줌	변
問	물을	문:	植	심을	식	正	바를	정(:)	平	평평할	평
文	글월	문	食	밥	식	祖	할아비	조	下	아래	하:
物	물건	물		먹을	식	足	발	족	夏	여름	하:
方	모	방	心	마음	심	左	왼	좌:	漢	한수	한:
百	일백	백	安	편안	안	主	주인	주		한나라	한:
夫	지아비	부	語	말씀	어:		임금	주	海	바다	해:
不	아닐	불	然	그럴	연				花	꽃	화
	아닐	부	午	낮	오:	住	살	주:	話	말씀	화
事	일	사:	右	오를	우:	重	무거울	중:	活	살	활
算	셈	산:		오른(쪽)	우:	地	따	지	孝	효도	효:
上	윗	상:	有	있을	유:	紙	종이	지	後	뒤	후:
色	빛	색	育	기를	육	直	곧을	직	休	쉴	휴
						千	일천	천			

☑ 7급 배정한자는 모두 150자로, 8급 배정한자(50자)를 제외한 100자만을 담았습니다. 8급과 마찬가지로 쓰기 배정한자는 없습니다.

배정한자(配定漢字)

6급·6급 II 배정한자(150자)

各	각각	각	急	급할	급		성(姓)	리:	社	모일	사

漢字	훈	음	漢字	훈	음	漢字	훈	음	漢字	훈	음
各	각각	각	急	급할	급		성(姓)	리:	社	모일	사
角	뿔	각	級	등급	급	理	다스릴	리:	書	글	서
感	느낄	감	多	많을	다	明	밝을	명	席	자리	석
強	강할	강(:)	短	짧을	단(:)	目	눈	목	石	돌	석
開	열	개	堂	집	당	聞	들을	문(:)	線	줄	선
京	서울	경	代	대신	대:	米	쌀	미	雪	눈	설
界	지경	계:	對	대할	대:	美	아름다울	미(:)	成	이룰	성
計	셀	계:	待	기다릴	대:	朴	성(姓)	박	省	살필	성
古	예	고:	圖	그림	도	半	반	반:		덜	생
苦	쓸[味覺]	고	度	법도	도(:)	反	돌이킬	반:	消	사라질	소
高	높을	고		헤아릴	탁		돌아올	반:	速	빠를	속
公	공평할	공	讀	읽을	독	班	나눌	반	孫	손자	손(:)
共	한가지	공		구절	두	發	필	발	樹	나무	수
功	공(勳)	공	童	아이	동(:)	放	놓을	방(:)	術	재주	술
果	실과	과:	頭	머리	두	番	차례	번	習	익힐	습
科	과목	과	等	무리	등:	別	다를	별	勝	이길	승
光	빛	광	樂	즐길	락		나눌	별	始	비로소	시:
交	사귈	교		노래	악	病	병	병:	式	법	식
區	구분할	구		좋아할	요	服	옷	복	信	믿을	신:
	지경	구	例	법식	례:	本	근본	본	新	새	신
球	공	구	禮	예도	례:	部	떼	부	神	귀신	신
郡	고을	군:	路	길	로:	分	나눌	분(:)	身	몸	신
根	뿌리	근	綠	푸를	록	使	하여금	사:	失	잃을	실
近	가까울	근:	利	이할	리:		부릴	사:	愛	사랑	애(:)
今	이제	금	李	오얏	리:	死	죽을	사:	夜	밤	야:

野	들(坪)	야:	由	말미암을	유	第	차례	제:	合	합할	합
弱	약할	약	銀	은	은	題	제목	제	幸	다행	행:
藥	약	약	音	소리	음	朝	아침	조	行	다닐	행(:)
洋	큰바다	양	飮	마실	음(:)	族	겨레	족		항렬	항
陽	볕	양	意	뜻	의:	畫	낮	주	向	향할	향:
言	말씀	언	衣	옷	의	注	부을	주:	現	나타날	현:
業	업	업	醫	의원	의	集	모을	집	形	모양	형
永	길	영:	者	놈	자	窓	창	창	號	이름	호(:)
英	꽃부리	영	作	지을	작	淸	맑을	청	和	화할	화
溫	따뜻할	온	昨	어제	작	體	몸	체	畫	그림	화:
勇	날랠	용:	章	글	장	親	친할	친		그을	획
用	쓸	용:	在	있을	재:	太	클	태	黃	누를	황
運	옮길	운:	才	재주	재	通	통할	통	會	모일	회:
園	동산	원	戰	싸움	전:	特	특별할	특	訓	가르칠	훈:
遠	멀	원:	定	정할	정:	表	겉	표			
油	기름	유	庭	뜰	정	風	바람	풍			

☑ 6급, 6급Ⅱ 배정한자는 모두 300자로, 7급 배정한자(150자)를 제외한 150자만을 담았습니다.
　　쓰기 배정한자 6급은 150자이며, 6급Ⅱ는 8급 50자입니다.

5급 배정한자(200자)

價	값	가	考	생각할	고(:)	吉	길할	길	領	거느릴	령
加	더할	가	曲	굽을	곡	念	생각	념:	勞	일할	로
可	옳을	가:	課	공부할	과(:)	能	능할	능	料	헤아릴	료(:)
改	고칠	개(:)		과정	과(:)	團	둥글	단	流	흐를	류
客	손	객	過	지날	과:	壇	단	단	類	무리	류(:)
去	갈	거:	觀	볼	관	談	말씀	담	陸	뭍	륙
擧	들	거:	關	관계할	관	當	마땅	당	馬	말	마:
件	물건	건:	廣	넓을	광:	德	큰	덕	末	끝	말
健	굳셀	건:	橋	다리	교	到	이를	도:	亡	망할	망
建	세울	건:	具	갖출	구(:)	島	섬	도	望	바랄	망:
格	격식	격	救	구원할	구:	都	도읍	도	買	살	매:
見	볼	견:	舊	예	구:	獨	홀로	독	賣	팔	매(:)
	뵈올	현:	局	판[形局]	국:	落	떨어질	락	無	없을	무
決	결단할	결	貴	귀할	귀:	朗	밝을	랑:	倍	곱	배(:)
結	맺을	결	規	법	규	冷	찰	랭:	法	법	법
敬	공경	경:	給	줄	급	良	어질	량	變	변할	변:
景	볕	경(:)	基	터	기	量	헤아릴	량	兵	병사	병
競	다툴	경:	己	몸	기	旅	나그네	려	福	복	복
輕	가벼울	경	技	재주	기	歷	지날	력	奉	받들	봉:
告	고할	고:	期	기약할	기	練	익힐	련:	比	견줄	비:
固	굳을	고(:)	汽	물 끓는 김	기	令	하여금	령(:)	費	쓸	비:

鼻	코	비:	洗	씻을	세:	葉	잎	엽	材	재목	재
氷	얼음	빙	束	묶을	속	屋	집	옥	災	재앙	재
仕	섬길	사(:)	首	머리	수	完	완전할	완	財	재물	재
史	사기	사:	宿	잘	숙	曜	빛날	요	爭	다툴	쟁
士	선비	사:		별자리	수:	要	요긴할	요(:)	貯	쌓을	저:
寫	베낄	사	順	순할	순:	浴	목욕할	욕	的	과녁	적
思	생각	사(:)	示	보일	시:	友	벗	우:	赤	붉을	적
査	조사할	사	識	알	식	牛	소	우	傳	전할	전
産	낳을	산:		기록할	지	雨	비	우:	典	법	전:
商	장사	상	臣	신하	신	雲	구름	운	展	펼	전:
相	서로	상	實	열매	실	雄	수컷	웅	切	끊을	절
賞	상줄	상	兒	아이	아	元	으뜸	원		온통	체
序	차례	서:	惡	악할	악	原	언덕	원	節	마디	절
仙	신선	선		미워할	오	院	집	원	店	가게	점:
善	착할	선:	案	책상	안:	願	원할	원:	停	머무를	정
船	배	선	約	맺을	약	位	자리	위	情	뜻	정
選	가릴	선:	養	기를	양:	偉	클	위	操	잡을	조(:)
鮮	고울	선	漁	고기 잡을	어	以	써	이:	調	고를	조
說	말씀	설	魚	고기	어	耳	귀	이:	卒	마칠	졸
	달랠	세:		물고기	어	因	인할	인	種	씨	종(:)
性	성품	성:	億	억[數字]	억	任	맡길	임(:)	終	마칠	종
歲	해	세:	熱	더울	열	再	두	재:	罪	허물	죄:

州	고을	주	鐵	쇠	철	卓	높을	탁:	害	해할	해:
週	주일	주	初	처음	초	炭	숯	탄:	許	허락할	허
止	그칠	지	最	가장	최:	宅	집	택	湖	호수	호
知	알	지	祝	빌	축	板	널	판	化	될	화(:)
質	바탕	질	充	채울	충	敗	패할	패:	患	근심	환:
着	붙을	착	致	이를	치:	品	물건	품:	效	본받을	효
參	참여할	참	則	법칙	칙	必	반드시	필	凶	흉할	흉
	석	삼		곧	즉	筆	붓	필	黑	검을	흑
唱	부를	창:	他	다를	타	河	물	하			
責	꾸짖을	책	打	칠	타:	寒	찰	한			

☑ 5급 배정한자는 모두 500자로, 6급 배정한자(300자)를 제외한 200자만 담았습니다. 쓰기 배정한자는 6급 300자입니다.

4급·Ⅱ 배정한자(250자)

假	거짓	가:	檢	검사할	검:	係	맬	계:	權	권세	권
街	거리	가(:)	潔	깨끗할	결	故	연고	고(:)	極	다할	극
減	덜	감:	缺	이지러질	결	官	벼슬	관		극진할	극
監	볼	감	境	지경	경	句	글귀	구	禁	금할	금:
康	편안	강	慶	경사	경	求	구할(索)	구	器	그릇	기
講	욀	강:	經	지날/글	경	究	연구할	구	起	일어날	기
個	낱	개(:)	警	깨우칠	경	宮	집	궁	暖	따뜻할	난:

難	어려울	난(:)	兩	두	량:	拜	절	배:	悲	슬플	비
努	힘쓸	노	麗	고울	려	背	등	배:	非	아닐	비(:)
怒	성낼	노:	連	이을	련	配	나눌	배:	飛	날	비
單	홑	단	列	벌릴	렬		짝	배:	貧	가난할	빈
斷	끊을	단:	錄	기록할	록	伐	칠(討)	벌	師	스승	사
檀	박달나무	단	論	논할	론	罰	벌할	벌	寺	절	사
端	끝	단	留	머무를	류	壁	벽	벽	舍	집	사
達	통달할	달	律	법칙	률	邊	가	변	謝	사례할	사:
擔	멜	담	滿	찰	만(:)	保	지킬	보(:)	殺	죽일	살
黨	무리	당	脈	줄기	맥	報	갚을	보:		감할	쇄:
帶	띠	대((:)	毛	터럭	모		알릴	보:	常	떳떳할	상
隊	무리	대	牧	칠(養)	목	寶	보배	보:	床	상	상
導	인도할	도:	務	힘쓸	무:	步	걸음	보:	想	생각	상:
毒	독	독	武	호반	무:	副	버금	부:	狀	형상	상
督	감독할	독	味	맛	미:	婦	며느리	부		문서	장:
銅	구리	동	未	아닐	미(:)	富	부자	부:	設	베풀	설
斗	말	두	密	빽빽할	밀	府	마을[官廳]	부(:)	城	재	성
豆	콩	두	博	넓을	박	復	회복할	복	星	별	성
得	얻을	득	房	방	방		다시	부:	盛	성할	성:
燈	등	등	訪	찾을	방:	佛	부처	불	聖	성인	성:
羅	벌릴	라	防	막을	방	備	갖출	비:	聲	소리	성

誠	정성	성	視	볼	시:	往	갈	왕:	低	낮을	저:
勢	형세	세:	試	시험	시(:)	謠	노래	요	敵	대적할	적
稅	세금	세:	詩	시	시	容	얼굴	용	田	밭	전
細	가늘	세:	息	쉴	식	員	인원	원	絶	끊을	절
掃	쓸(掃除)	소(:)	申	납(猿)	신	圓	둥글	원	接	이을	접
笑	웃음	소:	深	깊을	심	爲	하	위(:)	政	정사(政事)	정
素	본디	소(:)	眼	눈	안:		할	위(:)	程	한도	정
	흴(白)	소(:)	暗	어두울	암:	衛	지킬	위		길(道)	정
俗	풍속	속	壓	누를	압	肉	고기	육	精	정할	정
續	이을	속	液	진	액	恩	은혜	은	制	절제할	제:
送	보낼	송:	羊	양	양	陰	그늘	음	提	끌	제
修	닦을	수	如	같을	여	應	응할	응:	濟	건널	제:
受	받을	수(:)	餘	남을	여	義	옳을	의:	祭	제사	제:
守	지킬	수	逆	거스릴	역	議	의논할	의(:)	製	지을	제:
授	줄	수	演	펼	연:	移	옮길	이	除	덜	제
收	거둘	수	煙	연기	연	益	더할	익	際	즈음	제:
純	순수할	순	硏	갈	연:	印	도장	인		가(邊)	제:
承	이을	승	榮	영화	영	引	끌	인	助	도울	조:
施	베풀	시:	藝	재주	예:	認	알(知)	인	早	이를	조:
是	이(斯)	시:	誤	그르칠	오:	將	장수	장(:)	造	지을	조:
	옳을	시:	玉	구슬	옥	障	막을	장	鳥	새	조

尊	높을	존	處	곳	처:	退	물러날	퇴:	香	향기	향
宗	마루	종	請	청할	청	波	물결	파	虛	빌	허
走	달릴	주	總	다(皆)	총:	破	깨뜨릴	파:	驗	시험	험:
竹	대	죽	銃	총	총	包	쌀	포(:)	賢	어질	현
準	준할	준:	築	쌓을	축	布	베	포(:)	血	피	혈
衆	무리	중:	蓄	모을	축		펼	포(:)	協	화할	협
增	더할	증	忠	충성	충		보시	보:	惠	은혜	혜:
志	뜻	지	蟲	벌레	충	砲	대포	포:	呼	부를	호
指	가리킬	지	取	가질	취:	暴	사나울	폭	好	좋을	호:
支	지탱할	지	測	헤아릴	측		모질	포:	戶	집	호:
至	이를	지	治	다스릴	치	票	표	표	護	도울	호:
職	직분	직	置	둘(措)	치:	豊	풍년	풍	貨	재물	화:
眞	참	진	齒	이	치	限	한할	한:	確	굳을	확
進	나아갈	진:	侵	침노할	침	港	항구	항:	回	돌아올	회
次	버금	차	快	쾌할	쾌	航	배	항	吸	마실	흡
察	살필	찰	態	모습	태:	解	풀	해:	興	일(起)	흥(:)
創	비롯할	창:	統	거느릴	통:	鄕	시골	향	希	바랄	희

☑ 4급Ⅱ 배정한자는 모두 750자로, 5급 배정한자(500자)를 제외한 250자만을 담았습니다. 쓰기 배정한자는 400자입니다.

4급 배정한자(250자)

暇	틈	가:	刻	새길	각	干	방패	간	簡	대쪽	간(:)
	겨를	가:	覺	깨달을	각	看	볼	간		간략할	간(:)

敢	감히	감:	季	계절	계		궁할	궁	略	간략할	략
	구태여	감:	戒	경계할	계	券	문서	권		약할	략
甘	달	감	系	이어맬	계	勸	권할	권:	糧	양식	량
甲	갑옷	갑	繼	이을	계	卷	책	권(:)	慮	생각할	려:
降	내릴	강:	階	섬돌	계	歸	돌아갈	귀:	烈	매울	렬
	항복할	항	鷄	닭	계	均	고를	균	龍	용	룡
居	살	거	孤	외로울	고	劇	심할	극	柳	버들	류(:)
巨	클	거:	庫	곳집	고	勤	부지런할	근(:)	輪	바퀴	륜
拒	막을	거:	穀	곡식	곡	筋	힘줄	근	離	떠날	리:
據	근거	거:	困	곤할	곤:	奇	기특할	기	妹	누이	매
傑	뛰어날	걸	骨	뼈	골	寄	부칠	기	勉	힘쓸	면:
儉	검소할	검:	孔	구멍	공:	機	틀	기	鳴	울	명
擊	칠(打)	격	攻	칠(擊)	공:	紀	벼리	기	模	본뜰	모
激	격할	격	管	대롱	관	納	들일	납	墓	무덤	묘:
堅	굳을	견		주관할	관	段	층계	단	妙	묘할	묘:
犬	개	견	鑛	쇳돌	광:	徒	무리	도	舞	춤출	무:
更	고칠	경	構	얽을	구	盜	도둑	도(:)	拍	칠	박
	다시	갱:	君	임금	군	逃	도망할	도	髮	터럭	발
傾	기울	경	群	무리	군	亂	어지러울	란:	妨	방해할	방
鏡	거울	경:	屈	굽힐	굴	卵	알	란:	犯	범할	범:
驚	놀랄	경	窮	다할	궁	覽	볼	람	範	법	범:

辯	말씀	변:	損	덜	손:	鉛	납	연	依	의지할	의
普	넓을	보:	松	소나무	송	映	비칠	영(:)	儀	거동	의
伏	엎드릴	복	頌	기릴	송:	營	경영할	영	疑	의심할	의
複	겹칠	복		칭송할	송:	迎	맞을	영	異	다를	이:
否	아닐	부:	秀	빼어날	수	豫	미리	예:	仁	어질	인
負	질(荷)	부:	叔	아재비	숙	優	넉넉할	우	姿	모양	자:
憤	분할	분:	肅	엄숙할	숙	遇	만날	우:	資	재물	자
粉	가루	분(:)	崇	높을	숭	郵	우편	우	姉	손윗누이	자
批	비평할	비:	氏	각시	씨	怨	원망할	원(:)	殘	남을	잔
碑	비석	비		성씨(姓氏)	씨	援	도울	원:	雜	섞일	잡
祕	숨길	비:	額	이마	액	源	근원	원	壯	장할	장:
射	쏠	사:	樣	모양	양	危	위태할	위	帳	장막	장
私	사사(私事)	사	嚴	엄할	엄	圍	에워쌀	위	張	베풀	장
絲	실	사	與	더불	여:	委	맡길	위	腸	창자	장
辭	말씀	사		줄	여:	威	위엄	위	裝	꾸밀	장
散	흩을	산:	域	지경	역	慰	위로할	위	獎	장려할	장(:)
傷	다칠	상	易	바꿀	역	乳	젖	유	底	밑	저:
象	코끼리	상		쉬울	이:	儒	선비	유	積	쌓을	적
宣	베풀	선	延	늘일	연	遊	놀	유	籍	문서	적
舌	혀	설	燃	탈	연	遺	남길	유	績	길쌈	적
屬	붙일	속	緣	인연	연	隱	숨을	은	賊	도둑	적

適	맞을	적	酒	술	주(:)	寢	잘	침:	閑	한가할	한
專	오로지	전	證	증거	증	針	바늘	침(:)	抗	겨룰	항:
轉	구를	전:	持	가질	지	稱	일컬을	칭	核	씨	핵
錢	돈	전:	智	지혜	지	彈	탄알	탄:	憲	법	헌:
折	꺾을	절		슬기	지	歎	탄식할	탄:	險	험할	험:
占	점령할	점:	誌	기록할	지	脫	벗을	탈	革	가죽	혁
	점칠	점	織	짤	직	探	찾을	탐	顯	나타날	현:
點	점	점(:)	珍	보배	진	擇	가릴	택	刑	형벌	형
丁	고무래	정	盡	다할	진:	討	칠(伐)	토(:)	或	혹	혹
	장정	정	陣	진칠	진	痛	아플	통:	婚	혼인할	혼
整	가지런할	정:	差	다를	차	投	던질	투	混	섞을	혼:
靜	고요할	정	讚	기릴	찬:	鬪	싸움	투	紅	붉을	홍
帝	임금	제:	採	캘	채:	派	갈래	파	華	빛날	화
條	가지	조	冊	책	책	判	판단할	판	歡	기쁠	환
潮	조수	조	泉	샘	천	篇	책	편	環	고리	환(:)
	밀물	조	廳	관청	청	評	평할	평:	況	상황	황:
組	짤	조	聽	들을	청	閉	닫을	폐:	灰	재	회
存	있을	존	招	부를	초	胞	세포	포(:)	候	기후	후:
從	좇을	종(:)	推	밀	추	爆	불터질	폭	厚	두터울	후:
鍾	쇠북	종	縮	줄일	축	標	표할	표	揮	휘두를	휘
座	자리	좌:	就	나아갈	취:	疲	피곤할	피	喜	기쁠	희
周	두루	주	趣	뜻	취:	避	피할	피:			
朱	붉을	주	層	층(層階)	층	恨	한(怨)	한:			

☑ 4급 배정한자는 모두 1,000자로 4급Ⅱ 배정한자(750자)를 제외한 250자만을 담았습니다. 쓰기 배정한자는 5급 500자입니다.

3급 II 배정한자(500자)

佳	아름다울	가:	耕	밭 갈(犁田)	경	冠	갓	관	及	미칠	급
架	시렁	가:	頃	이랑	경	寬	너그러울	관	企	꾀할	기
脚	다리	각		잠깐	경	慣	익숙할	관	其	그	기
閣	집	각	徑	지름길	경	貫	꿸	관(:)	幾	경기(京畿)	기
刊	새길	간		길	경	館	집	관	祈	빌	기
幹	줄기	간	硬	굳을	경	狂	미칠	광	騎	말탈	기
懇	간절할	간:	啓	열	계:	壞	무너질	괴:	緊	긴할	긴
肝	간	간(:)	契	맺을	계:	怪	괴이할	괴(:)	諾	허락할	낙
鑑	거울	감	械	기계	계:	巧	공교할	교	娘	계집	낭
剛	굳셀	강	溪	시내	계	較	비교할	교	耐	견딜	내:
綱	벼리	강	桂	계수나무	계:		견줄	교	寧	편안	녕
鋼	강철	강	姑	시어미	고	久	오랠	구:	奴	종	노
介	낄	개:	稿	원고	고	拘	잡을	구	腦	골	뇌
概	대개	개:		볏짚	고	丘	언덕	구		뇌수	뇌
蓋	덮을	개(:)	鼓	북	고	菊	국화	국	泥	진흙	니
距	상거(相距)할	거:	哭	울	곡	弓	활	궁	茶	차	다
乾	하늘	건	谷	골	곡	拳	주먹	권:		차	차
	마를	건	供	이바지할	공:	鬼	귀신	귀:	丹	붉을	단
劍	칼	검:	恐	두려울	공(:)	菌	버섯	균	但	다만	단:
隔	사이 뜰	격	恭	공손할	공	克	이길	극	旦	아침	단
訣	이별할	결	貢	바칠	공:	琴	거문고	금	淡	맑을	담
兼	겸할	겸	寡	적을	과:	禽	새	금	踏	밟을	답
謙	겸손할	겸	誇	자랑할	과:	錦	비단	금:	唐	당나라	당

	당황할	당(:)
糖	엿	당
臺	대	대
貸	빌릴	대:
	꿸	대:
刀	칼	도
途	길(行中)	도:
陶	질그릇	도
倒	넘어질	도
桃	복숭아	도
渡	건널	도
突	갑자기	돌
凍	얼	동:
絡	이을	락
	얽을	락
欄	난간	란
蘭	난초	란
廊	사랑채	랑
	행랑	랑
浪	물결	랑(:)
郎	사내	랑
涼	서늘할	량
梁	들보	량

	돌다리	량
勵	힘쓸	려:
曆	책력	력
戀	그리워할	련:
	그릴	련:
聯	연이을	련
鍊	쇠불릴	련:
	단련할	련:
蓮	연꽃	련
裂	찢어질	렬
嶺	고개	령
靈	신령	령
爐	화로	로
露	이슬	로(:)
祿	녹	록
弄	희롱할	롱:
賴	의뢰할	뢰:
雷	우레	뢰
樓	다락	루
漏	샐	루:
累	여러	루:
	자주	루:
倫	인륜	륜

栗	밤	률:
率	비율	률
	거느릴	솔
隆	높을	륭
陵	언덕	릉
吏	벼슬아치	리:
	관리	리:
履	밟을	리:
裏	속	리:
臨	임할	림
磨	갈	마
麻	삼	마(:)
幕	장막	막
漠	넓을	막
莫	없을	막
晩	늦을	만:
妄	망령될	망:
梅	매화	매
媒	중매	매
麥	보리	맥
孟	맏	맹(:)
猛	사나울	맹:
盲	소경	맹

	눈 멀	맹
盟	맹세	맹
眠	잘	면
綿	솜	면
免	면할	면:
滅	멸할	멸
	꺼질	멸
銘	새길	명
慕	그릴	모:
謀	꾀	모
貌	모양	모
睦	화목할	목
沒	빠질	몰
夢	꿈	몽
蒙	어두울	몽
茂	무성할	무:
貿	무역할	무:
默	잠잠할	묵
墨	먹	묵
紋	무늬	문
勿	말(禁)	물
微	작을	미
尾	꼬리	미:

薄	엷을	박	逢	만날	봉	邪	간사할	사	旋	돌(廻)	선
迫	핍박할	박	鳳	봉새	봉:	斜	비낄	사	禪	선	선
般	가지	반	付	부칠	부:	蛇	긴뱀	사	疏	소통할	소
	일반	반	扶	도울	부	削	깎을	삭	蘇	되살아날	소
飯	밥	반	浮	뜰	부	森	수풀	삼	訴	호소할	소
盤	소반	반	符	부호	부(:)	像	모양	상	燒	사를	소(:)
拔	뽑을	발	簿	문서	부	喪	잃을	상(:)	訟	송사할	송:
芳	꽃다울	방	附	붙을	부(:)	尚	오히려	상(:)	刷	인쇄할	쇄:
培	북돋을	배:	腐	썩을	부:	裳	치마	상	鎖	쇠사슬	쇄:
排	밀칠	배	賦	부세	부:	詳	자세할	상	衰	쇠할	쇠
輩	무리	배:	奔	달릴	분	霜	서리	상	壽	목숨	수
伯	맏	백	奮	떨칠	분:	償	갚을	상	帥	장수	수
繁	번성할	번	紛	어지러울	분	桑	뽕나무	상	愁	근심	수
凡	무릇	범(:)	拂	떨칠	불	塞	막힐	색	殊	다를	수
碧	푸를	벽	卑	낮을	비:		변방	새	獸	짐승	수
丙	남녘	병:	妃	왕비	비	索	찾을	색	輸	보낼	수
補	기울	보:	婢	계집종	비:		노(새끼줄)	삭	隨	따를	수
譜	족보	보:	肥	살찔	비:	徐	천천할	서(:)	需	쓰일(씀)	수
腹	배	복	司	맡을	사	恕	용서할	서:	垂	드리울	수
覆	덮을	부	沙	모래	사	緒	실마리	서:	淑	맑을	숙
	다시	복	祀	제사	사	署	마을[官廳]	서:	熟	익을	숙
封	봉할	봉	詞	말	사	惜	아낄	석	巡	돌(廻)	순
峯	봉우리	봉		글	사	釋	풀	석		순행할	순

旬	열흘	순	岸	언덕	안:	燕	제비	연(:)	謂	이를	위
瞬	눈 깜짝일	순	顔	낯	안:	悅	기쁠	열	僞	거짓	위
述	펼	술	巖	바위	암	染	물들	염:	胃	밥통	위
拾	주울	습	仰	우러를	앙:	炎	불꽃	염	幼	어릴	유
	열	십	央	가운데	앙	鹽	소금	염	幽	그윽할	유
襲	엄습할	습	哀	슬플	애	影	그림자	영:	悠	멀	유
濕	젖을	습	若	같을	약	譽	기릴	예:	柔	부드러울	유
乘	탈	승		반야	야		명예	예:	猶	오히려	유
僧	중	승	壤	흙덩이	양:	悟	깨달을	오:	維	벼리	유
昇	오를	승	揚	날릴	양	烏	까마귀	오	裕	넉넉할	유:
侍	모실	시:	讓	사양할	양:	獄	옥[囚舍]	옥	誘	꾈	유
飾	꾸밀	식	御	거느릴	어:	瓦	기와	와:	潤	부를	윤:
愼	삼갈	신:	憶	생각할	억	緩	느릴	완:	乙	새	을
審	살필	심(:)	抑	누를	억	慾	욕심	욕	淫	음란할	음
甚	심할	심:	亦	또	역	欲	하고자 할	욕	已	이미	이:
雙	두	쌍	役	부릴	역	辱	욕될	욕	翼	날개	익
	쌍	쌍	譯	번역할	역	偶	짝	우:	忍	참을	인
亞	버금	아(:)	驛	역	역	宇	집	우:	逸	편안할	일
我	나	아:	疫	전염병	역	愚	어리석을	우	壬	북방	임
阿	언덕	아	宴	잔치	연:	憂	근심	우	賃	품삯	임:
雅	맑을	아(:)	沿	물 따라갈	연(:)	羽	깃	우:	慈	사랑	자
牙	어금니	아		따를	연(:)	韻	운	운:	刺	찌를	자:
芽	싹	아	軟	연할	연:	越	넘을	월		찌를	척

紫	자주빛	자	亭	정자	정	曾	일찍	증	昌	창성할	창(:)
暫	잠깐	잠(:)	廷	조정	정	症	증세	증(:)	蒼	푸를	창
潛	잠길	잠	征	칠	정	蒸	찔	증	彩	채색	채:
丈	어른	장:	淨	깨끗할	정	之	갈	지	菜	나물	채:
掌	손바닥	장:	貞	곧을	정	池	못	지	債	빚	채:
粧	단장할	장	頂	정수리	정	枝	가지	지	策	꾀	책
臟	오장	장:	諸	모두	제	振	떨칠	진	妻	아내	처
莊	씩씩할	장	齊	가지런할	제	辰	별	진	尺	자	척
葬	장사 지낼	장:	兆	억조	조		때	신	戚	친척	척
藏	감출	장:	照	비칠	조:	鎭	진압할	진(:)	拓	넓힐	척
栽	심을	재:	租	조세	조	陳	베풀	진:	淺	얕을	천:
裁	옷 마를	재	縱	세로	종		묵을	진	賤	천할	천:
載	실을	재:	坐	앉을	좌:	震	우레	진:	踐	밟을	천:
抵	막을[抗]	저:	宙	집	주:	疾	병	질	遷	옮길	천:
著	나타날	저:	柱	기둥	주	秩	차례	질	哲	밝을	철
寂	고요할	적	洲	물가	주	執	잡을	집	徹	통할	철
摘	딸[手收]	적	奏	아뢸	주(:)	徵	부를	징	滯	막힐	체
笛	피리	적	株	그루	주	此	이	차	礎	주춧돌	초
跡	발자취	적	珠	구슬	주	借	빌	차:	肖	닮을	초
蹟	자취	적	鑄	쇠불릴	주		빌릴	차		같을	초
殿	전각	전:	仲	버금	중(:)	錯	어긋날	착	超	뛰어넘을	초
漸	점점	점:	卽	곧	즉	贊	도울	찬:	促	재촉할	촉
井	우물	정(:)	憎	미울	증	倉	곳집	창(:)	觸	닿을	촉

催	재촉할	최:	澤	못	택	何	어찌	하	虎	범	호(:)
追	쫓을	추	兔	토끼	토	賀	하례할	하	豪	호걸	호
	따를	추	吐	토할	토(:)	荷	멜	하(:)	惑	미혹할	혹
畜	짐승	축	透	사무칠	투	鶴	학	학	魂	넋	혼
衝	찌를	충	版	판목	판(:)	汗	땀	한(:)	忽	갑자기	홀
吹	불	취:	片	조각	편(:)	割	벨	할	洪	넓을	홍
醉	취할	취:	偏	치우칠	편	含	머금을	함	禍	재앙	화:
側	곁	측	編	엮을	편	陷	빠질	함	換	바꿀	환:
值	값	치	弊	폐단	폐:	恒	항상	항	還	돌아올	환
恥	부끄러울	치		해질	폐:	項	항목	항:	皇	임금	황
稚	어릴	치	肺	허파	폐:	響	울릴	향:	荒	거칠	황
漆	옻	칠	廢	폐할	폐:	獻	드릴	헌:	悔	뉘우칠	회:
沈	잠길	침(:)		버릴	폐:	懸	달(繫)	현:	懷	품을	회
	성(姓)	심:	浦	개(水邊)	포	玄	검을	현	劃	그을	획
浸	잠길	침:	捕	잡을	포:	穴	굴	혈	獲	얻을	획
奪	빼앗을	탈	楓	단풍	풍	脅	위협할	협	橫	가로	횡
塔	탑	탑	彼	저	피:	衡	저울대	형	胸	가슴	흉
湯	끓을	탕:	皮	가죽	피	慧	슬기로울	혜:	稀	드물	희
殆	거의	태	被	입을	피:	浩	넓을	호:	戲	놀이	희
泰	클	태	畢	마칠	필	胡	되(狄)	호			

☑ 3급Ⅱ 배정한자는 모두 1,500자로 4급 배정한자(1,000자)를 제외한 500자만을 담았습니다. 쓰기 배정한자는 4급Ⅱ 750자입니다.

3급 배정한자(317자)

却	물리칠	각
姦	간음할	간:
渴	목마를	갈
慨	슬퍼할	개:
皆	다(總)	개
乞	빌	걸
牽	이끌	견
	끌	견
絹	비단	견
肩	어깨	견
遣	보낼	견:
卿	벼슬	경
庚	별(星)	경
竟	마침내	경:
癸	북방	계
	천간	계:
繫	맬	계:
枯	마를	고
顧	돌아볼	고
坤	땅(따)	곤
郭	둘레	곽
	외성	곽

掛	걸(懸)	괘
塊	흙덩이	괴
愧	부끄러울	괴:
矯	바로잡을	교:
郊	들(野)	교
俱	함께	구
懼	두려워할	구
狗	개	구
苟	구차할	구
	진실로	구
驅	몰	구
龜	거북	구(귀)
	터질	균
厥	그(其)	궐
軌	바퀴자국	궤:
叫	부르짖을	규
糾	얽힐	규
僅	겨우	근:
斤	근(무게단위)	근
	날(刃)	근
謹	삼갈	근:
肯	즐길	긍:

幾	몇	기
忌	꺼릴	기
旣	이미	기
棄	버릴	기
欺	속일	기
豈	어찌	기
飢	주릴	기
那	어찌	나:
乃	이에	내:
奈	어찌	내
惱	번뇌할	뇌
畓	논	답
塗	칠할	도
挑	돋울	도
稻	벼	도
跳	뛸	도
篤	도타울	독
敦	도타울	돈
豚	돼지	돈
屯	진칠	둔
鈍	둔할	둔:
騰	오를	등

濫	넘칠	람:
掠	노략질할	략
諒	살펴알	량
	믿을	량
憐	불쌍히 여길	련
劣	못할	렬
廉	청렴할	렴
獵	사냥	렵
零	떨어질	령
	영(數字)	령
隸	종	례:
鹿	사슴	록
了	마칠	료:
僚	동료	료
屢	여러	루:
淚	눈물	루:
梨	배	리
隣	이웃	린
慢	거만할	만:
漫	흩어질	만:
忘	잊을	망
忙	바쁠	망

罔	없을	망	叛	배반할	반:	捨	버릴	사:	囚	가둘	수
茫	아득할	망	返	돌이킬	반:	斯	이	사	搜	찾을	수
埋	묻을	매	倣	본뜰	방	詐	속일	사	睡	졸음	수
冥	어두울	명	傍	곁	방:	賜	줄	사:	誰	누구	수
侮	업신여길	모:	邦	나라	방	朔	초하루	삭	遂	드디어	수
冒	무릅쓸	모	杯	잔	배	嘗	맛볼	상	雖	비록	수
募	모을	모	煩	번거로울	번	祥	상서	상	須	모름지기	수
	뽑을	모	飜	번역할	번	庶	여러	서:	孰	누구	숙
暮	저물	모:	辨	분별할	변:	敍	펼	서:	循	돌	순
某	아무	모:	屛	병풍	병(:)	暑	더울	서:	殉	따라죽을	순
卯	토끼	묘:	竝	나란히	병:	誓	맹세할	서:	脣	입술	순
廟	사당	묘:	卜	점	복	逝	갈	서:	戌	개	술
苗	모	묘:	蜂	벌	봉	昔	예	석	矢	화살	시:
戊	천간	무:	赴	갈(趨)	부:	析	쪼갤	석	伸	펼	신
霧	안개	무:		다다를(趨而至)	부:	攝	다스릴	섭	晨	새벽	신
眉	눈썹	미	墳	무덤	분		잡을	섭	辛	매울	신
迷	미혹할	미(:)	崩	무너질	붕	涉	건널	섭	尋	찾을	심
憫	민망할	민	朋	벗	붕	召	부를	소	餓	주릴	아:
敏	민첩할	민	賓	손	빈	昭	밝을	소	岳	큰 산	악
蜜	꿀	밀	頻	자주	빈	蔬	나물	소	雁	기러기	안:
泊	머무를	박	聘	부를	빙	騷	떠들	소	謁	뵐	알
	배댈	박	似	닮을	사:	粟	조	속	押	누를	압
伴	짝	반:	巳	뱀	사:	誦	욀	송:	殃	재앙	앙

涯	물가	애	擁	낄	옹:	宜	마땅	의	拙	졸할	졸
厄	액	액	翁	늙은이	옹	矣	어조사	의	佐	도울	좌:
也	이끼	야:	臥	누울	와:	夷	오랑캐	이	舟	배	주
	어조사	야:	曰	가로	왈	而	말이을	이	俊	준걸	준
耶	어조사	야	畏	두려워할	외:	姻	혼인	인	遵	좇을	준
躍	뛸	약	搖	흔들	요	寅	범[虎]	인	贈	줄	증
楊	버들	양	腰	허리	요		동방	인	只	다만	지
於	어조사	어	遙	멀	요	恣	방자할	자:	遲	더딜	지
	탄식할	오	庸	떳떳할	용		마음대로	자:		늦을	지
焉	어찌	언	于	어조사	우	玆	이	자	姪	조카	질
予	나	여	又	또	우:	爵	벼슬	작	懲	징계할	징
余	나	여	尤	더욱	우	酌	술 부을	작	且	또	차:
汝	너	여:	云	이를	운		잔질할	작	捉	잡을	착
輿	수레	여:	緯	씨	위	墻	담	장	慘	참혹할	참
閱	볼(覽)	열	違	어긋날	위	哉	어조사	재	慚	부끄러울	참
泳	헤엄칠	영:	唯	오직	유	宰	재상	재:	暢	화창할	창:
詠	읊을	영:	惟	생각할	유	滴	물방울	적	斥	물리칠	척
銳	날카로울	예:	愈	나을	유	竊	훔칠	절	薦	천거할	천:
傲	거만할	오:	酉	닭	유	蝶	나비	접	尖	뾰족할	첨
吾	나	오	閏	윤달	윤:	訂	바로잡을	정	添	더할	첨
嗚	슬플	오	吟	읊을	음	堤	둑	제	妾	첩	첩
娛	즐길	오:	泣	울	읍	弔	조상할	조:	晴	갤	청
汚	더러울	오	凝	엉길	응:	燥	마를	조	替	바꿀	체

逮	잡을	체	誕	낳을	탄:	匹	짝	필	互	서로	호:
遞	갈릴	체		거짓	탄:	早	가물	한:	毫	터럭	호
抄	뽑을	초	貪	탐낼	탐	咸	다	함	昏	어두울	혼
秒	분	초	怠	게으를	태	巷	거리	항:	弘	클	홍
燭	촛불	촉	把	잡을	파:	亥	돼지	해	鴻	기러기	홍
聰	귀 밝을	총	播	뿌릴	파:	奚	어찌	해	禾	벼	화
抽	뽑을	추	罷	마칠	파:	該	갖출(備)	해	擴	넓힐	확
醜	추할	추	頗	자못	파		마땅(當)	해	穫	거둘	확
丑	소	축	販	팔(賣)	판	享	누릴	향:	丸	둥글	환
逐	쫓을	축	貝	조개	패:	軒	집	헌	曉	새벽	효:
臭	냄새	취:	遍	두루	편	絃	줄	현	侯	제후	후
枕	베개	침:	幣	화폐	폐:	縣	고을	현:	毁	헐	훼:
墮	떨어질	타:	蔽	덮을	폐:	嫌	싫어할	혐	輝	빛날	휘
妥	온당할	타:	抱	안을	포:	亨	형통할	형	携	이끌	휴
托	맡길	탁	飽	배부를	포:	螢	반딧불	형			
濁	흐릴	탁	幅	폭	폭	兮	어조사	혜			
濯	씻을	탁	漂	떠다닐	표	乎	어조사	호			

☑ 3급 배정한자는 모두 1,817자로 3급Ⅱ 배정한자(1,500자)를 제외한 317자만을 담았습니다. 쓰기 배정한자는 4급 1,000자입니다.

2급 배정한자(538자)

伽	절	가	鍵	자물쇠	건:	槐	회화나무	괴	兢	떨릴	긍:
柯	가지	가		열쇠	건:		느티나무	괴	冀	바랄	기
賈	성(姓)	가	杰	뛰어날	걸	僑	더부살이	교	岐	갈림길	기
	장사	고	桀	해(夏)왕 이름	걸	絞	목맬	교	棋	바둑	기
軻	수레	가	憩	쉴	게:	膠	아교	교	沂	물 이름	기
	사람 이름	가	揭	높이 들[擧]	게:	歐	구라파/칠	구	淇	물 이름	기
迦	부처이름	가		걸[掛]	게:	玖	옥돌	구	琦	옥 이름	기
珏	쌍옥	각	甄	질그릇	견	購	살	구	琪	아름다운 옥	기
杆	몽둥이	간	儆	경계할	경	邱	언덕	구	璣	별 이름	기
艮	괘 이름	간	炅	빛날	경	鷗	갈매기	구	箕	키	기
葛	칡	갈	璟	옥빛	경:	鞠	성(姓)	국	耆	늙을	기
鞨	오랑캐 이름	갈	瓊	구슬	경	掘	팔	굴	騏	준마	기
憾	섭섭할	감:	皐	언덕	고	窟	굴	굴	驥	천리마	기
岬	곶(串)	갑	雇	품팔	고	圈	우리(牢)	권	麒	기린	기
鉀	갑옷	갑	戈	창	과	闕	대궐	궐	濃	짙을	농:
姜	성(姓)	강	瓜	외	과	圭	서옥(瑞玉)	규	尿	오줌	뇨
岡	산등성이	강	菓	과자	과		쌍토	규	尼	여승	니
崗	언덕	강		실과	과	奎	별	규	溺	빠질	닉
彊	굳셀	강	串	꿸	관	揆	헤아릴	규	湍	여울	단
疆	지경	강		땅이름	곶	珪	홀	규	鍛	쇠불릴	단
价	클	개:	款	항목	관	閨	안방	규	潭	못[池]	담
塏	높은 땅	개:	琯	옥피리	관	槿	무궁화	근:	膽	쓸개	담:
坑	구덩이	갱	傀	허수아비	괴:	瑾	아름다운 옥	근:	塘	못[池]	당

垈	집터	대	樑	들보	량	硫	유황	류		구푸릴	면:
戴	일[首荷]	대:	輛	수레	량:	謬	그르칠	류	蔑	업신여길	멸
悳	큰	덕	呂	성(姓)	려	崙	산이름	륜	帽	모자	모
悼	슬퍼할	도		법칙	려:	楞	네모질[四角]	릉	牟	성(姓)	모
燾	비칠	도	廬	농막(農幕)집	려	麟	기린	린		보리[大麥]	모
惇	도타울	돈	礪	숫돌	려:	摩	문지를	마	矛	창	모
燉	불빛	돈	驪	검은말	려	痲	저릴	마	茅	띠[草名]	모
頓	조아릴	돈:	漣	잔물결	련	魔	마귀	마	謨	꾀	모
乭	이름	돌	煉	달굴	련	膜	꺼풀	막	沐	머리감을	목
桐	오동나무	동	濂	물 이름	렴		막	막	穆	화목할	목
棟	마룻대	동	玲	옥소리	령	娩	낳을	만:	昴	별 이름	묘:
董	바를[正]	동:	醴	단술[甘酒]	례:	灣	물굽이	만	汶	물 이름	문
杜	막을	두	盧	성(姓)	로	蠻	오랑캐	만	紊	어지러울	문
藤	등나무	등	蘆	갈대	로	靺	말갈(靺鞨)	말		문란할	문
謄	베낄	등	魯	노나라	로	網	그물	망	彌	미륵	미
鄧	나라 이름	등:		노둔할	로	枚	낱	매		오랠	미
裸	벗을	라:	鷺	해오라기	로	魅	매혹할	매	旻	하늘	민
洛	물 이름	락		백로	로	貊	맥국(貊國)	맥	旼	화할	민
爛	빛날	란:	籠	대바구니	롱(:)	覓	찾을	멱	玟	아름다운돌	민
藍	쪽	람	療	병고칠	료	冕	면류관	면:	珉	옥돌	민
拉	끌	랍	遼	멀	료	沔	물 이름	면:	閔	성(姓)	민
萊	명아주	래	劉	죽일	류		빠질	면:	舶	배	박
亮	밝을	량		묘금도(卯金刂)	류	俛	힘쓸	면:	搬	운반할	반

漢字	訓	音
磻	반계(磻溪)	반
	반계	번
潘	성(姓)	반
渤	바다 이름	발
鉢	바리때	발
旁	곁	방:
紡	길쌈	방
龐	높은 집	방
俳	배우	배
裵	성(姓)	배
賠	물어줄	배:
柏	측백	백
筏	뗏목	벌
閥	문벌	벌
汎	넓을	범:
范	성(姓)	범:
僻	궁벽할	벽
卞	성(姓)	변:
弁	고깔	변:
倂	아우를	병:
昞	밝을	병:
昺	밝을	병:
柄	자루	병:
炳	불꽃	병:
秉	잡을	병:
潽	물 이름	보
甫	클	보:
輔	도울	보:
馥	향기	복
俸	녹(祿)	봉:
縫	꿰맬	봉
蓬	쑥	봉
傅	스승	부:
敷	펼	부(:)
膚	살갗	부
釜	가마[鬴]	부
阜	언덕	부:
芬	향기	분
弗	아닐	불
	말[勿]	불
鵬	새	붕
丕	클	비
匪	비적	비:
毖	삼갈	비
毗	도울	비
泌	분비할	비:
	스며 흐를	필
彬	빛날	빈
馮	탈[乘]	빙
	성(姓)	풍
唆	부추길	사
泗	물 이름	사:
赦	용서할	사;
飼	기를	사
傘	우산	산
酸	실[味覺]	산
蔘	삼	삼
插	꽂을	삽
庠	학교	상
箱	상자	상
瑞	상서	서:
舒	펼	서:
奭	클	석
	쌍백	석
晳	밝을	석
碩	클	석
錫	주석	석
瑄	도리옥	선
璇	옥	선
璿	구슬	선
繕	기울	선:
卨	사람 이름	설
薛	성(姓)	설
暹	햇살 치밀	섬
	나라 이름	섬
纖	가늘	섬
蟾	두꺼비	섬
陝	땅 이름	섬
燮	불꽃	섭
晟	밝을	성
貰	세놓을	세:
巢	새집	소
沼	못	소
紹	이을	소
邵	땅 이름	소
	성(姓)	소
宋	성(姓)	송:
洙	물가	수
銖	저울눈	수
隋	수나라	수
洵	참으로	순
淳	순박할	순

37

珣	옥 이름	순	倻	가야	야	沃	기름질	옥
盾	방패	순	惹	이끌	야	鈺	보배	옥
舜	순임금	순	孃	아가씨	양	穩	편안할	온
荀	풀 이름	순	襄	도울	양:	甕	독	옹:
瑟	큰거문고	슬	彦	선비	언:	邕	막힐	옹
升	되	승	姸	고울	연:	雍	화(和)할	옹
繩	노끈	승	淵	못	연	莞	빙그레할	완
屍	주검	시:	硯	벼루	연:		왕골	관
柴	섶[薪]	시:	衍	넓을	연:	旺	왕성할	왕:
殖	불릴	식	厭	싫어할	염:	汪	넓을	왕(:)
湜	물 맑을	식	閻	마을	염	倭	왜나라	왜
軾	수레 가로나무	식	燁	빛날	엽	歪	기울	왜
紳	띠[帶]	신:	暎	비칠	영:		기울	외
腎	콩팥	신:	瑛	옥빛	영	堯	요임금	요
瀋	즙낼	심:	盈	찰	영	妖	요사할	요
	물 이름	심:	濊	종족 이름	예:	姚	예쁠	요
握	쥘	악	睿	슬기	예:	耀	빛날	요
閼	막을	알	芮	성(姓)	예:	傭	품팔	용
癌	암	암:	預	맡길	예:	溶	녹을	용
鴨	오리	압		미리	예:	熔	녹을	용
埃	티끌	애	吳	성(姓)	오	瑢	패옥 소리	용
艾	쑥	애	墺	물가	오:	鎔	쇠 녹일	용
礙	거리낄	애:	梧	오동나무	오(:)	鏞	쇠북	용

佑	도울	우:
祐	복(福)	우:
禹	성(姓)	우(:)
旭	아침해	욱
昱	햇빛 밝을	욱
煜	빛날	욱
郁	성할	욱
頊	삼갈	욱
芸	향풀	운
蔚	고을 이름	울
鬱	답답할	울
熊	곰	웅
媛	계집	원
瑗	구슬	원
苑	나라 동산	원:
袁	성(姓)	원
尉	벼슬	위
渭	물 이름	위
韋	가죽	위
魏	성(姓)	위
兪	대답할	유
	인월도(人月刂)	유
庾	곳집	유

	노적가리	유	妊	아이 밸	임:	劑	약제	제	芝	지초	지
楡	느릅나무	유	滋	불을[益]	자	彫	새길	조	稙	올벼	직
踰	넘을	유	磁	자석	자	措	둘[置]	조	稷	피[穀名]	직
允	맏[伯]	윤:	諮	물을	자:	曺	성(姓)	조	塵	티끌	진
尹	성(姓)	윤:	雌	암컷	자	祚	복(福)	조	晋	진나라	진
胤	자손	윤	蠶	누에	잠	趙	나라	조:	津	나루	진(:)
鈗	창	윤	庄	전장(田莊)	장	釣	낚을	조:	秦	성(姓)	진
融	녹을	융	璋	홀	장		낚시	조:	診	진찰할	진
垠	지경	은	蔣	성(姓)	장	琮	옥홀	종	窒	막힐	질
殷	은나라	은	獐	노루	장	綜	모을	종	輯	모을	집
誾	향기	은	沮	막을[遮]	저:	疇	이랑	주	遮	가릴	차(:)
鷹	매	응(:)	甸	경기	전	駐	머무를	주:	燦	빛날	찬:
伊	저[彼]	이	偵	염탐할	정	准	비준	준:	璨	옥빛	찬:
怡	기쁠	이	呈	드릴	정	埈	높을	준:	瓚	옥잔	찬
珥	귀고리	이:	旌	기	정	峻	높을	준:	鑽	뚫을	찬
貳	두	이:	晶	맑을	정		준엄할	준:	餐	밥	찬
	갖은 두	이:	楨	광나무	정	晙	밝을	준:	刹	절	찰
翊	도울	익	汀	물가	정	浚	깊게 할	준:	札	편지	찰
刃	칼날	인:	珽	옥 이름	정	濬	깊을	준:	斬	벨	참(:)
佾	줄 춤	일	禎	상서로울	정	駿	준마	준:	彰	드러날	창
壹	한	일	艇	큰 배	정	址	터	지	敞	시원할	창
	갖은 한	일	鄭	나라	정:	旨	뜻	지	昶	해길	창:
鎰	무게 이름	일	鼎	솥	정	脂	기름	지	滄	큰 바다	창

埰	사패지(賜牌地)	채:	蹴	찰	축	坪	들[野]	평	陜	좁을	협
蔡	성(姓)	채:	軸	굴대	축	怖	두려워할	포		땅이름	합
采	풍채	채:	椿	참죽나무	춘	抛	던질	포:	峽	골짜기	협
悽	슬퍼할	처:	沖	화(和)할	충	葡	포도	포	型	모형	형
陟	오를	척	衷	속마음	충	鋪	펼	포	瀅	물맑을	형:
隻	외짝	척	炊	불땔	취:		가게	포	炯	빛날	형
釧	팔찌	천	聚	모을	취:	鮑	절인 물고기	포:	瑩	밝을	형
喆	밝을	철	峙	언덕	치	杓	북두 자루	표		옥돌	영
	쌍길[吉]	철	雉	꿩	치	弼	도울	필	邢	성(姓)	형
撤	거둘	철	琢	다듬을	탁	虐	모질	학	馨	꽃다울	형
澈	맑을	철	託	부탁할	탁	邯	조(趙)나라 서울	한	壕	해자	호
瞻	볼	첨	灘	여울	탄		사람 이름	감	扈	따를	호:
諜	염탐할	첩	耽	즐길	탐	翰	편지	한:	昊	하늘	호:
締	맺을	체	兌	바꿀	태	艦	큰 배	함:	晧	밝을	호:
哨	망볼	초		기쁠	태	亢	높을	항	澔	넓을	호:
楚	초나라	초	台	별	태	沆	넓을	항:	濠	호주	호
焦	탈(燥)	초	胎	아이 밸	태	杏	살구	행:	皓	흴[白]	호
蜀	나라 이름	촉	颱	태풍	태	爀	불빛	혁	祜	복(福)	호
崔	성(姓)	최	坡	언덕	파	赫	빛날	혁	鎬	호경	호:
	높을	최	阪	언덕	판	峴	고개	현:	酷	심할	혹
楸	가래	추	霸	으뜸	패:	弦	시위	현	泓	물깊을	홍
趨	달아날	추	彭	성(姓)	팽	炫	밝을	현:	嬅	탐스러울	화
鄒	추나라	추	扁	작을	편	鉉	솥귀	현	樺	벗나무	화

	자작나무	화	滉	깊을	황	壎	질나팔	훈	姬	계집	희
靴	신[履,鞋]	화	廻	돌[旋]	회	熏	불길	훈	嬉	아름다울	희
幻	헛보일	환:	檜	전나무	회:	薰	향풀	훈	憙	기뻐할	희
桓	굳셀	환	淮	물 이름	회	徽	아름다울	휘	熙	빛날	희
煥	빛날	환:	后	임금	후:	烋	아름다울	휴	熹	빛날	희
滑	미끄러울	활		왕후	후:	匈	오랑캐	흉	禧	복(福)	희
	익살스러울	골	喉	목구멍	후	欽	공경할	흠	羲	복희(伏義)	희
晃	밝을	황	勳	공(功)	훈	噫	한숨쉴	희			

☑ 2급 배정한자는 모두 2,355자로 3급 배정한자(1,817자)를 제외한 538자만을 담았습니다. 쓰기 배정한자는 3급 1,817자입니다.

1급 배정한자 (1145자)

呵	꾸짖을	가	澗	산골물	간:	瞰	굽어볼	감	芥	겨자	개
哥	성(姓)	가	癎	간질	간(:)	紺	감색	감	羹	국	갱:
嘉	아름다울	가	竿	낚싯대	간		연보라	감	醵	추렴할	거:
嫁	시집갈	가	艱	어려울	간	匣	갑(匣)	갑		추렴할	갹
稼	심을	가	諫	간할	간:	閘	수문	갑	倨	거만할	거:
苛	가혹할	가:	喝	꾸짖을	갈	慷	슬플	강:	渠	개천	거
袈	가사(袈裟)	가	竭	다할	갈	糠	겨	강	巾	수건	건
駕	멍에	가(:)	褐	갈색	갈	腔	속빌	강	腱	힘줄	건
恪	삼갈	각		굵은베	갈	薑	생강	강	虔	공경할	건:
殼	껍질	각	勘	헤아릴	감	凱	개선할	개:	劫	위협할	겁
墾	개간할	간	堪	견딜	감	愾	성낼	개:	怯	겁낼	겁
奸	간사할	간	柑	귤	감	漑	물댈	개:	偈	불시(佛詩)	게:
揀	가릴	간:	疳	감질	감	箇	낱	개(:)	檄	격문(檄文)	격

膈	가슴	격
覡	박수[男巫]	격
繭	고치	견:
譴	꾸짖을	견:
鵑	두견새	견
勁	굳셀	경
憬	깨달을	경:
	동경	경:
梗	줄기	경:
	막힐	경:
痙	경련(痙攣)	경
磬	경쇠	경:
脛	정강이	경
莖	줄기	경
頸	목	경
鯨	고래	경
悸	두근거릴	계:
叩	두드릴	고
呱	울	고
拷	칠	고
敲	두드릴	고
痼	고질	고
股	넓적다리	고

膏	기름	고
袴	바지	고:
辜	허물	고
錮	막을	고
梏	수갑	곡
鵠	고니	곡
	과녁	곡
昆	맏	곤
棍	몽둥이	곤
袞	곤룡포	곤:
汨	골몰할	골
	물이름	멱
拱	팔짱낄	공:
鞏	굳을	공
顆	낱알	과
廓	둘레	곽
	클	확
椁	외관(外棺)	곽
藿	콩잎	곽
	미역	곽
棺	널	관
灌	물댈	관
顴	광대뼈	관

刮	긁을	괄
括	묶을	괄
匡	바를	광
壙	뫼구덩이	광:
曠	빌	광:
胱	오줌통	광
卦	점괘	괘
罫	줄[罫線]	괘
乖	어그러질	괴
拐	후릴	괴
魁	괴수	괴
宏	클	굉
肱	팔뚝	굉
轟	울릴	굉
	수레소리	굉
咬	물[齧]	교
	새소리	교
喬	높을	교
嬌	아리따울	교
攪	흔들	교
狡	교활할	교
皎	달밝을	교
蛟	교룡(蛟龍)	교

轎	가마	교
驕	교만할	교
仇	원수	구
嘔	게울	구(:)
垢	때	구
寇	도적	구
嶇	험할	구
枸	구기자(枸杞子)	구
柩	널[棺]	구
毆	때릴	구
溝	도랑	구
灸	뜸	구
矩	모날	구
	법	구
臼	절구	구
舅	시아비	구
	외삼촌	구
衢	네거리	구
謳	노래	구
軀	몸	구
鉤	갈고리	구
駒	망아지	구
鳩	비둘기	구

廐	마구	구	棘	가시	극		나그네	기	簞	소쿠리	단
窘	군색할	군:	隙	틈	극	肌	살[腐肉]	기	緞	비단	단
穹	하늘	궁	覲	뵐	근	譏	비웃을	기	蛋	새알	단:
躬	몸	궁	饉	주릴	근:	拮	일할	길	撻	때릴	달
倦	게으를	권:	擒	사로잡을	금	喫	먹을	끽	疸	황달	달
捲	거둘	권	衾	이불	금:	攤	푸닥거리	나	憺	참담할	담
	말	권	襟	옷깃	금:	懦	나약할	나:	曇	흐릴	담
眷	돌볼	권:	扱	거둘	급	拏	잡을	나:	澹	맑을	담
蹶	일어설	궐		꽂을	삽	拿	잡을[拏同]	나:	痰	가래	담:
	넘어질	궐	汲	물길을	급	煖	더울	난:	譚	클	담
机	책상	궤:	亘	뻗칠	긍:	捏	꾸밀	날		말씀	담
櫃	궤짝	궤:		베풀	선	捺	누를	날	遝	뒤섞일	답
潰	무너질	궤:	矜	자랑할	긍:	衲	기울[縫]	납	撞	칠	당
詭	속일	궤:	伎	재간	기	囊	주머니	낭	棠	아가위	당
几	안석	궤:	嗜	즐길	기	撚	비빌	년	螳	버마재비(사마귀)	당
硅	규소	규	妓	기생	기:	涅	열반(涅槃)	녈	擡	들[擧]	대
窺	엿볼	규	崎	험할	기	弩	쇠뇌	노	袋	자루	대
葵	아욱	규	碁	돌	기	駑	둔할말	노	堵	담	도
	해바라기	규	杞	구기자(枸杞子)	기	膿	고름	농	屠	죽일	도
逵	길거리	규	畸	뙈기밭	기	撓	휠	뇨:	掉	흔들	도
橘	귤	귤		불구(不具)	기	訥	말더듬거릴	눌	搗	찧을	도
剋	이길	극	綺	비단	기	紐	맺을	뉴	淘	쌀 일	도
戟	창	극	羈	굴레	기	匿	숨길	닉	滔	물넘칠	도

濤	물결	도	懶	게으를	라:	瀝	스밀	력	燎	햇불	료
睹	볼	도	癩	문둥이	라:	礫	조약돌	력	瞭	밝을	료
禱	빌	도	螺	소라	라	輦	가마	련	聊	애오라지	료
萄	포도	도	邏	순라	라	斂	거둘	렴:	寥	쓸쓸할	료
賭	내기	도	烙	지질	락	殮	염(殮)할	렴:	疊	보루	루
蹈	밟을	도	酪	쇠젖	락	簾	발	렴	陋	더러울	루:
鍍	도금할	도:	駱	낙타	락	囹	옥(獄)	령	溜	처마물	류
瀆	도랑	독	瀾	물결	란	逞	쾌할	령	琉	유리	류
	더럽힐	독	鸞	난새	란	鈴	방울	령	瘤	혹	류:
禿	대머리	독	剌	발랄할	랄	齡	나이	령	戮	죽일	륙
沌	엉길	돈		수라	라	撈	건질	로	淪	빠질	륜
憧	동경할	동:	辣	매울	랄	擄	노략질할	로	綸	벼리	륜
疼	아플	동:	籃	대바구니	람	虜	사로잡을	로	慄	떨릴	률
瞳	눈동자	동:	臘	섣달	랍	碌	푸른돌	록	勒	굴레	륵
胴	큰창자	동	蠟	밀	랍	麓	산기슭	록	肋	갈빗대	륵
	몸통	동	狼	이리	랑:	壟	밭두둑	롱:	凜	찰	름
兜	투구	두	倆	재주	량	瓏	옥소리	롱	凌	업신여길	릉
	도솔천(兜率天)	도	粱	기장	량	聾	귀먹을	롱	稜	모날	릉
痘	역질	두	侶	짝	려:	傀	꼭두각시	뢰:	綾	비단	릉
臀	볼기	둔	戾	어그러질	려:	牢	우리[畜舍]	뢰	菱	마름	릉
遁	숨을	둔:	濾	거를	려:	磊	돌무더기	뢰	俚	속될	리
橙	귤	등	閭	마을	려	賂	뇌물	뢰	悧	영리할	리
	걸상	등	黎	검을	려	寮	동관(同官)	료	痢	이질	리:

籬	울타리	리	襪	버선	말	糢	모호할	모	剝	벗길	박
罹	걸릴	리	芒	까끄라기	망	歿	죽을	몰	搏	두드릴	박
裡	속	리:	惘	멍할	망	描	그릴	묘:	撲	칠[擊]	박
釐	다스릴	리	寐	잘	매:	杳	아득할	묘:	樸	순박할	박
吝	아낄	린	昧	어두울	매	渺	아득할	묘:	珀	호박(琥珀)	박
燐	도깨비불	린	煤	그을음	매		물 질펀할	묘:	箔	발[簾]	박
躪	짓밟을	린	罵	꾸짖을	매:	猫	고양이	묘:	粕	지게미	박
鱗	비늘	린	邁	갈[行]	매	巫	무당	무:	縛	얽을	박
淋	임질	림	呆	어리석을	매	憮	어루만질	무:	膊	팔뚝	박
笠	삿갓	립	萌	움[芽]	맹	拇	엄지손가락	무:	駁	논박할	박
粒	낟알	립	棉	목화	면	撫	어루만질	무(:)	拌	버릴	반
寞	고요할	막	眄	곁눈질할	면:	毋	말[勿]	무	攀	더위잡을	반
卍	만(卍)	만:	緬	멀	면(:)	畝	이랑	무:	斑	아롱질	반
彎	굽을	만	麵	국수	면		이랑	묘:	槃	쟁반	반
挽	당길	만:	瞑	저물	명	蕪	거칠	무	畔	밭두둑	반
瞞	속일	만	溟	바다	명	誣	속일	무:	礬	백반	반
蔓	덩굴	만	皿	그릇	명:	蚊	모기	문	絆	얽어맬	반
輓	끌	만:	螟	멸구	명	媚	아첨할	미	蟠	서릴	반
	애도할	만	酩	술취할	명:		예쁠	미	頒	나눌	반
饅	만두	만	袂	소매	몌	薇	장미	미	勃	노할	발
鰻	뱀장어	만	摸	더듬을	모	靡	쓰러질	미	撥	다스릴	발
抹	지울	말	牡	수컷	모	悶	답답할	민	潑	물뿌릴	발
沫	물거품	말	耗	소모할	모	謐	고요할	밀	跋	밟을	발

醱	술 괼	발	氾	넘칠	범	鋒	칼날	봉	硼	붕사(硼砂)	붕
魃	가물	발	泛	뜰	범:	俯	구부릴	부:	繃	묶을	붕
坊	동네	방	劈	쪼갤	벽	剖	쪼갤	부:	匕	비수	비:
尨	삽살개	방	擘	엄지손가락	벽	咐	분부할	부	庇	덮을	비:
幇	도울	방	璧	구슬	벽		불[吹]	부	憊	고단할	비:
彷	헤맬	방(:)	癖	버릇	벽	埠	부두	부:	扉	사립문	비:
昉	밝을	방	闢	열	벽	孵	알깔	부	沸	끓을	비:
枋	다목	방	瞥	눈깜짝할	별	斧	도끼	부		용솟음할	불
榜	방(榜)	방:	鼈	자라	별	腑	육부(六腑)	부	琵	비파	비
	붙일	방:	瓶	병	병	芙	연꽃	부	砒	비상	비:
肪	기름	방	餠	떡	병	訃	부고	부:	秕	쭉정이	비:
膀	오줌통	방	堡	작은성	보:	賻	부의	부:	緋	비단	비:
謗	헐뜯을	방:	洑	보	보	駙	부마	부	翡	물총새	비:
徘	어정거릴	배		스며흐를	복	吩	분부할	분:	脾	지라	비(:)
湃	물결칠	배	菩	보살	보	噴	뿜을	분:	臂	팔	비:
胚	아기밸	배	僕	종	복	忿	성낼	분:	蜚	바퀴	비
陪	모실	배:	匐	길	복	扮	꾸밀	분		날[飛]	비
帛	비단	백	輻	바퀴살	복	焚	불사를	분	裨	도울	비
魄	넋	백		바퀴살	폭	盆	동이	분	誹	헐뜯을	비
蕃	불을	번	鰒	전복	복	糞	똥	분	譬	비유할	비:
藩	울타리	번	捧	받들	봉	雰	눈날릴	분	鄙	더러울	비:
帆	돛	범:	棒	막대	봉	彿	비슷할	불	妣	죽은어미	비
梵	불경	범:	烽	봉화	봉	棚	사다리	붕	痺	저릴	비

嚬	찡그릴	빈	煞	죽일	살	扇	부채	선	簫	퉁소	소
嬪	궁녀벼슬이름	빈	薩	보살	살	煽	부채질할	선	蕭	쓸쓸할	소
殯	빈소	빈	滲	스밀	삼	羨	부러워할	선:	逍	노닐	소
濱	물가	빈	澁	떫을	삽		무덤길	연	遡	거스를	소
瀕	물가	빈	孀	홀어미	상	腺	샘	선	贖	속죄할	속
	가까울	빈	爽	시원할	상:	膳	선물	선:	遜	겸손할	손:
憑	비길[依]	빙	翔	날[飛]	상		반찬	선:	悚	두려울	송:
些	적을	사	觴	잔	상	銑	무쇠	선	灑	뿌릴	쇄:
嗣	이을	사:	璽	옥새(玉璽)	새	屑	가루	설	碎	부술	쇄:
奢	사치할	사	嗇	아낄	색	泄	샐	설	嫂	형수	수
娑	춤출	사	牲	희생	생	洩	샐	설	戍	수자리	수
	사바세상	사:	甥	생질	생		퍼질	예	狩	사냥할	수
徙	옮길	사:	壻	사위	서	渫	파낼	설	瘦	여윌	수
瀉	쏟을	사(:)	嶼	섬	서(:)	殲	다죽일	섬	穗	이삭	수
獅	사자	사(:)	抒	풀	서:	閃	번쩍일	섬	竪	세울	수
祠	사당	사	曙	새벽	서	醒	깰	성	粹	순수할	수
紗	비단	사	棲	깃들일	서	塑	흙 빗을	소	繡	수놓을	수:
蓑	도롱이	사	犀	무소	서	宵	밤[夜]	소	羞	부끄러울	수
麝	사향노루	사:	胥	서로	서	搔	긁을	소	蒐	모을	수
刪	깎을	산	薯	감자	서:	梳	얼레빗	소	袖	소매	수
珊	산호	산	黍	기장	서:	甦	깨어날	소	讎	원수	수
疝	산증(疝症)	산	鼠	쥐	서:	疏	성길	소	酬	갚을	수
撒	뿌릴	살	潟	개펄	석	瘙	피부병	소	髓	뼛골	수

塾	글방	숙	蜃	큰조개	신	昂	높을	앙	臆	가슴	억

한자	뜻	음	한자	뜻	음	한자	뜻	음	한자	뜻	음
塾	글방	숙	蜃	큰조개	신	昂	높을	앙	臆	가슴	억
夙	이를	숙	訊	물을	신:	崖	언덕	애	堰	둑	언
菽	콩	숙	迅	빠를	신	曖	희미할	애	諺	언문	언
筍	죽순	순	悉	다	실	隘	좁을	애		속담	언:
醇	전국술	순	什	열사람	십	靄	아지랑이	애:	掩	가릴	엄:
馴	길들일	순		세간	집	扼	잡을	액	儼	엄연할	엄
膝	무릎	슬	俄	아까	아	縊	목맬	액	奄	문득	엄:
丞	정승	승	啞	벙어리	아(:)	腋	겨드랑이	액	繹	풀	역
匙	숟가락	시:	衙	마을[官廳]	아	櫻	앵두	앵	捐	버릴	연:
媤	시집	시	訝	의심할	아	鶯	꾀꼬리	앵	椽	서까래	연
弑	윗사람 죽일	시:	堊	흰 흙	악	冶	풀무	야:	筵	대자리	연
猜	시기할	시	愕	놀랄	악	揶	야유할	야:	鳶	솔개	연
諡	시호	시:	顎	턱	악	爺	아비	야	焰	불꽃	염
豺	승냥이	시:	按	누를	안(:)	葯	꽃밥	약	艶	고울	염:
柿	감	시:	晏	늦을	안:	恙	병	양:	嬰	어린아이	영
拭	씻을	식	鞍	안장	안:		근심할	양:	曳	끌	예:
熄	불꺼질	식	斡	돌	알	攘	물리칠	양:	穢	더러울	예:
蝕	좀먹을	식	軋	삐걱거릴	알	瘍	헐	양	裔	후손	예:
呻	읊조릴	신	庵	암자	암	釀	술빚을	양	詣	이를[至]	예:
娠	아이밸	신	闇	숨을	암:	癢	가려울	양:	伍	다섯사람	오
宸	대궐	신	怏	원망할	앙	圄	옥	어	奥	깊을	오(:)
燼	불탄 끝	신:	秧	모	앙	瘀	어혈질	어	寤	잠깰	오
薪	섶	신	鴦	원앙	앙	禦	막을	어:	懊	한할	오:

蘊	쌓을	온:	邀	맞을	요	
甕	막을	옹	饒	넉넉할	요	
渦	소용돌이	와	涌	물 솟을	용:	
蝸	달팽이	와	聳	솟을	용:	
訛	그릇될	와:	茸	풀날	용:	
婉	순할	완:		버섯	이	
	아름다울	완:	蓉	연꽃	용	
宛	완연할	완	踊	뛸	용:	
玩	즐길	완:	寓	부칠[寄]	우:	
腕	팔뚝	완(:)	虞	염려할	우	
阮	성(姓)	완:		나라이름	우	
頑	완고할	완	迂	에돌	우	
枉	굽을	왕:	隅	모퉁이	우	
矮	난쟁이	왜	嵎	산굽이	우	
巍	높고클	외	殞	죽을	운:	
猥	외람할	외:	耘	김맬	운	
僥	요행	요	隕	떨어질	운:	
凹	오목할	요	猿	원숭이	원	
夭	일찍죽을	요:	鴛	원앙	원	
拗	우길	요	冤	원통할	원(:)	
擾	시끄러울	요	萎	시들	위	
窈	고요할	요:	喩	깨우칠	유	
窯	기와가마	요	宥	너그러울	유	

愉	즐거울	유	餌	미끼	이:	
揄	야유할	유	翌	다음날	익	
柚	유자	유	咽	목구멍	인	
游	헤엄칠	유		목멜	열	
癒	병나을	유		삼킬	연	
諛	아첨할	유	湮	묻힐	인	
諭	타이를	유	蚓	지렁이	인	
蹂	밟을	유	靭	질길	인	
鍮	놋쇠	유	佚	편안	일	
戎	병장기	융		질탕	질	
	오랑캐	융	溢	넘칠	일	
絨	가는베	융	剩	남을	잉:	
蔭	그늘	음	孕	아이밸	잉:	
揖	읍할	읍	仔	자세할	자	
膺	가슴	응:	炙	구울	자	
擬	비길	의:		구울	적	
椅	의자	의	煮	삶을	자(:)	
毅	굳셀	의	瓷	사기그릇	자	
誼	정(情)	의	疵	허물	자	
姨	이모	이	蔗	사탕수수	자	
弛	늦출	이:	藉	깔	자	
爾	너	이:		핑계할	자:	
痍	상처	이	勺	구기	작	

嚼	씹을	작	狙	원숭이	저:	箋	기록할	전:	啼	울	제
灼	불사를	작		엿볼	저:	箭	살[矢]	전:	悌	공손할	제:
炸	터질	작	箸	젓가락	저	篆	전자(篆字)	전:	梯	사다리	제
綽	너그러울	작	詛	저주할	저	纏	얽을	전	蹄	굽	제
芍	함박꽃	작	躇	머뭇거릴	저	輾	돌아누울	전:	凋	시들	조
雀	참새	작	邸	집	저	銓	사람가릴	전(:)	嘲	비웃을	조
鵲	까치	작	觝	씨름	저	顚	엎드러질	전:	曹	무리	조
棧	사다리	잔	豬	돼지	저		이마	전:	棗	대추	조
盞	잔	잔	嫡	정실	적	顫	떨	전:	槽	구유	조
箴	경계	잠	狄	오랑캐	적	餞	보낼	전:	漕	배로 실어나를	조
簪	비녀	잠	謫	귀양갈	적	截	끊을	절	爪	손톱	조
仗	의장(儀仗)	장	迹	자취	적	粘	붙을	점	眺	볼	조:
匠	장인	장	剪	가위	전(:)	霑	젖을	점	稠	빽빽할	조
杖	지팡이	장(:)	塡	메울	전	幀	그림 족자	정	粗	거칠	조
檣	돛대	장	奠	정할	전:	挺	빼어날	정	糟	지게미	조
漿	즙	장		제사	전:	町	밭두둑	정	繰	고치 켤	조
薔	장미	장	廛	가게	전:	睛	눈동자	정	肇	비롯할	조:
醬	장	장:	悛	고칠	전:	碇	닻	정	藻	마름	조:
滓	찌끼	재	栓	마개	전	穽	함정	정	詔	조서	조:
齋	재계할	재	氈	담(毯)	전:	酊	술취할	정	躁	조급할	조
	집	재	澱	앙금	전:	釘	못	정	遭	만날	조
錚	쇳소리	쟁	煎	달일	전(:)	錠	덩이	정	阻	막힐	조
咀	씹을	저:	癲	미칠	전:	靖	편안할	정(:)	簇	가는 대[小竹]	족

猝	갑자기	졸	咫	여덟치	지	鑿	뚫을	착	寨	목책(木柵)	채
慫	권할	종	摯	잡을	지	撰	지을	찬:	柵	울타리	책
腫	종기	종:	枳	탱자	지	篡	빼앗을	찬:	凄	쓸쓸할	처
踪	자취	종		탱자	기	纂	모을	찬:	擲	던질	척
踵	발꿈치	종	祉	복(福)	지	饌	반찬	찬:	滌	씻을	척
挫	꺾을	좌:	肢	팔다리	지	擦	문지를	찰	瘠	여윌	척
做	지을	주	嗔	성낼	진	僭	주제넘을	참:	脊	등마루	척
呪	빌	주:	疹	마마	진	塹	구덩이	참	喘	숨찰	천:
嗾	부추길	주	叱	꾸짖을	질	懺	뉘우칠	참	擅	멋대로할	천:
廚	부엌	주	嫉	미워할	질	站	역(驛)마을	참(:)	穿	뚫을	천:
紂	주임금	주	帙	책권차례	질	讒	참소할	참	闡	밝힐	천:
紬	명주	주	桎	차꼬	질	讖	예언	참	凸	볼록할	철
註	글뜻 풀	주:	膣	음도	질	倡	광대	창	綴	엮을	철
誅	벨	주	跌	거꾸러질	질	娼	창녀	창(:)	轍	바퀴자국	철
躊	머뭇거릴	주:	迭	갈마들	질	廠	공장	창	僉	다	첨
輳	몰려들	주	斟	짐작할	짐	愴	슬플	창:		여러	첨
胄	자손	주	朕	나	짐:	槍	창	창	籤	제비(점대)	첨
樽	술통	준	澄	맑을	징	漲	넘칠	창:	諂	아첨할	첨
竣	마칠	준:	叉	갈래	차	猖	미쳐날뛸	창	帖	문서	첩
蠢	꾸물거릴	준:	嗟	탄식할	차:	瘡	부스럼	창	捷	빠를	첩
櫛	빗	즐	蹉	미끄러질	차	脹	부을	창:	牒	편지	첩
汁	즙	즙	搾	짤	착	艙	부두	창	疊	거듭	첩
葺	기울	즙	窄	좁을	착	菖	창포	창	貼	붙일	첩

漢字	訓	音	漢字	訓	音	漢字	訓	音	漢字	訓	音
涕	눈물	체	樞	지도리	추	痔	치질	치	搭	탈[乘]	탑
諦	살필	체	芻	꼴	추	癡	어리석을	치	宕	호탕할	탕:
憔	파리할	초	酋	우두머리	추	緻	빽빽할	치	蕩	방탕할	탕:
梢	나무끝	초	錐	송곳	추	馳	달릴	치	汰	일[淘]	태
樵	나무할	초	錘	저울추	추	勅	칙서	칙	笞	볼기칠	태
炒	볶을	초	鎚	쇠망치	추	砧	다듬잇돌	침:	苔	이끼	태
硝	화약	초	鰍	미꾸라지	추	鍼	침(鍼)	침	跆	밟을	태
礁	암초	초	槌	칠[擊]	추	蟄	숨을	칩	撑	버틸	탱
稍	점점	초		방망이	퇴	秤	저울	칭	攄	펼	터:
蕉	파초	초	黜	내칠	출	唾	침[涎]	타:	慟	서러워할	통:
貂	담비	초	悴	파리할	췌:	惰	게으를	타:	桶	통(桶)	통
醋	초	초	膵	췌장	췌:	楕	길고둥글	타:	筒	통(筒)	통
囑	부탁할	촉	萃	모을	췌:	舵	키[正船木]	타	堆	쌓을	퇴:
忖	헤아릴	촌:	贅	혹	췌:	陀	비탈질	타	腿	넓적다리	퇴:
叢	떨기	총	娶	장가들	취:		부처	타	褪	바랠[褪色]	퇴
	모일	총	翠	푸를	취:	駝	낙타	타	頹	무너질	퇴
塚	무덤	총		물총새	취:	擢	뽑을	탁	套	씌울	투
寵	사랑할	총:	脆	연할	취:	鐸	방울	탁	妬	샘낼	투
撮	모을	촬	惻	슬플	측	吞	삼킬	탄	慝	사특할	특
	사진찍을	촬	侈	사치할	치	坦	평탄할	탄:	婆	할미	파
墜	떨어질	추	嗤	비웃을	치	憚	꺼릴	탄	巴	꼬리	파
椎	쇠뭉치	추	幟	기(旗)	치	綻	터질	탄:	爬	긁을	파
	등골	추	熾	성할	치	眈	노려볼	탐	琶	비파	파

芭	파초	파	泡	거품	포	蝦	두꺼비	하	偕	함께	해
跛	절름발이	파	疱	물집	포:		새우	하	咳	기침	해
	비스듬히설	피:	脯	포(脯)	포	遐	멀	하	懈	게으를	해:
辦	힘들일	판	蒲	부들	포	霞	노을	하	楷	본보기	해
佩	찰[帶]	패:	袍	도포	포	壑	구렁	학	諧	화할	해
唄	염불소리	패:	褒	기릴	포	謔	희롱할	학	邂	우연히 만날	해
悖	거스를	패:	逋	도망갈	포	瘧	학질(瘧疾)	학	駭	놀랄	해
沛	비 쏟아질	패:	庖	부엌	포	悍	사나울	한:	骸	뼈	해
牌	패(牌)	패	曝	쪼일	폭	澣	빨래할	한	劾	꾸짖을	핵
稗	피[穀類]	패:		쪼일	포		열흘	한	嚮	길잡을	향:
澎	물소리	팽	瀑	폭포	폭	罕	드물	한:	饗	잔치할	향:
膨	불을	팽		소나기	포	轄	다스릴	할	噓	불[吹]	허
愎	강퍅할	퍅	剽	겁박할	표	函	함(函)	함	墟	터	허
鞭	채찍	편	慓	급할	표	喊	소리칠	함:	歇	쉴	헐
騙	속일	편	豹	표범	표	檻	난간	함:	眩	어지러울	현
貶	낮출	폄:	飄	나부낄	표	涵	젖을	함	絢	무늬	현
萍	부평초(浮萍草)	평	稟	여쭐	품:	緘	봉할	함	衒	자랑할	현:
斃	죽을	폐:	諷	풍자할	풍	銜	재갈	함	俠	의기로울	협
陛	대궐섬돌	폐:	披	헤칠	피	鹹	짤[鹽味]	함	挾	낄	협
匍	길	포	疋	필(匹, 疋)	필	盒	합(盒)	합	狹	좁을	협
咆	고함지를(咆哮)	포	乏	모자랄	핍	蛤	조개	합	頰	뺨	협
哺	먹을	포:	逼	핍박할	핍	缸	항아리	항	荊	가시	형
圃	채마밭	포	瑕	허물	하	肛	항문	항	彗	살별	혜:

한자	뜻	음	한자	뜻	음	한자	뜻	음	한자	뜻	음
醯	식혜	혜	猾	교활할	활	賄	재물	회:	諱	숨길	휘
弧	활	호	闊	넓을	활		뇌물	회:		꺼릴	휘
狐	여우	호	凰	봉황	황	哮	성낼	효	麾	기(旗)	휘
琥	호박(琥珀)	호:	徨	헤맬	황	嚆	울릴	효	恤	불쌍할	휼
瑚	산호	호	恍	황홀할	황	爻	사귈	효	兇	흉악할	흉
糊	풀칠할	호	惶	두려울	황		가로그을	효	洶	용솟음칠	흉
渾	흐릴	혼:	慌	어리둥절할	황	酵	삭일	효:	欣	기쁠	흔
惚	황홀할	홀	煌	빛날	황	吼	울부짖을	후:	痕	흔적	흔
笏	홀(笏)	홀	遑	급할	황	嗅	맡을	후:	欠	하품	흠:
哄	떠들썩할	홍	徊	머뭇거릴	회	朽	썩을	후:	歆	흠향할	흠
虹	무지개	홍	恢	넓을	회	逅	만날	후:	恰	흡사할	흡
訌	어지러울	홍	晦	그믐	회	暈	무리[光環]	훈	洽	흡족할	흡
喚	부를	환	繪	그림	회:	喧	지껄일	훤	犧	희생	희
宦	벼슬	환:	膾	회(膾)	회:	卉	풀	훼	詰	꾸짖을	힐
驩	기뻐할	환	蛔	회충	회	喙	부리	훼			
鰥	홀아비	환	誨	가르칠	회:	彙	무리	휘			

☑ 1급 배정한자는 모두 3,500자로 2급 배정한자(2,355자)를 제외한 1,145자만을 담았습니다. 쓰기 배정한자는 2급 2,355자 중에서 인명·지명용 한자 350자를 제외한 2005자입니다.

사자성어(四字成語)

한자	뜻
苛 斂 誅 求 가혹할 가 거둘 렴 벨 주 구할 구	세금을 가혹하게 거두어들이고, 무리하게 재물을 빼앗음
家 貧 落 魄 집 가 가난할 빈 떨어질 락 넋 백	집안이 가난하여 뜻을 얻지 못하고 실의에 빠짐 ⊛落魄(가빈낙백)
竿 頭 之 勢 낚시대 간 머리 두 갈 지 형세 세	累卵之危 참조. 대막대기 끝에 선 형세. 매우 위태로운 형세
奸 臣 賊 子 간사할 간 신하 신 도둑 적 아들 자	亂臣賊子 참조. 간사한 신하와 부모를 거스르는 자식
渴 而 穿 井 목마를 갈 말이을 이 뚫을 천 우물 정	亡羊補牢 참조. 목이 마를 때에야 비로소 우물을 팜. 미리 대비하지 않으면 일이 임박해서 소용이 없음.
竭 澤 而 漁 다할 갈 못 택 말이을 이 물고기 어	연못의 물을 말려서 고기를 잡음. 멀리 내다보지 못하고 눈앞의 이익만을 꾀함.
甘 井 先 竭 달 감 우물 정 먼저 선 다할 갈	甘泉先竭 참조. 단 우물이 먼저 마름
甘 泉 先 竭 달 감 샘 천 먼저 선 다할 갈	물맛이 좋은 샘은 빨리 마름. 재주가 뛰어난 사람이 일찍 쇠함. ⊛甘井先竭
甘 吞 苦 吐 달 감 삼킬 탄 쓸 고 토할 토	달면 삼키고 쓰면 뱉음. 자신의 비위에 따라서 사리의 옳고 그름을 판단함.
康 衢 煙 月 편안 강 네거리 구 연기 연 달 월	鼓腹擊壤 참조. 평화로운 큰 길거리에서 밥 짓는 연기에 달빛이 비치는 모습. 태평한 세상의 평화로운 풍경
強 弩 之 末 강할 강 쇠뇌 노 갈 지 끝 말	강대한 힘일지라도 마지막에는 쇠약해짐. 센 놋쇠로 쏜 화살도 먼 데까지 다 가면 힘이 다해서 노(魯)나라에서 나는 얇은 명주도 뚫을 수 없다는 데서 유래.
剛 毅 木 訥 굳셀 강 굳셀 의 나무 목 말더듬거릴 눌	巧言令色 참조. 강직하고, 의연하고, 질박하고, 어눌함.
蓋 棺 事 定 덮을 개 널 관 일 사 정할 정	시체를 관에 넣고 뚜껑을 덮은 후에야 일을 결정함. 사람이 죽은 후에야 비로소 그 사람에 대한 평가가 제대로 됨
開 門 揖 盜 열 개 문 문 읍할 읍 도둑 도	문을 열어 도둑에게 예를 갖춤. 제 스스로 화를 불러들인다는 말 ⊛開門納賊
改 善 匡 正 고칠 개 착할 선 바를 광 바를 정	고쳐서 좋고 바르게 함.
坑 儒 焚 書 구덩이 갱 선비 유 불사를 분 글 서	焚書坑儒 참조. 선비를 구덩이에 묻고 책을 불태움
去 頭 截 尾 갈 거 머리 두 끊을 절 꼬리 미	머리와 꼬리를 잘라 버림. 어떤 일의 요점만 간단히 말함.
乾 坤 一 擲 하늘 건 따 곤 한 일 던질 척	하늘과 땅에 한번 던져봄. 주사위를 던져 승패를 겲. 운명을 걸고 단판걸이로 승부를 겨룸. ⊛一擲乾坤
隔 靴 搔 癢 사이뜰 격 신 화 긁을 소 가려울 양	신을 신고 발바닥을 긁음. 성에 차지 않아 안타까움. ⊛隔靴搔癢, 隔靴爬癢
隔 靴 爬 癢 사이뜰 격 신 화 긁을 파 가려울 양	(隔靴搔癢) 신을 신고 발바닥을 긁음.
見 蚊 拔 劍 볼 견 모기 문 뽑을 발 칼 검	모기를 보고 칼을 뺌. 사소한 일에 크게 성내어 덤빔. ⊛怒蠅拔劍
鯨 戰 蝦 死 고래 경 싸움 전 새우 하 죽을 사	고래 싸움에 새우 등 터짐. 강한 자끼리 서로 싸우는 통에 아무 상관도 없는 약한 자가 해를 입음 ⊛間於齊楚
溪 壑 之 慾 시낼 계 구렁 학 갈 지 욕심 욕	得隴望蜀 참조. 시냇물이 흐르는 산골짜기의 욕심. 끝이 없는 욕심
股 肱 之 臣 넓적다리 고 팔뚝 굉 갈 지 신하 신	다리와 팔 같이 중요한 신하. 임금이 가장 신임하는 신하. ⊛股肱, 股掌之臣, 肱脊
叩 頭 謝 罪 드릴 고 머리 두 사례할 사 허물 죄	머리를 조아리며 잘못을 빎 ⊛叩謝
膏 粱 珍 味 기름 고 기장 량 보배 진 맛 미	기름진 고기와 좋은 곡식으로 만든 맛있는 음식. ⊛膏粱, 山海珍味, 山珍海味, 山珍海錯, 山珍海饌, 水陸珍味, 水陸珍饌, 海陸珍味, 龍味鳳湯
孤 臣 冤 淚 외로울 고 신하 신 원통할 원 눈물 루	임금의 신임이나 사랑을 받지 못하는 외로운 신하의 원통한 눈물
股 掌 之 臣 넓적다리 고 손바닥 장 갈 지 신하 신	股肱之臣 참조. 다리와 손같이 중요한 신하
曲 突 徙 薪 굽을 곡 갑자기 돌 옮길 사 섶 신	亡羊補牢, 有備無患 참조. 굴뚝을 구부리고 땔나무를 다른 곳으로 옮김. 화근을 미리 치움으로써 재앙을 미연에 방지함.
孔 子 穿 珠 구멍 공 아들 자 뚫을 천 구슬 주	(不恥下問) 공자가 구슬을 꿴. 자기보다 못한 사람에게 모르는 것을 묻는 것이 부끄러운 일이 아님.
管 中 窺 豹 대롱 관 가운데 중 엿볼 규 표범 표	井中之蛙 참조. 대롱 속으로 표범을 엿봄. 시야가 매우 좁음
刮 目 相 對 긁을 괄 눈 목 서로 상 대할 대	눈을 비비고 상대편을 본다는 뜻으로, 남의 학식이나 재주가 놀랄 만큼 부쩍 늘을 이르는 말.
曠 日 彌 久 빌 광 날 일 오랠 미 오랠 구	헛되이 세월을 보내며 일을 오래 끎. ⊛曠日持久

曠 日 持 久 빌 광　날 일　가질 지　오랠 구	曠日彌久 참조. 헛되이 세월을 보내며 날짜만 끎.
曠 前 絶 後 빌 광　앞 전　끊을 절　뒤 후	前無後無 참조. 앞에는 비었고, 뒤에는 끊어짐.
蛟 龍 得 水 교룡 교　용 룡　얻을 득　물 수	교룡이 물을 얻음. 좋은 기회를 얻음.

驕 兵 必 敗 교만할 교　병사 병　반드시 필　패할 패	자기 군대의 힘만 믿고 교만하여 적에게 위엄을 보이려는 병정은 적의 군대에게 반드시 패함.
矯 枉 過 正 바로잡을 교　굽을 왕　지날 과　바를 정	굽은 것을 바로 잡으면서 정도를 지나침. 잘못된 것을 바로잡으려다가 너무 지나쳐서 오히려 나쁘게 됨. ㉜矯枉過直
矯 枉 過 直 바로잡을 교　굽을 왕　지날 과　곧을 직	矯枉過正 참조. 굽은 것을 바로 잡으면서 정도를 지나침.

敎 子 採 薪 가르칠 교　아들 자　캘 채　섶 신	자식에게 땔나무 캐오는 법을 가르침. 무슨 일이든 장기적인 안목을 갖고 근본적인 처방에 힘씀.
狡 兔 三 窟 교활할 교　토끼 토　석 삼　굴 굴	교활한 토끼는 세 개의 숨을 굴을 파 놓음. 사람이 교묘하게 잘 숨어 재난을 피함.
狗 尾 續 貂 개 구　꼬리 미　이을 속　담비 초	담비 꼬리가 모자라 개의 꼬리로 이음. 벼슬을 함부로 줌. 훌륭한 것 뒤에 보잘것없는 것이 뒤따름.

救 火 投 薪 구원할 구　불 화　던질 투　섶 신	불을 끄려고 섶나무를 집어 던짐. 잘못된 일의 근본을 다스리지 않고 성급하게 행동하다가 도리어 그 해를 더 크게 함. ㉜抱薪救火, 負薪救火
群 盲 撫 象 무리 군　소경 맹　어루만질 무　코끼리 상	장님 여럿이 코끼리를 만짐. 사물을 좁은 소견과 주관으로 잘못 판단함. ㉜群盲評象
君 子 豹 變 임금 군　아들 자　표범 표　변할 변	군자는 허물을 고쳐 올바로 행함이 아주 빠르고 뚜렷함.

窮 寇 勿 追 다할 궁　도적 구　말 물　쫓을 추	窮鼠莫追 참조. 피할 곳 없는 개를 쫓지 말 것.
窮 寇 勿 迫 다할 궁　도적 구　말 물　핍박할 박	窮狗莫追 참조. 피할 곳 없는 도적을 쫓지 말 것
窮 鼠 莫 追 다할 궁　쥐 서　없을 막　쫓을 추	窮狗莫追 참조. 피할 곳 없는 쥐를 쫓지 말 것

捲 土 重 來 말 권　흙 토　무거울 중　올 래	땅을 말아 일으킬 것 같은 기세로 다시 옴. 한 번 실패하였으나 힘을 회복하여 다시 쳐들어옴. 어떤 일에 실패한 뒤에 힘을 가다듬어 다시 그 일에 착수함.
貴 鵠 賤 鷄 귀할 귀　고니 곡　천할 천　닭 계	고니를 귀하게 여기고 닭을 천하게 여김. 먼 데 있는 것을 귀하게 여기고 가까운 데 있는 것을 천하게 여김. ㉜貴耳賤目
龜 背 刮 毛 거북 귀　등 배　긁을 괄　터럭 모	거북의 등에서 털을 깎음. 불가능한 일을 무리하게 하려고 함.

橘 化 爲 枳 귤 귤　될 화　할 위　탱자 지	南橘北枳 참조. 귤이 변하여 탱자가 됨.
隙 駒 光 陰 틈 극　망아지 구　빛 광　그늘 음	흘러가는 세월의 빠름은 달리는 말을 문틈으로 보는 것과 같다는 뜻으로 몹시 빨리 지나가는 세월을 나타냄
金 蘭 之 誼 쇠 금　난초 란　갈 지　정의 의	管鮑之交 참조. 쇠처럼 단단하고 난초 향기처럼 그윽한 사귐.

金 石 牢 約 쇠 금　돌 석　우리 뢰　맺을 약	金石之約 참조. 쇠나 돌처럼 굳고 변함없는 약속 (금석뢰약)
汲 水 功 德 줄 급　물 수　공공 공　큰 덕	목마른 사람에게 물을 길어다 주는 공덕
氣 焰 萬 丈 기운 기　불꽃 염　일만 만　어른 장	氣高萬丈 참조. 꺼드럭거리는 기세가 대단하여 멀리까지 뻗침.

杞 人 之 憂 구기자 기　사람 인　갈 지　근심 우	기나라 사람의 근심. 앞일에 대한 쓸데없는 걱정. ㉜杞憂
落 穽 下 石 떨어질 락　함정 정　아래 하　돌 석	함정에 빠진 사람에게 돌을 떨어뜨림. 어려운 처지에 놓인 사람을 도와주기는커녕 도리어 괴롭힘. ㉜下穽投石 (낙정하석)
南 橘 北 枳 남녘 남　귤 귤　북녘 북　탱자 지	남쪽의 귤을 북쪽에 심으면 탱자가 됨. 사람은 사는 곳의 환경에 따라 착하게도 되고 악하게도 됨. ㉜橘化爲枳

狼 子 野 心 이리 랑　아들 자　들 야　마음 심	이리의 야성. 잘 길들여지지 아니함. 신의가 없는 사람은 쉽게 교화할 수 없음. (낭자야심)
囊 中 之 錐 주머니 낭　가운데 중　갈 지　송곳 추	群鷄一鶴 참조. 주머니 속의 송곳. 재능이 뛰어난 사람은 숨어 있어도 저절로 사람들에게 알려짐.
囊 中 取 物 주머니 낭　가운데 중　가질 취　물건 물	주머니 속의 물건을 얻음. 아주 쉬운 일. ㉜探囊取物

駑 馬 十 駕 둔한말 노　말 마　열 십　멍에 가	느리고 둔한 말도 준마의 하룻길을 열흘에는 갈 수 있음. 둔하고 재능이 모자라는 사람도 열심히 하면 훌륭한 사람이 될 수 있음.
訥 言 敏 行 말더듬거릴 눌　말씀 언　민첩할 민　다닐 행	말은 느려도 실제 행동은 재빠르고 능란함.
凌 雲 之 志 업신여길 릉　구름 운　갈 지　뜻 지	靑雲之志 참조. 구름을 깔보는 지조. 속세를 떠나서 초탈하려는 마음 (능운지지)

簞 食 豆 羹 소쿠리 단　먹이 사　콩 두　국 갱	대나무로 만든 밥그릇 하나에 담은 밥과 제기(祭器) 하나에 떠놓은 국. 변변치 못한 음식. ㉜一簞食一豆羹
戴 盆 望 天 일 대　동이 분　바랄 망　하늘 천	머리에 동이를 이고 하늘을 바라보려 함. 한 번에 두 가지 일을 함께 하기 어려움.
戴 天 之 讎 일 대　하늘 천　갈 지　원수 수	不共戴天 참조. 한 하늘을 이고 살지 못할 원수

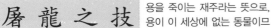

屠龍之技	용을 죽이는 재주라는 뜻으로, 용이 이 세상에 없는 동물이므로 세상에 쓸데없는 기술을 이르는 말
죽일 도 용 룡 갈 지 재주 기	

豚蹄一酒	돼지 발굽과 술 한 잔. 작은 물건으로 많은 물건을 구하려고 하는 것을 비꼬아 하는 말.
돼지 돈 굽 제 한 일 술 주	

冬扇夏爐	夏爐冬扇 참조. 겨울의 부채와 여름의 화로
겨울 동 부채 선 여름 하 화로 로	

東馳西走	東奔西走 참조. 동쪽으로 달리고 서쪽으로 달림.
동녘 동 달릴 치 서녘 서 달릴 주	

董狐之筆	사실을 숨기지 아니하고 그대로 씀. 춘추시대 진(晉)나라의 동호(董狐)가 위세를 두려워하지 않고 사실을 직필하였다는 데서 유래. ㊋太史之簡
바를 동 여우 호 갈 지 붓 필	

杜漸防萌	점(漸)은 사물의 처음. 맹(萌)은 싹. 싹이 나오지 못하게 막음. 좋지 못한 일의 조짐이 보였을 때 즉시 그 해로운 것을 제거해야 더 큰 해(害)가 되지 않음.
막을 두 점점 점 막을 방 움 맹	

登樓去梯	다락에 오르게 하고 사다리를 치움. 사람을 꾀어서 어려운 처지에 빠지게 함.
오를 등 다락 루 갈 거 사다리 제	

麻姑搔癢	마고 선녀가 긴 손톱으로 가려운 데를 긁음. 바라던 일이 뜻대로 잘됨. ㊋麻姑爬痒
삼 마 시어미 고 긁을 소 앓을 양	

麻姑爬癢	麻姑搔癢 참조. 마고 선녀가 긴 손톱으로 가려운 데를 긁음.
삼 마 시어미 고 긁을 파 앓을 양	

磨斧爲針	愚公移山 참조. 도끼를 갈아 바늘을 만듦.
갈 마 도끼 부 할 위 바늘 침	

磨斧爲鍼	磨公移山 참조. 도끼를 갈아 바늘을 만듦.
갈 마 도끼 부 할 위 침 침	

磨斧作針	愚公移山 참조. 도끼를 갈아 바늘을 만듦. 작은 노력이라도 끈기있게 계속하면 큰 일을 이룰 수 있음.
갈 마 도끼 부 지을 작 바늘 침	

磨斧作鍼	磨斧作針 참조. 도끼를 갈아 바늘을 만듦.
갈 마 도끼 부 지을 작 침 침	

萬彙群象	森羅萬象 참조. 우주에 있는 온갖 사물과 현상
일만 만 무리 휘 무리 군 코끼리 상	

網漏吞舟	그물이 새면 배를 삼킬만한 큰 고기도 놓침. 법령이 지나치게 관대하면 큰 죄를 짓고도 피할 수 있게 되어 기강이 서지 않음.
그물 망 샐 루 삼킬 탄 배 주	

亡羊補牢	이미 어떤 일을 실패한 뒤에 뉘우쳐서 아무 소용이 없음 ㊋死後藥方文, 渴而穿井 ㊀曲突徙薪, 有備無患, 居安思危
망할 망 양 양 기울 보 우리 뢰	

亡牛補牢	亡羊補牢 참조. 소를 잃고 우리를 고침.
망할 망 소 우 기울 보 우리 뢰	

芒刺在背	가시를 등에 지고 있음. 마음이 아주 조마조마하고 편하지 아니함.
까끄라기 망 찌를 자 있을 재 등 배	

麥秀黍油	麥秀之歎 참조. 보리의 이삭과 기장의 윤기
보리 맥 빼어날 수 기장 서 기름 유	

明珠闇投	명주를 어둠 속에서 남에게 던져줌. 귀중한 물건도 남에게 잘못 주면 오히려 원망을 듣게 됨.
밝을 명 구슬 주 숨을 암 던질 투	

明珠彈雀	새를 잡는데 명주를 씀. 작은 것을 탐내다가 큰 것을 손해 보게 됨.
밝을 명 구슬 주 탄알 탄 참새 작	

毛骨悚然	두려움에 온몸의 털이 곤두서고, 뼈마디가 시림. 화감당화에 보임.
터럭 모 뼈 골 두려울 송 그럴 연	

矛盾撞着	自家撞着 참조. 같은 사람의 말이나 행동이 앞뒤가 서로 맞지 아니함.
창 모 방패 순 칠 당 붙을 착	

夢寐之間	잠을 자며 꿈을 꾸는 동안. ㊋夢寐間
꿈 몽 잘 매 갈 지 사이 간	

猫頭懸鈴	猫項懸鈴 참조. 고양이 머리에 방울 달기
고양이 묘 머리 두 달 현 방울 령	

猫項懸鈴	쥐가 고양이 목에 방울을 닮. 실행할 수 없는 헛된 논의. ㊋猫頭懸鈴
고양이 묘 항목 항 달 현 방울 령	

毋望之福	뜻하지 않게 얻는 복
말 무 바랄 망 갈 지 복 복	

無病自灸	질병이 없는데 스스로 뜸질을 함. 불필요한 노력을 하여 정력을 낭비함.
없을 무 병 병 스스로 자 뜸 구	

巫山之夢	남녀의 정교(情交). 초나라의 양왕(襄王)이 낮잠을 자다가 꿈속에서 무산의 신녀(神女)를 만나 즐거움을 누렸다는 고사에서 유래. ㊋巫山夢, 雲雨之樂, 朝雲暮雨, 雲雨之情, 薦枕席
무당 무 메 산 갈 지 꿈 몽	

巫山之雨	巫山之夢 참조. 무산의 비
무당 무 메 산 갈 지 비 우	

巫山之雲	巫山之夢 참조. 무산의 구름
무당 무 메 산 갈 지 구름 운	

門前雀羅	門前成市 참조. 문 밖에 새 그물을 처놓을 만함. 손님들의 발길이 끊어짐. ㊀門外可設雀羅 ㊁門前成市, 門庭若市
문 문 앞 전 참새 작 벌릴 라	

米珠薪桂	식량은 주옥(珠玉)보다 비싸고, 땔감은 계수나무보다 비쌈. 物價가 치솟아 오름.
쌀 미 구슬 주 섶 신 계수나무 계	

飯囊酒袋	酒袋飯囊 참조. 밥을 담는 주머니와 술을 담는 부대
밥 반 주머니 낭 술 주 자루 대	

班門弄斧	목장(木匠)의 시조라는 노반(魯班)의 문 앞에서 도끼 다루는 솜씨를 자랑함. 전문가 앞에서 얄팍한 재주를 뽐냄. (반문농부)
나눌 반 문 문 희롱할 롱 도끼 부	

斑衣之戲	老萊之戲 참조. 때때옷을 입고 하는 놀이라는 뜻으로, 늙도록 다하는 효도를 이름. 부모를 위로하려고 색동저고리를 입고 재롱을 부린 일에서 유래
아롱질 반 옷 의 갈 지 희롱할 희	

사자성어	뜻
反哺之孝 돌이킬 반 먹일 포 갈 지 효도 효	까마귀 새끼가 자라서 늙은 어미에게 먹이를 물어다 주는 효(孝). 자식이 자란 후에 어버이의 은혜를 갚는 효성. ㈜烏鳥私情, 願乞終養
杯盤狼藉 잔 배 소반 반 이리 랑 깔 자	잔과 접시들이 어지럽게 흩어져 있음. 잔치가 파할 무렵이나 파한 뒤의 어지러운 술자리.
白駒過隙 흰 백 망아지 구 지날 과 큼 극	인생은 빠르게 지나감. 인생은 문틈으로 흰 말이 지나가는 것을 봄과 같다는 데서 유래.
百年偕樂 일백 백 해 년 함께 해 즐거울 락	百年偕老 참조. 한 평생 즐거움을 같이 함.
百年偕老 일백 백 해 년 함께 해 늙을 로	부부가 되어 한평생을 사이좋게 지내고 즐겁게 함께 늙음. ㈜百年同樂, 百年偕樂, 偕老同穴
百折不撓 일백 백 끊을 절 아닐 불 어지러울 요	百折不屈 참조. 어떠한 난관에도 결코 굽히지 않음.
百尺竿頭 일백 백 자 척 낚시대 간 머리 두	累卵之危 참조. 백 자나 되는 높은 장대 위에 올라섬. 몹시 어렵고 위태로운 지경.
病入骨髓 병 병 들 입 뼈 골 뼛골 수	병이 고치기 어렵게 몸속 깊이 듦.
捧腹絕倒 받들 봉 배 복 끊을 절 넘어질 도	抱腹絕倒 참조. 배를 잡고 몸을 굽히고 자빠질 정도로 웃음.
覆車之戒 엎드릴 복 수레 거 갈 지 경계 계	앞의 수레가 엎어지는 것을 보고 뒤의 수레는 미리 경계하여 엎어지지 않도록 함. 남의 실패를 거울삼아 자기를 경계함
駙馬都尉 부마 부 말 마 도읍 도 벼슬 위	천자가 타는 수레에 딸린 말을 타는 사람에게 주는 칭호. 임금의 사위에게 주던 칭호. ㈜駙馬, 都尉, 粉侯
負薪救火 질 부 섶 신 구원할 구 불 화	救火投薪 참조. 섶을 지고 불을 끄려함.
負薪之憂 질 부 섶 신 갈 지 근심 우	采薪之憂 참조. 섶을 지어야 하는 근심
負荊請罪 질 부 가시 형 청할 청 허물 죄	가시나무를 짊어지고 죄를 청함. 자신의 잘못을 인정하고 처벌을 자청함.
粉骨碎身 가루 분 뼈 골 부술 쇄 몸 신	犬馬之勞 참조. 뼈가 가루가 되고 몸이 부서지도록 노력함.
焚書坑儒 불사를 분 글 서 구덩이 갱 선비 유	진(秦)나라의 시황제가 학자들의 정치적 비판을 막기 위하여 경서(經書)를 불태우고 수많은 유생을 구덩이에 묻어 죽인 일 ㈜坑儒焚書, 秦火
佛頭著糞 부처 불 머리 두 나타날 저 똥 분	부처님 머리에 붙은 똥. 경멸이나 모욕을 당함.
不撓不屈 아닐 불 어지러울 요 아닐 불 굽힐 굴	한번 먹은 마음이 흔들리거나 굽힘이 없음.
不寒而慄 아닐 불 찰 한 말이을 이 떨릴 률	춥지 아니한데 떪. 몹시 두려워함. (불한이율)
徙家忘妻 옮길 사 집 가 잊을 망 아내 처	이사를 갈 때 아내를 잊고 두고 감. 무엇을 잘 잊음.
徙木之信 옮길 사 나무 목 갈 지 믿을 신	나라를 다스리는 사람은 백성을 속이지 않아야 하고, 백성의 신임을 받아야 함.
山溜穿石 메 산 처마물 류 뚫을 천 돌 석	愚公移山 참조. 산에서 떨어지는 물방울이 바위를 뚫음.
山珍海饌 메 산 보배 진 바다 해 반찬 찬	膏粱珍味 참조. 산에서 나는 진귀한 것과 바다에서 나는 맛있는 것
上下撑石 윗 상 아래 하 버틸 탱 돌 석	姑息之計 참조. 아랫돌 빼서 윗돌 괴고 윗돌 빼서 아랫돌 굄.
雪泥鴻爪 눈 설 진흙 니 기러기 홍 손톱 조	눈이 쌓인 진흙 위에 난 기러기의 발자국. 눈이 녹으면 없어지는 데서, 인생의 자취가 눈 녹듯이 사라져 무상함을 비유
舌芒於劍 혀 설 까끄라기 망 어조사 어 칼 검	혀가 칼보다 날카로움. 사건을 논하는 논봉(論鋒)이 날카로움.
城狐社鼠 재 성 여우 호 모일 사 쥐 서	성안에 사는 여우와 사당에 사는 쥐. 임금의 곁에 있는 간신의 무리나 관청의 세력에 기대어 사는 무리
蕭規曹隨 쓸쓸할 소 법 규 무리 조 따를 수	소하(蕭何)가 제정한 법규를 조참(曹參)이 따른다는 뜻으로, 앞사람이 만들어 놓은 제도를 답습함을 이르는 말
水陸珍饌 물 수 뭍 륙 보배 진 반찬 찬	膏粱珍味 참조. 물과 뭍에서 나는 진귀하고 맛있는 것
首鼠兩端 머리 수 쥐 서 두 량 끝 단	구멍에서 머리를 내밀고 나갈까 말까 망설이는 쥐. 머뭇거리며 진퇴나 거취를 정하지 못하는 상태. ㈜首鼠, 左顧右眄, 左右顧眄, 左顧右視, 左眄右顧 (수서양단)
袖手傍觀 소매 수 손 수 곁 방 볼 관	팔짱을 끼고 보고만 있음. 간섭하거나 거들지 아니하고 그대로 버려둠.
羞惡之心 부끄러울 수 미워할 오 갈 지 마음 심	四端 참조. 사람의 본성에서 우러나오는 옳지 못함을 부끄러워하고 착하지 못함을 미워하는 마음.
繡衣夜行 수놓을 수 옷 의 밤 야 다닐 행	錦衣夜行 참조. 비단옷 입고 밤에 다님.
水滴穿石 물 수 물방울 적 뚫을 천 돌 석	愚公移山 참조. 물방울이 바위를 뚫음.
羞花閉月 부끄러울 수 꽃 화 닫을 폐 달 월	傾國之色 참조. 꽃도 부끄러워하고 달도 숨음. 여인의 얼굴과 맵시가 매우 아름다움
菽麥不辨 콩 숙 보리 맥 아닐 불 분별할 변	콩인지 보리인지를 구별하지 못함. 사리 분별을 못함. 또 그런 모자라고 어리석은 사람. ㈜菽麥

膝甲盜賊 무릎 슬 갑옷 갑 도둑 도 도둑 적	남의 글이나 저술을 베껴 마치 제가 지은 것처럼 하는 사람. ㊀文筆盜賊
實陳無諱 열매 실 진칠 진 없을 무 숨길 휘	以實直告 참조. 사실대로 진술하고 숨기는 바가 없음.
心在鴻鵠 마음 심 있을 재 기러기 홍 고니 곡	학업을 닦으면서 마음은 다른 곳에 씀. 바둑을 두면서 마음은 기러기나 고니가 날아오면 쏘아 맞출 것만 생각한다면 성취가 없을 것이라는 맹자의 말씀에서 유래.
十匙一飯 열 십 숟가락 시 한 일 밥 반	밥 열 술이 밥 한 그릇이 됨. 여러 사람이 조금씩 힘을 합하면 한 사람을 돕기 쉬움.
十顚九倒 열 십 엎드러질 전 아홉 구 넘어질 도	七顚八倒 참조. 열 번 구르고 아홉 번 거꾸러짐.
十寒一曝 열 십 찰 한 한 일 쪼일 폭	열흘 동안 춥다가 하루 볕이 쬠. 일이 꾸준하게 진행되지 못하고 중간에 자주 끊김.
阿鼻叫喚 언덕 아 코 비 부르짖을 규 부를 환	아비지옥과 규환지옥. 여러 사람이 비참한 지경에 빠져 울부짖는 참상	握髮吐哺 쥘 악 터럭 발 토할 토 먹일 포	吐哺握髮 참조. 감고 있던 머리를 거머쥐고 먹던 것을 뱉고 영접함.	暗衢明燭 어두울 암 네거리 구 밝을 명 촛불 촉	어두운 거리에 밝은 등불. 삶의 지혜를 제공하는 책
暗中摸索 어두울 암 가운데 중 더듬을 모 찾을 색	물건 따위를 어둠 속에서 더듬어 찾음. 어림으로 무엇을 알아내거나 찾아내려 함. ㊀暗索	曖昧模糊 희미할 애 어두울 매 본뜰 모 풀칠할 호	말이나 태도 따위가 희미하고 흐려 분명하지 아니함.	夜行被繡 밤 야 다닐 행 입을 피 수놓을 수	錦衣夜行 참조. 밤에 비단옷을 입고 다님.
掩目捕雀 가릴 엄 눈 목 잡을 포 참새 작	눈을 가리고 참새를 잡으려 함. 일을 불성실하게 하는 것에 대한 경계	掩耳盜鈴 가릴 엄 귀 이 도둑 도 방울 령	귀를 막고 방울을 훔침. 모든 사람이 그 잘못을 다 알고 있는데 꾀를 써서 남을 속이려 함.	與民偕樂 더불 여 백성 민 함께 해 즐거울 락	與民同樂 참조. 임금이 백성과 함께 즐김.
與狐謀皮 더불 여 여우 호 꾀 모 가죽 피	여우에게 가죽을 내어 놓으라고 꼬임. 근본적으로 이룰 수 없는 일. ㊀與羊謀肉, 與虎謀皮	捐金沈珠 버릴 연 쇠 금 잠길 침 구슬 주	재물을 가벼이 보고 부귀를 탐하지 않음. 금을 산에 버리고 구슬을 못에 빠뜨린다(捐金於山, 沈珠於淵)는 말에서 유래.	鳶飛魚躍 솔개 연 날 비 물고기 어 뛸 약	솔개가 날고 물고기가 뜀. 온갖 동물이 생을 즐김.
煙霞痼疾 연기 연 노을 하 고질 고 병질 질	연하(煙霞; 안개와 노을, 고요한 산수의 경치)를 몹시 사랑하고 즐기는 성벽(性癖). ㊀煙霞之癖, 泉石膏肓	煙霞之癖 연기 연 노을 하 갈 지 버릇 벽	煙霞痼疾 참조. 고요한 산수의 경치를 몹시 사랑하고 즐기는 성벽	曳尾塗中 끌 예 꼬리 미 칠할 도 가운데 중	거북이 꼬리를 흙속에서 끌고 다닌다는 말로, 벼슬을 하지 않고 한가롭게 지냄이 나음을 비유
寤寐不忘 잠깰 오 잘 매 아닐 불 잊을 망	자나 깨나 잊지 못함. ㊀寤寐思服	寤寐思服 잠깰 오 잘 매 생각 사 옷 복	寤寐不忘 참조. 자나 깨나 늘 생각함.	吳牛喘月 성 오 소 우 숨찰 천 달 월	吳牛(물소)가 더위를 두려워한 나머지 밤에 달이 뜨는 것을 보고도 해인가 하고 헐떡거림. 간이 작아 공연한 일에 미리 겁부터 내고 허둥거림. 또는 그런 사람.
玉石俱焚 구슬 옥 돌 석 함께 구 불사를 분	옥과 돌이 함께 불에 탐. 옳은 사람이나 그른 사람의 구별 없이 모두 재앙을 입음. ㊀玉石同碎, 玉石混淆	玉石同匱 구슬 옥 돌 석 한가지 동 궤짝 궤	玉石同匱 참조. 옥과 돌이 같은 궤에 있음.	玉石同碎 구슬 옥 돌 석 한가지 동 부술 쇄	玉石俱焚 참조. 옥과 돌이 함께 부수어짐.
蝸角之勢 달팽이 와 뿔 각 갈 지 형세 세	蝸角之爭 참조. 달팽이의 더듬이 위의 형세	蝸角之爭 달팽이 와 뿔 각 갈 지 다툴 쟁	달팽이의 더듬이 위에서 싸움. 하찮은 일로 벌이는 싸움. 작은 나라끼리의 싸움. ㊀蝸角觚, 蝸角之勢	臥薪嘗膽 누울 와 섶 신 맛볼 상 쓸개 담	섶에 몸을 눕히고 쓸개를 맛봄. 원수를 갚거나 마음먹은 일을 이루기 위하여 온갖 어려움과 괴로움을 참고 견딤. ㊀嘗膽
蝸牛角上 달팽이 와 소 우 뿔 각 윗 상	달팽이의 더듬이 위. 세상이 좁음. ㊀蝸角	玩物喪志 즐길 완 물건 물 잃을 상 뜻 지	쓸데없는 물건을 가지고 노는 데 팔려 소중한 자기의 본심을 잃음.	完璧歸趙 완전할 완 구슬 벽 돌아갈 귀 나라 조	고리 모양의 보옥(寶玉)을 가지고 무사히 조(趙)나라에 돌아온다는 뜻으로, 빌린 물건을 완전하게 정중히 돌려보냄을 비유
玩火自焚 즐길 완 불 화 스스로 자 불사를 분	무모한 일로 남을 해치려다 결국 자신이 해를 입게 됨.	矮人看場 난쟁이 왜 사람 인 볼 간 마당 장	矮子看戲 참조. 키 작은 사람의 마당극 보기	矮人看戲 난쟁이 왜 사람 인 볼 간 놀이 희	矮子看戲 참조. 키 작은 사람의 연극 보기

한자	뜻풀이
矮人觀場 난쟁이 왜 사람 인 볼 관 마당 장	矮子看戲 참조. 키 작은 사람의 마당극 보기. 자신은 아무것도 모르면서 남이 그렇다고 하니까 덩달아서 그렇다고 하는 것을 말함
矮子看戲 난쟁이 왜 아들 자 볼 간 놀이 희	키가 작은 사람이 큰 사람 틈에 끼여 구경은 못하고서 앞사람의 이야기만 듣고는 자기가 본 체한다는 데서 유래
燎原之火 햇불 료 언덕 원 갈 지 불 화	벌판을 태우며 나가는 불. 세력이 매우 대단하여 막을 수 없음. ㉑破竹之勢 (요원지화)
雨後竹筍 비 우 뒤 후 대 죽 죽순 순	비가 온 뒤에 여기저기 솟는 죽순. 어떤 일이 한때에 많이 생겨남.
雲上氣稟 구름 운 윗 상 기운 기 여쭐 품	속됨을 벗어난 고상한 기질과 성품
願賜骸骨 바랄 원 줄 사 뼈 해 뼈 골	늙은 재상이 벼슬을 내놓고 은퇴하기를 임금에게 청원하던 일. ㉑乞身, 乞骸請老, 乞骸骨 (유언비어)
鴛鴦之契 원앙 원 원앙 앙 갈 지 맺을 계	琴瑟之樂(금실지락) 참조. 원앙의 만남. 금실이 좋은 부부의 사이
怨入骨髓 원망할 원 들 입 뼈 골 뼈골 수	원한이 뼛속에 사무침. 몹시 원망함.
流言蜚語 흐를 류 말씀 언 바퀴 비 말씀 어	街談巷說 참조. 사실여부가 분명치 않은 사람 사이에 흐르는 소문과 날라 다니는 소문
肉山脯林 고기 육 메 산 포 포 수풀 림	酒池肉林 참조. 고기가 산을 이루고 포(脯)가 숲을 이룸. 몹시 사치스러운 잔치
衣架飯囊 옷 의 시렁 가 밥 반 주머니 낭	酒袋飯囊 참조. 옷걸이와 밥주머니. 아무 쓸모없는 사람
意馬心猿 뜻 의 말 마 마음 심 원숭이 원	생각은 말처럼 달리고 마음은 원숭이처럼 설렘. 사람의 마음이 세속의 번뇌와 욕정 때문에 항상 어지러움.
人工淘汰 사람 인 장인 공 쌀일 도 일 태	人爲淘汰 참조. 인공적으로 좋은 것, 우성인 것만 살아남도록 만듦.
人爲淘汰 사람 인 할 위 쌀일 도 일 태	품종 개량에서 특수한 형질을 지닌 것만을 가려서 교배함. ㉑人爲選擇, 人工選擇, 人工淘汰 ㉘自然淘汰, 自然選擇
一瀉千里 한 일 쏟을 사 일천 천 마을 리	강물이 빨리 흘러 천 리를 감. 어떤 일이 거침없이 빨리 진행됨. ㉑九天直下
一曝十寒 한 일 쪼일 폭 열 십 찰 한	十寒一曝 참조. 하루 볕 쬐고 십일 동안 추움.
臨時防牌 임할 림 때 시 막을 방 패 패	姑息之計 참조. 무너진 성벽을 급한 대로 우선 방패로 막음. (임시방패)
自家撞着 스스로 자 집 가 칠 당 붙을 착	같은 사람의 말이나 행동이 앞뒤가 서로 맞지 아니함. ㉑矛盾, 矛盾撞着, 自己矛盾
刺股懸梁 찌를 자 넓적다리 고 달 현 들보 량	懸梁刺股 참조. 허벅다리를 찌르고 머리털을 끈에 묶어 들보에 매닮.
自繩自縛 스스로 자 노끈 승 스스로 자 얽을 박	자기의 줄로 자기 몸을 얽어 묶음. 자기가 한 말과 행동에 자기 자신이 얽혀 곤란하게 됨.
自業自縛 스스로 자 업 업 스스로 자 얽을 박	自業自得 참조. 자기가 저지른 일의 결과로 자신이 옭힘.
自然淘汰 스스로 자 그럴 연 쌀일 도 일 태	자연계에서 그 생활 조건에 적응하는 생물은 생존하고, 그렇지 못한 생물은 저절로 사라지는 일. ㉘人爲淘汰, 人工選擇
長頸烏喙 길 장 목 경 까마귀 오 부리 훼	관상에서, 목이 길고 입이 뾰족한 상(相). 이런 관상은 어려움은 함께 할 수 있으나 즐거움은 함께 누리기 어렵다고 함.
長袖善舞 긴 장 소매 수 착할 선 춤출 무	소매가 길면 춤을 잘 출 수 있음. 재물이 넉넉한 사람은 일을 하거나 성공하기가 쉬움. ㉑多錢善賈(다전선고)
賊反荷杖 도둑 적 돌이킬 반 멜 하 지팡이 장	도둑이 도리어 매를 듦. 잘못한 사람이 아무 잘못도 없는 사람을 나무람.
前車覆轍 앞 전 수레 거 엎어질 복 바퀴자국 철	앞 수레가 엎어진 바퀴 자국. 이전 사람의 그릇된 일이나 행동의 자취. ㉑前轍, 前軌, 覆轍
前倨後恭 앞 전 거만할 거 뒤 후 공손할 공	전에는 거만하다가 나중에는 공손함. 상대편의 입지에 따라 대하는 태도가 일변하는 것.
輾轉反側 돌아누울 전 구를 전 돌이킬 반 곁 측	누워서 몸을 이리저리 뒤척이며 잠을 이루지 못함. ㉑輾轉, 輾轉不寐
輾轉不寐 돌아누울 전 구를 전 아닐 불 잘 매	輾轉反側 참조. 누워서 몸을 이리저리 뒤척이며 잠을 이루지 못함.
前虎後狼 앞 전 범 호 뒤 후 이리 랑	錦上添花, 雪上加霜 참조. 앞 문에서 호랑이를 막고 있으려니까 뒷문으로 이리가 들어옴. 재앙이 끊일 사이 없이 닥침.
截長補短 끊을 절 긴 장 기울 보 짧을 단	絶長補短 참조. 긴 것을 잘라서 짧은 것을 보충함.
切齒扼腕 끊을 절 이 치 잡을 액 팔뚝 완	이를 갈고 팔을 걷어붙이며 몹시 분해함.
頂門一鍼 정수리 정 문 문 한 일 침 침	정수리에 침을 놓음. 따끔한 충고나 교훈. ㉑頂上一鍼
頂上一鍼 정수리 정 윗 상 한 일 침 침	頂門一鍼 참조. 정수리에 침을 놓음.
挺身出戰 빼낼 정 몸 신 날 출 싸움 전	앞장서서 나가 싸움. 위급할 때 과감히 나서 모든 책임을 다함.
濟河焚舟 건널 제 물 하 불사를 분 배 주	背水之陣 참조. 배를 타고 물을 건넌 후 배를 태워버림. 결사항전의 의지의 표현.

四字成語	뜻풀이
糟糠之妻 지게미 조 겨 강 갈 지 아내 처	지게미와 쌀겨로 끼니를 이을 때의 아내. 몹시 가난하고 천할 때에 고생을 함께 겪어 온 아내. ⑰糟糠
爪牙之士 손톱 조 어금니 아 갈 지 선비 사	손톱과 어금니 같은 선비. 충성으로 임금을 모시는 신하
粗衣惡食 거칠 조 옷 의 악할 악 먹을 식	惡衣惡食 참조. 거친 옷을 입고, 좋지 않은 음식을 먹음.
粗衣粗食 거칠 조 옷 의 거칠 조 먹을 식	惡衣惡食 참조. 거친 옷을 입고, 거친 밥을 먹음.
終南捷徑 마칠 종 남녘 남 빠를 첩 지름길 경	종남산(終南山)은 벼슬길에 오르는 지름길. 명리(名利)를 얻을 수 있는 가장 빠른 길. 쉽게 벼슬하는 길을 이르는 말
左顧右眄 왼 좌 돌아볼 고 오른 우 곁눈질할 면	首鼠兩端 참조. 왼쪽을 돌아보고 오른쪽을 돌아봄.
左眄右顧 왼 좌 곁눈질할 면 오른 우 돌아볼 고	首鼠兩端 참조. 왼쪽을 돌아보고 오른쪽을 돌아봄.
左右顧眄 왼 좌 오른 우 돌아볼 고 곁눈질할 면	首鼠兩端 참조. 왼쪽을 돌아보고 오른쪽을 돌아봄.
主客顚倒 주인 주 손 객 엎드러질 전 넘어질 도	주인과 손의 위치가 서로 뒤바뀜. 사물의 경중, 선후, 완급 따위가 서로 뒤바뀜. ⑰客反爲主
酒囊飯袋 술 주 주머니 낭 밥 반 자루 대	酒袋飯囊 참조. 술주머니와 밥주머니
酒袋飯囊 술 주 자루 대 밥 반 주머니 낭	술주머니와 밥주머니. 먹고 마실 줄만 알지 일할 줄을 모르는 쓸모없는 사람. ⑰飯囊酒袋, 酒囊飯袋, 衣架飯囊
走馬加鞭 달릴 주 말 마 더할 가 채찍 편	달리는 말에 채찍질함. 잘하는 사람을 더욱 장려함.
竹頭木屑 대 죽 머리 두 나무 목 가루 설	대나무 조각과 나무 부스러기. 쓸모가 적은 물건. 못 쓰게 된 것들을 모아 재활용함.
櫛風沐雨 빗 즐 바람 풍 머리감을 목 비 우	머리털을 바람으로 빗질하고 몸은 빗물로 목욕함. 오랜 세월을 객지에서 방랑하며 온갖 고생을 다 함. ⑰櫛雨, 櫛風
珍羞盛饌 보배 진 부끄러울 수 성할 성 반찬 찬	진귀한 반찬으로 가득 차린 음식
盡忠竭力 다할 진 충성 충 다할 갈 힘 력	犬馬之勞 참조. 충성을 다하고 힘을 다함.
懲羹吹菜 징계할 징 국 갱 불 취 나물 채	뜨거운 국에 데어서 냉채를 후후 불고 먹음.
采薪之憂 풍채 채 섶 신 갈 지 근심 우	섶을 만들어야 하는 근심. 병이 들어서 땔나무를 할 수 없음. 자신의 병을 겸손하게 이르는 말. ⑰負薪之憂
徹地之冤 통할 철 따 지 갈 지 원통할 원	徹天之冤 참조. 땅에 사무치는 크나큰 원한
徹天之冤 통할 철 하늘 천 갈 지 원통할 원	하늘에 사무치는 크나큰 원한. ⑰徹地之冤, 徹天之恨
錐處囊中 송곳 추 곳 처 주머니 낭 가운데 중	群鷄一鶴, 囊中之錐 참조. 송곳이 주머니 속에 있음.
出爾反爾 날 출 너 이 돌이킬 반 너 이	너에게서 나와서 너에게로 돌아감. 행불행과 호악이 결국은 모두 자기 자신에 의하여 초래됨.
吹毛求疵 불 취 터럭 모 구할 구 허물 자	상처를 찾으려고 털을 불어 헤침. 억지로 남의 작은 허물을 들추어 냄. ⑰吹毛覓疵
吹毛覓疵 불 취 터럭 모 찾을 멱 허물 자	吹毛求疵 참조. 상처를 찾으려고 털을 불어 헤침.
惻隱之心 슬플 측 숨은 은 갈 지 마음 심	四端 참조. 사람의 본성에서 우러나오는 불쌍히 여겨 언짢아하는 마음. 仁의 실마리가 되는 마음
癡人說夢 어리석을 치 사람 인 말씀 설 꿈 몽	어리석은 사람이 꿈 이야기를 함. 허황된 말을 지껄임.
七顚八起 일곱 칠 엎드러질 전 여덟 팔 일어날 기	일곱 번 넘어지고 여덟 번 일어남. 여러 번 실패하여도 굴하지 아니하고 꾸준히 노력함.
七顚八倒 일곱 칠 엎드러질 전 여덟 팔 넘어질 도	일곱 번 구르고 여덟 번 거꾸러짐. 수없이 실패를 거듭하거나 매우 심하게 고생함. ⑰十顚九倒
七縱七擒 일곱 칠 세로 종 일곱 칠 사로잡을 금	마음대로 잡았다 놓아 주었다 함. 상대편을 마음대로 요리함. ⑰七擒
針小棒大 바늘 침 작을 소 막대 봉 큰 대	작은 일을 크게 불리어 떠벌림.
唾面自乾 침 타 낯 면 스스로 자 하늘 건	다른 사람이 나의 얼굴에 침을 뱉으면 절로 그 침이 마를 때까지 기다림. 처세에는 인내가 필요함을 강조하여 이르는 말.
探囊取物 찾을 탐 주머니 낭 가질 취 물건 물	囊中取物 참조. 주머니를 뒤져 물건을 얻음.
貪賂無藝 탐낼 탐 뇌물 뢰 없을 무 재주 예	貪欲無藝 참조. 뇌물을 탐함에 그 끝이 없음.
兔死狐悲 토끼 토 죽을 사 여우 호 슬플 비	토끼가 죽으니 여우가 슬퍼함. 같은 무리의 불행을 슬퍼함. ⑰狐死兔泣, 狐死兔悲
吐哺握髮 토할 토 먹일 포 쥘 악 터럭 발	민심을 수렴하고 정무를 보살피기에 잠시도 편안함이 없음. 훌륭한 인물을 잃을까 두려워하는 마음. ⑰握沐, 握髮,
吐哺捉髮 토할 토 먹일 포 잡을 착 터럭 발	吐哺握髮 참조. 먹던 것을 뱉고, 감고 있던 머리를 거머쥠.

성어	풀이
投 鞭 斷 流 던질 투 채찍 편 끊을 단 흐를 류	채찍을 던져 흐르는 강물을 막음. 병력이 많고 강대함을 비유하여 이르는 말.
投 筆 從 戎 던질 투 붓 필 좇을 종 병장기 융	붓을 던지고 창을 쫓음. 학문을 포기하고 종군(從軍)함.
波 瀾 萬 丈 물결 파 물결 란 일만 만 어른 장	물결이 만 길임. 사람의 생활이나 일의 진행이 여러 가지 곡절과 시련이 많고 변화가 심함. ㉠波瀾重疊
波 瀾 重 疊 물결 파 물결 란 무거울 중 거듭 첩	波瀾萬丈 참조. 물결 위에 물결임.
悖 入 悖 出 거스릴 패 들 입 거스릴 패 날 출	사리에 어긋나게 비정상적인 방법으로 얻은 재물은 비정상적으로 다시 나감.
鞭 長 莫 及 채찍 편 긴 장 없을 막 미칠 급	돕고 싶지만 능력이 미치지 못함. 채찍이 길다 해도 말의 배까지는 닿지 않는다(雖鞭之長不及馬腹)라고 한 말에서 유래.
閉 月 羞 花 닫을 폐 달 월 부끄러울 수 꽃 화	傾國之色 참조. 여인의 얼굴과 맵시가 매우 아름다움. 미인. 미인을 보고 꽃도 부끄러워하고 달도 숨는다는 데서 유래
弊 袍 破 笠 해질 폐 도포 포 깨뜨릴 파 삿갓 립	해어진 옷과 부서진 갓. 초라한 차림새. ㉠敝衣破冠, 敝衣破笠
蒲 柳 之 姿 부들 포 버들 류 갈 지 모양 자	蒲柳之質 참조. 갯버들의 모습
蒲 柳 之 質 부들 포 버들 류 갈 지 바탕 질	갯버들의 자질. 잎이 일찍 떨어지는 연약한 나무. 몸이 잔약하여 병에 걸리기 쉬운 체질. ㉠松栢之質
抱 薪 救 火 안을 포 섶 신 구원할 구 불 화	救火投薪 참조. 땔나무를 안고 불을 끄려는 것과 같이, 재해를 방지하려다가 도리어 크게 손해를 입음을 이르는 말
豹 死 留 皮 표범 표 죽을 사 남길 유 가죽 피	人死留名 참조. 표범은 죽어서 가죽을 남김. 사람은 죽어서 명예를 남겨야 함.
夏 爐 冬 扇 여름 하 화로 로 겨울 동 부채 선	여름의 화로와 겨울의 부채. 격(格)이나 철에 맞지 아니함. ㉠冬扇, 冬扇夏爐 ㉡夏葛冬裘
夏 扇 冬 曆 여름 하 부채 선 겨울 동 책력 력	여름의 부채와 겨울의 새해 책력. 선사하는 물건이 철에 맞음.
下 穽 投 石 아래 하 함정 정 던질 투 돌 석	落穽下石 참조. 함정에 빠진 사람에게 돌을 던짐.
緘 口 無 言 봉할 함 입 구 없을 무 말씀 언	입을 다물고 아무 말도 하지 아니함. ㉠緘口不言
緘 口 不 言 봉할 함 입 구 아닐 불 말씀 언	緘口無言 참조. 입을 다물고 아무 말도 하지 아니함.
含 哺 鼓 腹 머금을 함 먹일 포 북 고 배 복	잔뜩 먹고 배를 두드림. 먹을 것이 풍족하여 즐겁게 지냄.
偕 老 同 穴 함께 해 늙을 로 한가지 동 굴 혈	百年偕老 참조. 살아서는 같이 늙고 죽어서는 한 무덤에 묻힘. 생사를 같이하는 부부의 굳은 맹세.
向 隅 之 歎 향할 향 모퉁이 우 갈 지 탄식할 탄	구석을 향하여 한탄함. 좋은 때(기회)를 만나지 못한 것을 한탄함.
虛 心 坦 懷 빌 허 마음 심 평탄할 탄 품을 회	품은 생각을 터놓고 말할 만큼 아무 거리낌이 없고 솔직함.
懸 梁 刺 股 달 현 들보 량 찌를 자 넓적다리 고	허벅다리를 찌르고 머리카락을 노끈으로 묶음. 잠을 물리치며 학업에 매우 힘씀. ㉠刺股, 刺股懸梁
狐 假 虎 威 여우 호 거짓 가 범 호 위엄 위	남의 권세를 빌려 위세를 부림. 여우가 호랑이의 위세를 빌려 호기를 부린다는 데서 유래
狐 丘 之 戒 여우 호 언덕 구 갈 지 경계할 계	호구의 경계라는 뜻으로, 다른 사람으로부터 원망을 사는 일이 없도록 조심하라는 교훈을 이르는 말
糊 口 之 計 풀칠할 호 입 구 갈 지 셀 계	糊口之策 참조. 입에 풀칠하는 계책
糊 口 之 方 풀칠할 호 입 구 갈 지 모 방	糊口之策 참조. 입에 풀칠하는 방책
糊 口 之 策 풀칠할 호 입 구 갈 지 꾀 책	입에 풀칠하는 계책. 가난한 살림에서 그저 겨우 먹고 살아 가는 방책 ㉠糊口之計, 糊口之方, 糊口策
虎 狼 之 國 범 호 이리 랑 갈 지 나라 국	호랑이같은 나라. 신의가 없는 나라. 포악한 나라. 굴원(屈原)이 진(秦)나라를 가리켜 한 말.
毫 毛 斧 柯 터럭 호 터럭 모 도끼 부 가지 가	수목을 어릴 때 베지 않으면 마침내 도끼를 사용하게 됨. 화근(禍根)은 크기 전에 없애야 함. 나쁜 버릇은 어릴 때 고쳐야 함.
狐 死 首 丘 여우 호 죽을 사 머리 수 언덕 구	首丘初心 참조. 여우가 죽을 때 머리를 제가 살던 굴이 있는 언덕으로 돌림.
狐 死 兎 悲 여우 호 죽을 사 토끼 토 슬플 비	兎死狐悲 참조. 여우가 죽으면 토끼가 슬퍼함.
狐 死 兎 泣 여우 호 죽을 사 토끼 토 울 읍	兎死狐悲 참조. 여우가 죽으면 토끼가 욺.
虎 視 眈 眈 범 호 볼 시 노려볼 탐 노려볼 탐	범이 눈을 부릅뜨고 먹이를 노려봄. 남의 것을 빼앗기 위하여 형세를 살피며 가만히 기회를 엿봄. 또는 그런 모양.
狐 疑 不 決 여우 호 의심할 의 아닐 불 결단할 결	의심이 많아 결단을 내리지 못함. 여우는 얼음 위를 걸을 때, 이상한 소리가 나면 곧 얼음이 갈라지는 것을 예감하고 가던 길을 되돌아온다는 데서 유래.
惑 世 誣 民 미혹할 혹 인간 세 속일 무 백성 민	세상을 어지럽히고 백성을 미혹하게 하여 속임.
魂 飛 魄 散 넋 혼 날 비 넋 백 흩을 산	혼백이 어지러이 흩어짐. 몹시 놀라 넋을 잃음. ㉠魄散, 魂不附身, 魂不附體

渾 然 一 致	의견이나 주장 따위가 완전히 하나로 일치함.
흐릴 혼 그럴 연 한 일 이를 치	

畫 龍 點 睛	무슨 일을 하는 데에 가장 중요한 부분을 완성함. 글을 짓거나 일을 하는 데서 가장 요긴한 어느 한 대목을 성공적으로 완성함. ㊀ 點睛
그림 화 용 룡 점 점 눈동자 정	

華 胥 之 夢	화서(華胥)가 꾸었던 꿈이라는 뜻으로, 좋은 꿈을 일컬음
빛날 화 서로 서 갈 지 꿈 몽	

和 氏 之 璧	화씨의 구슬. 천하의 귀중한 보배. 뛰어난 인재. ㊀ 隋侯之珠, 隋珠
화할 화 성씨 씨 갈 지 구슬 벽	

畫 中 之 餠	그림의 떡. 먹거나 얻을 수 없음. 아무 소용이 없음. ㊀ 畫餠
그림 화 가운데 중 갈 지 떡 병	

歡 呼 雀 躍	기뻐서 크게 소리를 치며 날뜀.
기쁠 환 부를 호 참새 작 뛸 약	

黃 粱 之 夢	邯鄲之夢 참조. 메조의 꿈
누를 황 기장 량 갈 지 꿈 몽	

懷 璧 有 罪	옥과 같은 귀중한 것을 가지고 있는 것이 죄가 된다는 뜻으로, 본디 죄 없는 사람도 분수에 맞지 않는 보물을 지니면 도리어 재앙을 부르게 됨을 비유
품을 회 구슬 벽 있을 유 허물 죄	

繪 事 後 素	그림 그리는 일은 흰 바탕이 있은 이후에 함. 먼저 바탕을 손질한 후에 그림을 그림. 사람은 좋은 바탕(어짊)이 있은 뒤에 형식(禮度)을 더해야 함.
그림 회 일 사 뒤 후 흴 소	

橫 說 竪 說	조리가 없이 말을 이러쿵저러쿵 지껄임. ㊀ 橫竪說去, 橫竪說話
가로 횡 말씀 설 세울 수 말씀 설	

橫 竪 說 去	橫說竪說 참조. 조리가 없이 말을 이러쿵저러쿵 지껄임.
가로 횡 세울 수 말씀 설 갈 거	

橫 竪 說 話	橫說竪說 참조. 조리가 없이 말을 이러쿵저러쿵 지껄임.
가로 횡 세울 수 말씀 설 말씀 화	

孝 悌 忠 信	어버이에 대한 효도, 형제끼리의 우애, 임금에 대한 충성, 벗 사이의 믿음
효도 효 공손할 제 충성 충 믿을 신	

諱 疾 忌 醫	병을 숨기고 의사를 꺼려 함. 자신의 결점을 감추고 고치려 하지 않음.
숨길 휘 병질 질 꺼릴 기 의원 의	

한자능력검정시험

1급 예상문제

(1~10회)

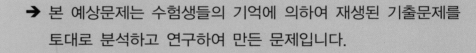

- 예상문제(1~10회)
- 정답(121p~125p)

➜ 본 예상문제는 수험생들의 기억에 의하여 재생된 기출문제를 토대로 분석하고 연구하여 만든 문제입니다.

제1회

(社) 한국어문회 주관 · 한국한자능력검정회 시행

한자능력검정시험 1급 예상문제

문 항 수 : 200문항
합격문항 : 160문항
제한시간 : 90분

※ 다음 漢字語에 대하여 물음에 답하시오.

01 다음 漢字語의 讀音을 쓰시오. (1~50)

1 痘痕 [　]		2 柴扉 [　]	
3 忖度 [　]		4 夭逝 [　]	
5 麥穗 [　]		6 矩繩 [　]	
7 黎首 [　]		8 干戈 [　]	
9 鼠竊 [　]		10 踊武 [　]	
11 扈駕 [　]		12 囊乏 [　]	
13 恪虔 [　]		14 嗜僻 [　]	
15 嘉卉 [　]		16 祠廟 [　]	
17 靡寧 [　]		18 綠礬 [　]	
19 杳渺 [　]		20 甥館 [　]	
21 窮寇 [　]		22 珊瑚 [　]	
23 縊刑 [　]		24 攘夷 [　]	
25 虞犯 [　]		26 潛邸 [　]	
27 隔阻 [　]		28 雀躍 [　]	
29 顆粒 [　]		30 搾乳 [　]	
31 艱澁 [　]		32 苛斂 [　]	
33 窺覰 [　]		34 渠堰 [　]	
35 怯懦 [　]		36 勘閱 [　]	
37 蕃殖 [　]		38 堡壘 [　]	
39 覆訊 [　]		40 鼈盞 [　]	
41 驚愕 [　]		42 稠密 [　]	
43 櫻屑 [　]		44 粗餐 [　]	
45 恤辜 [　]		46 梳洗 [　]	
47 懸崖 [　]		48 匿諱 [　]	
49 鹹潟 [　]		50 瘦瘠 [　]	

02 위 漢字語 (1~5)를 차례대로 우리말로 옮기시오. (51~55)

51 [　]	52 [　]
53 [　]	54 [　]
55 [　]	

03 위 漢字語 (6~10)의 轉義(字義대로가 아닌)를 차례대로 쓰시오. (56~60)

56 [　]	57 [　]
58 [　]	59 [　]
60 [　]	

04 위 漢字語 (11~30) 가운데에서 같은 뜻의 漢字(類義字)로 된 것을 5개만 찾아 그 번호로 답하시오. (61~65)

61 [　]	62 [　]
63 [　]	64 [　]
65 [　]	

※ 다음 漢字에 대하여 물음에 답하시오.

(66) 曳	(67) 齡	(68) 鼇
(69) 奠	(70) 瓜	(71) 叢
(72) 嗣	(73) 襃	(74) 衢
(75) 繭	(76) 膏	(77) 殼
(78) 磬	(79) 瑟	(80) 嗇
(81) 曹	(82) 劒	(83) 羞
(84) 彙	(85) 頰	(86) 疏
(87) 碎	(88) 遡	(89) 曙
(90) 棠	(91) 乖	(92) 羹
(93) 邀	(94) 妣	(95) 塗
(96) 蠶	(97) 漆	(98) 劑
(99) 迂	(100) 拡	

05 위 漢字 (66~95)의 訓 · 音을 쓰시오. (66~95)

66 [　]	67 [　]
68 [　]	69 [　]
70 [　]	71 [　]
72 [　]	73 [　]
74 [　]	75 [　]
76 [　]	77 [　]
78 [　]	79 [　]
80 [　]	81 [　]

82 [   ]   83 [   ]

84 [   ]   85 [   ]

86 [   ]   87 [   ]

88 [   ]   89 [   ]

90 [   ]   91 [   ]

92 [   ]   93 [   ]

94 [   ]   95 [   ]

06 위 漢字 (66~75)의 部首를 차례대로 쓰시오. (96~105)

96 [   ]   97 [   ]

98 [   ]   99 [   ]

100 [   ]   101 [   ]

102 [   ]   103 [   ]

104 [   ]   105 [   ]

07 위 漢字 (96~98)의 略字를 차례대로 쓰시오. (106~108)

106 [   ]   107 [   ]

108 [   ]

08 위 漢字 (99~100)의 正字를 차례대로 쓰시오. (109~110)

109 [   ]   110 [   ]

※ 다음 신문기사(2007/1/27)의 글을 읽고 물음에 답하시오.

> 1. 表題에서
> • ◇◇당 대표 개헌안 철폐[111]민생 내각[112] 구성[113] 촉구[114] "北 대선 개입[115] 즉각 포기[116]" 경고[117]
> • 회사 개인 정보 유출 항소심[118]서도 ◇◇원씩 배상하라
> • 내달 준비위[119] 구성[120] 후보 경선[121] 시기 검증 문제 협의[122]정계 개편[123] 무산[124]될 수도
> • "집단 연가[125]" 전교조 징계[126] 교사 대거[127]명 예퇴직
> • 경주에 석빙고[128]…노천탕[129]…공방촌[130]…8세기 재현
> 2. 社說에서
> 교과서의 檢定化는 세계적 추세[131]다. 다양[132]한

서술[133]과 내용을 가르치기 위하여 바람직한 일이다. 그러나 國史 교과서는 다르다.

우리는 左편향[134]고교 근대사 교과서 때문에 몇 년 동안 극심[135]한 진통[136]을 겪고 있다. 일선 학교 절반 가량이 北의 정부 수립 과정[137]과 권력 세습[138]을 우호적으로 신고 韓國에 대해서 독재[139]와 부패[140]를 부각[141]시키면서 美日에 종속[142]된 국가처럼 묘사한 교과서를 채택[143]해 가르치고 있다. 좌파 학자들이 교과서 집필[144]을 장악[145]하고 ◇◇교사들이 이 교과서를 채택하는 시스템 때문이다. 이런 상황이 바뀌지 않는 상태에서 국사 교과서를 檢定化하면 학생들이 韓國의 역사를 '정의가 패배하고 패권[146]주의가 득세한 역사'로 北의 역사를 '혁명[147] 가계[148]의 성스러운 국가 건설'로 배우는 웃지 못할 상황[149]이 벌어지게 될 것이다. 이런 갈등[150] 속에서…

09 윗글 밑줄 그은 漢字語를 漢字(正字)로 쓰시오. (111~150)

111 [   ]   112 [   ]

113 [   ]   114 [   ]

115 [   ]   116 [   ]

117 [   ]   118 [   ]

119 [   ]   120 [   ]

121 [   ]   122 [   ]

123 [   ]   124 [   ]

125 [   ]   126 [   ]

127 [   ]   128 [   ]

129 [   ]   130 [   ]

131 [   ]   132 [   ]

133 [   ]   134 [   ]

135 [   ]   136 [   ]

137 [   ]   138 [   ]

139 [   ]   140 [   ]

141 [   ]   142 [   ]

143 [   ]   144 [   ]

145 [   ]   146 [   ]

147 [   ]   148 [   ]

149 [   ]   150 [   ]

⑩ 윗글 (1. 表題에서)의 漢字語 (111~130) 가운데에서 첫소리가 長音인 것 10개를 가려 부호로 답하시오. (151~160)

151 [   ]   152 [   ]

153 [   ]   154 [   ]

155 [   ]   156 [   ]

157 [   ]   158 [   ]

159 [   ]   160 [   ]

⑪ 윗글 (1. 表題에서)의 漢字語 가운데 (120), (124), (125), (127)이 다음과 같은 문맥에서 쓰일 때 그 漢字를 쓰시오. (161~164)

161 지난 뉴스 속보에 이은 후보는 아직 없다.

[   ]

162 무산 계급의 투쟁   [   ]

163 문학사에 길이 남을 연가의 작자   [   ]

164 우리 책을 모두 그가 대거해 갔다.   [   ]

⑫ 다음 글의 漢字를 구별하여 쓰시오. (165~170)

• 韓國9단이 中國4단에게 지다니 韓國 위기[165] 界의 위기[166]

• 相對의 실수로 이기고도 선전[167]했다고 선전[168]

• 화장[169]場에 들어온 화장[170]한 女人

165 [   ]   166 [   ]

167 [   ]   168 [   ]

169 [   ]   170 [   ]

⑬ 다음 ( ) 안에 類義字를 넣어 흔히 쓰는 漢字語가 되게(171, 172), 그 밖에는 적절한 漢字를 넣어 類義語가 되게 하시오. (171~180)

171 (悲憤)慷[   ]

172 [   ]偏(政權)

173 [   ]境 – 蔗境

174 五列 – 間[   ]

175 武陵 – [   ][   ]

176 含哺 – [   ][   ]

177 駙馬 – [   ][   ]

178 書同文 – [   ]同[   ]

179 四面楚歌 – [   ][   ]無援

180 博覽[   ][   ] – 博學多識

⑭ 다음 ( ) 안에 反義字를 넣어 흔히 쓰는 漢字語가 되게(181, 182), 그 밖에는 적절한 漢字를 넣어 反義語가 되게 하시오. (181~190)

181 矛[   ]

182 [   ]跋

183 [   ]辯 ↔ 訥辯

184 榮轉 ↔ 左[   ]

185 質疑 ↔ [   ][   ]

186 [   ][   ] ↔ 紅顔

187 [   ][   ] ↔ 供給

188 債權者 ↔ [   ][   ]者

189 流芳百世 ↔ [   ][   ]萬年

190 [   ]盡[   ]來 ↔ 苦盡甘來

⑮ 주어진 뜻을 참고하여 漢字를 써 넣어 四字(故事)成語를 完成하시오. (191~200)

191 때는 되었는데 되는 것 없다. : 密雲[   ][   ]

192 어설픈 개혁으로 세상 꼴이 : [   ][   ]殺牛

193 할 일을 해야 얻을 것이 있지 : 掘[   ]取[   ]

194 못에 이르러서야 물고기를 : [   ]淵羨[   ]

195 세상이 이렇게 바뀌다니 : 桑田[   ][   ]

196 서로의 사정은 서로 알아 : [   ][   ]相憐

197 따님을 낳으셨다지 : 弄[   ]之[   ]

198 진보가 이렇게 빠르다. : [   ]就[   ]將

199 별로 실속없는 일을 : 錦[   ]夜[   ]

200 이렇게 하면 孝道 : [   ]定[   ]省

01 다음 漢字語의 讀音을 쓰시오. (1~50)

1 襃貶 [   ]   2 黍粟 [   ]

3 忖度 [   ]   4 藿湯 [   ]

5 凜烈 [   ]   6 悖戾 [   ]

7 僭濫 [   ]   8 乖愎 [   ]

9 鄙吝 [   ]   10 佚遊 [   ]

11 桎梏 [   ]   12 諡聖 [   ]

13 喧擾 [   ]   14 橘餠 [   ]

15 瓦窯 [   ]   16 嚆矢 [   ]

17 殲撲 [   ]   18 股肱 [   ]

19 咳喘 [   ]   20 蟄伏 [   ]

21 謟諛 [   ]   22 脊髓 [   ]

23 羈靡 [   ]   24 梳櫛 [   ]

25 剝割 [   ]   26 遝至 [   ]

27 膵液 [   ]   28 癡呆 [   ]

29 秤錘 [   ]   30 讒舌 [   ]

31 澣滌 [   ]   32 訥澁 [   ]

33 兜率天 [   ]   34 迦葉 [   ]

35 渺茫 [   ]   36 羹汁 [   ]

37 屠戮 [   ]   38 遣奠 [   ]

39 猜嫌 [   ]   40 嗚咽 [   ]

41 浚渫 [   ]   42 狀稅 [   ]

43 參差 [   ]   44 禿瘡 [   ]

45 羨道 [   ]   46 賄賂 [   ]

47 唾罵 [   ]   48 陝川 [   ]

49 拔擢 [   ]   50 八佾舞 [   ]

02 다음 漢字의 訓과 音을 쓰시오. (51~82)

51 柴 [   ]   52 泛 [   ]

53 鷥 [   ]   54 鼇 [   ]

55 袂 [   ]   56 攀 [   ]

57 犀 [   ]   58 繭 [   ]

59 鵠 [   ]   60 輦 [   ]

61 逞 [   ]   62 繒 [   ]

63 衛 [   ]   64 茸 [   ]

65 譜 [   ]   66 箋 [   ]

67 斟 [   ]   68 貂 [   ]

69 佩 [   ]   70 氈 [   ]

71 屑 [   ]   72 垢 [   ]

73 蕘 [   ]   74 襪 [   ]

75 軋 [   ]   76 馴 [   ]

77 罹 [   ]   78 汨 [   ]

79 覘 [   ]   80 塚 [   ]

81 毅 [   ]   82 牡 [   ]

03 다음 글에서 밑줄 그은 單語를 漢字(正字)로 쓰시오. (83~117)

83 今年 우승으로 우리 팀은 三年 연패하였다.
[   ]

84 양쪽 意見을 절충하여 合議를 끌어내었다.
[   ]

85 感氣가 심해 出戰을 포기하였다. [   ]

86 期待가 컸기에 환멸도 심했다. [   ]

87 會社 구판장은 物件 값이 싸다. [   ]

88 自動車의 축거가 길수록 運轉은 어렵다.
[   ]

89 나대지를 방치하면 空閑地稅를 물게 된다.
[   ]

90 창업주가 名譽會長으로 추대되었다. [   ]

91 붓의 움직임이 그야말로 난숙의 境地에 이르렀다.
[   ]

92 남에게 損害를 끼쳤으면 배상해 주어야 한다.
[   ]

93 우리 漁船이 公海上에서 海賊들에게 피랍되었다.
[   ]

94 한때는 <u>연탄</u>이 우리 家庭의 중요한 연료였다.
[   ]

95 長期 入院 患者들에게는 <u>진료비</u>가 부담스럽다.
[   ]

96 컴퓨터가 오래되어 프로그램 <u>오류</u>가 잦다.
[   ]

97 <u>대만</u>의 首都는 대북이다. [   ]

98 우리의 눈 안쪽에 像이 맺히는 곳이 <u>망막</u>이다.
[   ]

99 어느 社會에서나 <u>파벌</u> 의식이 문제다.
[   ]

100 女高時節 <u>재봉</u> 시간에 수놓기를 배웠다.
[   ]

101 <u>박봉</u>에도 절약하여 묶돈을 마련하였다.
[   ]

102 해경대원들이 경비정을 타고 <u>초계</u> 근무에 나선다.
[   ]

103 마음이 <u>울적</u>할 때면 노래방에 간다.
[   ]

104 <u>융자</u>를 받아 집을 장만하였다. [   ]

105 연봉 問題로 選手들의 사기가 <u>저상</u>되었다.
[   ]

106 우리나라 航空産業은 <u>정찰기</u>를 輸出하는 수준
이다. [   ]

107 <u>방부제</u>가 첨가된 食品은 아무래도 꺼림칙하다.
[   ]

108 모처럼 밤낚시인데 바람 때문에 <u>조황</u>이 시원치
않다. [   ]

109 自由貿易協定은 議會의 <u>비준</u>을 받아야 한다.
[   ]

110 合成 <u>수지</u>는 여러 가지 生活用品의 재료가 된다.
[   ]

111 原石같은 言語를 <u>조탁</u>하여 寶石같은 詩를 빚는다.
[   ]

112 理事長이 財團 設立의 <u>취지</u>를 說明했다.
[   ]

113 壬辰倭亂 때 宣祖는 義州로 <u>몽진</u>하였다.
[   ]

114 音大 入試에서는 흔히 受驗生과 探點委員 사
이에 <u>차폐막</u>이 設置된다. [   ]

115 대신들은 정사에는 아랑곳하지 않고 <u>소찬</u>하였다.
[   ]

116 優秀社員에게 <u>표창장</u>을 주었다. [   ]

117 투자를 活性化하려면 不必要한 規制를 <u>철폐</u>할
필요가 있다. [   ]

04 다음 빈칸에 알맞은 漢字(正字)를 써넣어 앞뒤 대칭 구
조의 四字成語를 完成하시오. (118~122)

118 榮枯[   ][   ]

119 甘呑[   ][   ]

120 換骨[   ][   ]

121 萬壑[   ][   ]

122 [   ][   ]右眄

05 다음 각항에서 <u>첫 音節</u>이 긴 소리로 나는 것을 1개씩 가
려 그 <u>기호</u>(①~④)를 쓰시오. (123~132)

123 ① 微賤   ② 硫黃   ③ 恐喝   ④ 移住   [   ]

124 ① 蠻行   ② 渦中   ③ 憐憫   ④ 汗腺   [   ]

125 ① 浦口   ② 浪漫   ③ 衙門   ④ 軒燈   [   ]

126 ① 良藥   ② 姨從   ③ 徘徊   ④ 穿鑿   [   ]

127 ① 酸敗   ② 輾轉   ③ 鑑別   ④ 柔然   [   ]

128 ① 諸氏   ② 照應   ③ 嘉禮   ④ 誹謗   [   ]

129 ① 奔忙   ② 匠人   ③ 允許   ④ 旌旗   [   ]

130 ① 香臭   ② 偶數   ③ 粗雜   ④ 腰帶   [   ]

131 ① 讓渡   ② 銅錢   ③ 尋常   ④ 強勢   [   ]

132 ① 絹紗   ② 油醬   ③ 齋潔   ④ 豺狼   [   ]

06 다음 각 漢字와 뜻이 반대 또는 相對되는 漢字(正字)를 써넣어 單語가 되게 하시오. (133~142)

133 疏 [　] 　　134 陟 [　]

135 鰥 [　] 　　136 俯 [　]

137 嫡 [　] 　　138 舅 [　]

139 盈 [　] 　　140 [　] 盾

141 [　] 跋 　　142 [　] 曇

07 다음 成語의 빈곳에 알맞은 漢字(正字)를 써 넣으시오. (143~152)

143 靑出於 [　] 　　144 歡呼雀 [　]

145 亡羊 [　] 牢 　　146 玉石 [　] 焚

147 含哺 [　] 腹 　　148 菽 [　] 不辨

149 丹 [　] 皓齒 　　150 夙 [　] 夜寐

151 [　] 世誣民 　　152 [　] 坤一擲

08 다음 漢字와 訓이 같은 漢字(正字)를 써넣어 單語가 되게 하시오. (153~167)

153 懶 [　] 　　154 冀 [　]

155 堆 [　] 　　156 擄 [　]

157 涕 [　] 　　158 揀 [　]

159 斡 [　] 　　160 堰 [　]

161 [　] 泄 　　162 [　] 鍊

163 [　] 禱 　　164 [　] 擦

165 [　] 綽 　　166 [　] 遜

167 [　] 瞞

09 다음 漢字語의 同音異義語를 한 가지씩 漢字 正字로 쓰시오. (長短音은 無關) (168~172)

168 陷穽 [　] 　　169 肇業 [　]

170 求愛 [　] 　　171 穢濁 [　]

172 迅雷 [　]

10 다음 漢字語의 反義語를 漢字 正字로 쓰시오. (173~177)

173 演繹 [　] 　　174 奢侈 [　]

175 過激 [　] 　　176 膨脹 [　]

177 咸池 [　]

11 다음 漢字語의 뜻을 간단히 쓰시오. (178~187)

178 嗤笑 [　]

179 詣闕 [　]

180 捺印 [　]

181 叩頭 [　]

182 堪輿 [　]

183 懸壅垂 [　]

184 檣竿 [　]

185 贅壻 [　]

186 抽籤 [　]

187 曳履聲 [　]

12 다음 漢字의 部首를 쓰시오. (188~197)

188 冕 [　] 　　189 塞 [　]

190 徽 [　] 　　191 爾 [　]

192 槀 [　] 　　193 雉 [　]

194 舜 [　] 　　195 蛋 [　]

196 袁 [　] 　　197 棘 [　]

13 다음 글자의 略字 또는 갖은자를 쓰시오. (198~200)

198 二 [　] 　　199 燒 [　]

200 嘗 [　]

01 다음 漢字語의 讀音을 쓰시오. (1~50)

1 剛愎 [　　]	2 繭紬 [　　]
3 淫佚 [　　]	4 櫛鱗 [　　]
5 襃貶 [　　]	6 羈縻 [　　]
7 犀角 [　　]	8 涅槃 [　　]
9 咳喘 [　　]	10 箴戒 [　　]
11 殲撲 [　　]	12 謟諛 [　　]
13 藿湯 [　　]	14 喧擾 [　　]
15 嗤笑 [　　]	16 眩暈 [　　]
17 澎湃 [　　]	18 膵液 [　　]
19 薛聰 [　　]	20 讒陷 [　　]
21 鸞鈴 [　　]	22 澣滌 [　　]
23 鉢囊 [　　]	24 汨沒 [　　]
25 屠戮 [　　]	26 嗾囑 [　　]
27 瀿貊 [　　]	28 搾汁 [　　]
29 鴻鵠 [　　]	30 詭詐 [　　]
31 卦爻 [　　]	32 儺禮 [　　]
33 羡道 [　　]	34 連袂 [　　]
35 怯懦 [　　]	36 沇稅 [　　]
37 嗚咽 [　　]	38 俏舞 [　　]
39 悉曇 [　　]	40 浚渫 [　　]
41 唾罵 [　　]	42 鄙悖 [　　]
43 賄賂 [　　]	44 詰抗 [　　]
45 鳳輦 [　　]	46 黍粟 [　　]
47 詔勅 [　　]	48 湮晦 [　　]
49 爾雅 [　　]	50 乖戾 [　　]

02 다음 漢字의 訓과 音을 쓰시오. (51~82)

51 蛋 [　　]	52 刪 [　　]
53 鶯 [　　]	54 璿 [　　]
55 蔗 [　　]	56 站 [　　]
57 桎 [　　]	58 軋 [　　]
59 捏 [　　]	60 喙 [　　]
61 巍 [　　]	62 湜 [　　]
63 眆 [　　]	64 絢 [　　]
65 宕 [　　]	66 旌 [　　]
67 黎 [　　]	68 沛 [　　]
69 覓 [　　]	70 甄 [　　]
71 訃 [　　]	72 揖 [　　]
73 襪 [　　]	74 嗜 [　　]
75 凜 [　　]	76 棗 [　　]
77 稟 [　　]	78 胤 [　　]
79 澁 [　　]	80 薑 [　　]
81 扈 [　　]	82 罕 [　　]

03 다음 글에서 밑줄 그은 單語를 漢字로 쓰시오. (83~112)

83 이번 일이 약관에 違背되지는 않는 지 檢討하였다.
[　　]

84 신장은 우리 몸의 下水 처리 시설이라고 할 수 있다. [　　]

85 담배는 폐암의 原因 이 될 수 있다. [　　]

86 아무리 재미있는 놀이도 지나치면 염증을 느 낀다. [　　]

87 아내의 회임으로 나도 이제 아빠 소리를 들을 수 있게 되었다. [　　]

88 携帶 전화에서 발생되는 전자파도 人體에 해가 될 수 있다. [　　]

89 개업식에 온 손님들에게 紀念品을 증정하였다.
[　　]

90 조영제를 마시고 위장 X선 사진을 찍었다.
[　　]

91 밀사들은 高宗의 밀지를 띄고 헤이그로 향했다.
[　　]

92 軍人 階級에서 上士와 소위 사이에 <u>준위</u>가 있다. [　　]

93 10원 짜리 鑄貨에는 다보탑의 모양이 <u>부조</u>되어 있다. [　　]

94 高等學校 때 校誌를 <u>편집</u>해 본 經驗이 있다. [　　]

95 한입 가지고 두말하는 사람은 딱 <u>질색</u>이다. [　　]

96 公正한 審査를 위해 競演 參加者와 채점위원 사이에 <u>차폐막</u>이 설치되었었다. [　　]

97 會長댁에서 마련한 <u>만찬</u>에 會員과 그 家族이 모두 초대되었다. [　　]

98 조그만 가게를 하나 내려 해도 영업 <u>감찰</u>이라는 것을 받아야 했다. [　　]

99 火災 現場의 <u>처참</u>한 모습에 모두가 망연자실했다. [　　]

100 強大國들은 世界 곳곳에 <u>첩보망</u>을 깔아놓고 있다. [　　]

101 受驗生들에게는 學生簿 반영 비율이 <u>초미</u>의 관심사가 되고 있다. [　　]

102 大選政局의 <u>귀추</u>가 注目된다. [　　]

103 韓國 낭자들이 洋弓競技에서 또 한 번 世界를 <u>제패</u>하였다. [　　]

104 광복절에 一部 수감자들이 特別 <u>사면</u>되었다. [　　]

105 <u>원활</u>한 交通소통을 위해 信號 체계를 改善할 必要가 있다. [　　]

106 金浦空港과 仁川空港 사이에 鐵道가 <u>부설</u>되었다. [　　]

107 모든 聽衆이 아름다운 선율에 <u>매료</u>되었다. [　　]

108 勝負 차기에서 <u>실축</u>한 選手는 두고두고 너무 괴롭다. [　　]

109 會社 시설에 손볼 일이 생기면 <u>영선계</u>에 연락한다. [　　]

110 <u>납치범</u>들은 몸값을 받고 人質을 풀어 주었다. [　　]

111 人種的 <u>갈등</u>은 여전히 美國 社會의 어려운 課題다. [　　]

112 FTA 協商이 長期間 <u>교착</u> 狀態에 빠져있다. [　　]

04 다음 뜻풀이에 알맞은 單語를 漢字로 쓰시오. (113~117)

113 [　][　] : 一定한 구역을 왔다 갔다 하는 보초

114 [　][　] : 아기를 임신할 때 꾸는 꿈

115 [　][　] : 어떤 세력 따위를 몰아서 쫓아냄

116 [　][　] : 요망스럽고 간사함

117 [　][　][　] : 제왕이 왕관을 쓰고 王位에 오름을 선포하는 의식

05 다음 빈칸에 알맞은 漢字를 써넣어 앞뒤 대칭 구조의 四字成語를 完成하시오. (118~122)

118 守株 [　][　]

119 榮枯 [　][　]

120 [　][　] 誣民

121 [　][　] 堅說

122 [　][　] 蕩蕩

06 다음 각항에서 첫 音節이 긴 소리로 나는 것을 1개씩 가려 그 기호(㉮~㉱)를 쓰시오. (123~132)

123 ㉮ 居處 ㉯ 庵主 ㉰ 爽快 ㉱ 蘭草 [　]

124 ㉮ 尨大 ㉯ 嘉愛 ㉰ 鍛鍊 ㉱ 凱歌 [　]

125 ㉮ 亮許 ㉯ 慟哭 ㉰ 匠人 ㉱ 鋪裝 [　]

126 ㉮ 鍍金 ㉯ 叩頭 ㉰ 蔓延 ㉱ 松柏 [　]

127 ㉮ 庸劣 ㉯ 坡州 ㉰ 瑕疵 ㉱ 後覺 [　]

128 ㉮ 濫伐 ㉯ 賢哲 ㉰ 呼應 ㉱ 前進 [　]

129 ㉮ 渦中 ㉯ 充塡 ㉰ 孵化 ㉱ 甕器 [　]

130 ㉮ 醫院 ㉯ 喊聲 ㉰ 冤痛 ㉱ 強風 [　]

131 ㉮ 釣況 ㉯ 擔保 ㉰ 酸味 ㉱ 油脂 [　]

132 ㉮ 尋訪 ㉯ 吾等 ㉰ 韻律 ㉱ 頒布 [　]

07 다음 각 漢字와 뜻이 반대 또는 相對되는 漢字를 써넣어 單語가 되게 하시오. (133~142)

133 舅[　] 　　　 134 俯[　]

135 鰥[　] 　　　 136 慶[　]

137 陟[　] 　　　 138 [　]淡

139 [　]望 　　　 140 [　]借

141 [　]盾 　　　 142 [　]昂

08 다음 成語의 빈곳에 알맞은 漢字를 써 넣으시오. (143~152)

143 門前沃[　] 　　　 144 寤寐不[　]

145 窮寇勿[　] 　　　 146 臥薪[　]膽

147 獅子[　]迅 　　　 148 玉石[　]焚

149 曖昧[　]糊 　　　 150 含哺[　]腹

151 宗[　]社稷 　　　 152 [　]田鬪狗

09 다음 漢字와 訓이 같은 漢字를 써넣어 單語가 되게 하시오. (153~167)

153 堰[　] 　　　 154 涕[　]

155 揀[　] 　　　 156 纖[　]

157 拿[　] 　　　 158 羞[　]

159 膽[　] 　　　 160 [　]泄

161 [　]禱 　　　 162 [　]綽

163 [　]瞞 　　　 164 [　]辣

165 [　]魃 　　　 166 [　]擦

167 [　]謐

10 다음 單語의 同音異義語를 漢字로 쓰되 제시된 뜻에 맞게 쓰시오. (長短音이나 된소리는 無關) (168~172)

168 塑像 − [　][　] : 분명하고 상세함

169 鹿肥 − [　][　] : 옛날부터 전해오는 말

170 螺旋 − [　][　] : 절연피복을 씌우지 않은 알줄

171 脊髓 − [　][　] : 한쪽 손

172 牢鎖 − [　][　] : 애가 타도록 몹시 괴롭힘

11 다음 漢字語의 反義語를 漢字로 쓰시오. (173~177)

173 訥辯[　] 　　　 174 奇數[　]

175 膨脹[　] 　　　 176 陳腐[　]

177 過激派[　]

12 다음 漢字語의 뜻을 간단히 쓰시오. (178~187)

178 菱形 [　]

179 贅壻 [　]

180 堪輿 [　]

181 詣闕 [　]

182 懸雍垂 [　]

183 鷄糞 [　]

184 臼齒 [　]

185 移秧 [　]

186 羹湯 [　]

187 鍼灸 [　]

13 다음 漢字의 部首를 쓰시오. (188~197)

188 袞[　] 　　　 189 燮[　]

190 彙[　] 　　　 191 舜[　]

192 甦[　] 　　　 193 衍[　]

194 瑟[　] 　　　 195 閃[　]

196 棘[　] 　　　 197 咫[　]

14 다음 글자의 正字, 略字, 또는 갖은자를 쓰시오. (198~200)

198 一[　] 　　　 199 碍[　]

200 靈[　]

(社) 한국어문회 주관 · 한국한자능력검정회 시행

한자능력검정시험 1급 예상문제

문 항 수 : 200문항
합격문항 : 160문항
제한시간 : 90분

01 다음 漢字語의 讀音을 쓰시오. (1~50)

1 滿喫 [   ]   2 干潟 [   ]
3 疳症 [   ]   4 鹿茸 [   ]
5 憑藉 [   ]   6 渺茫 [   ]
7 鐵槌 [   ]   8 嚆矢 [   ]
9 賄賂 [   ]   10 衙隷 [   ]
11 囹圄 [   ]   12 謟諛 [   ]
13 褒貶 [   ]   14 喧擾 [   ]
15 癡呆 [   ]   16 忖度 [   ]
17 鄙吝 [   ]   18 橘餅 [   ]
19 僭濫 [   ]   20 股肱 [   ]
21 鳳輦 [   ]   22 澣滌 [   ]
23 菩薩 [   ]   24 遝至 [   ]
25 櫛鱗 [   ]   26 嗾囑 [   ]
27 湮晦 [   ]   28 剛愎 [   ]
29 鴻鵠 [   ]   30 斬衰 [   ]
31 羨道 [   ]   32 杜鵑 [   ]
33 羈縻 [   ]   34 嫉妬 [   ]
35 覲見 [   ]   36 稀罕 [   ]
37 知悉 [   ]   38 袂別 [   ]
39 梵磬 [   ]   40 巫覡 [   ]
41 纏綿 [   ]   42 凜烈 [   ]
43 攄得 [   ]   44 傀儡 [   ]
45 迦葉 [   ]   46 簑笠 [   ]
47 佚罰 [   ]   48 悖戾 [   ]
49 捺染 [   ]   50 浚渫 [   ]

02 다음 漢字의 訓과 音을 쓰시오. (51~82)

51 毅 [   ]   52 醢 [   ]
53 泛 [   ]   54 肇 [   ]
55 攀 [   ]   56 邀 [   ]
57 澁 [   ]   58 脆 [   ]
59 懦 [   ]   60 逵 [   ]
61 喘 [   ]   62 逞 [   ]
63 煞 [   ]   64 璽 [   ]
65 嗤 [   ]   66 繪 [   ]
67 酋 [   ]   68 穿 [   ]
69 覓 [   ]   70 宕 [   ]
71 襪 [   ]   72 禿 [   ]
73 詣 [   ]   74 臀 [   ]
75 樞 [   ]   76 紐 [   ]
77 袴 [   ]   78 紂 [   ]
79 聳 [   ]   80 磊 [   ]
81 穗 [   ]   82 氈 [   ]

03 다음 글에서 밑줄 그은 單語를 漢字로 쓰시오. (83~102)

83 精神的인 피해도 <u>배상</u> 받을 수 있다.
[   ]

84 연어의 母川回歸는 <u>번식</u> 本能의 發露다.
[   ]

85 京仁間에 鐵道가 <u>부설</u>된지 百年이 되었다.
[   ]

86 요즘은 病院의 <u>진료</u> 카드도 電算化하여 便利
하다.   [   ]

87 模範 社員에게 <u>표창장</u>을 주었다. [   ]

88 走者를 지나치게 <u>견제</u>하다가 그만 공을 빠뜨
렸다.   [   ]

89 子息 잘되는 것이 父母의 <u>간절</u>한 所望이다.
[   ]

90 水災 現場의 <u>처참</u>한 모습에 모두가 망연자실
했다.   [   ]

91 노련한 人間關係를 밑천삼아 黨의 實權을 <u>장악</u>
하였다.

92 연봉 問題로 選手들의 사기가 많이 저상되었다.
[   ]

93 아무리 힘들어도 중도 포기는 없다. [   ]

94 임금님은 항상 內官들의 옹위를 받으며 擧動하였다.
[   ]

95 허락 없이 廣告 등에 남의 사진을 게재하면 不法이다.
[   ]

96 스스로 退社한 경우에는 당연히 해고 手當을 받을 수 없다.
[   ]

97 大學 근처에 가면 자취하는 學生들이 많다.
[   ]

98 個人主義는 요즘 젊은이들의 추세라고 할 수 있다.
[   ]

99 大企業의 引受에는 대개 外國 巨大資本이 연계되어 있다.
[   ]

100 큰소리치다가 失敗하고 보니 참괴의 마음을 금할 수 없다.
[   ]

101 兩側의 意見을 잘 절충하여 合意에 到達하였다.
[   ]

102 요즘은 시골길도 잘 포장되어 便利하다.
[   ]

04 다음 뜻풀이에 알맞은 單語를 漢字로 쓰시오. (103~112)

103 [   ][   ] : 眼球의 가장 안쪽에 있는 막

104 [   ][   ] : 땅을 파서 광물 따위를 캐냄

105 [   ][   ] : 바둑이나 장기에서 대국내용을 기록한 것

106 [   ][   ] : 낚시에서 잡아들인 상황

107 [   ][   ] : 마음이 답답하고 쓸쓸함

108 [   ][   ] : 죄를 용서함

109 [   ][   ][   ] : 막아서 가려주는 물건

110 [   ][   ][   ] : 염증을 없애는 약제

111 [   ][   ] : 요망스럽고 간사함

112 [   ][   ][   ] : 기계 등이 잘 돌아가도록 쳐주는 기름

05 다음 單語의 同義語를 한 가지씩 漢字로 쓰시오. (음절 수 같은 單語로) (113~117)

113 浮屠 [   ]   114 瑕疵 [   ]

115 寄與 [   ]   116 堪輿 [   ]

117 彌縫策 [   ]

06 빈칸에 알맞은 漢字를 써넣어 앞뒤 대칭 구조의 四字成語를 完成하시오. (118~122)

118 萬壑 [   ][   ]

119 男負 [   ][   ]

120 甘呑 [   ][   ]

120 [   ][   ] 右眄

122 [   ][   ] 碎身

07 다음 각항에서 첫 音節이 긴 소리로 나는 것을 1개씩 가려 그 기호(㉮~㉰)를 쓰시오. (123~132)

123 ㉮ 嘉禾 ㉯ 桓因 ㉱ 壬辰 ㉰ 媤宅 [   ]
124 ㉮ 糊塗 ㉯ 粗雜 ㉱ 塗料 ㉰ 銳智 [   ]
125 ㉮ 椅子 ㉯ 玩賞 ㉱ 卷數 ㉰ 聰氣 [   ]
126 ㉮ 甦生 ㉯ 尋常 ㉱ 呪文 ㉰ 松都 [   ]
127 ㉮ 返品 ㉯ 模糊 ㉱ 秦律 ㉰ 棉花 [   ]
128 ㉮ 鍛鍊 ㉯ 評判 ㉱ 樽酒 ㉰ 魔術 [   ]
129 ㉮ 譬喩 ㉯ 迂遠 ㉱ 駕轎 ㉰ 鼈主簿 [   ]
130 ㉮ 醫院 ㉯ 冤痛 ㉱ 聲援 ㉰ 爽快 [   ]
131 ㉮ 迂廻 ㉯ 淳朴 ㉱ 蕩兒 ㉰ 自律 [   ]
132 ㉮ 慷慨 ㉯ 階段 ㉱ 巡視 ㉰ 醫大 [   ]

08 다음 각 漢字와 뜻이 反對 또는 相對되는 漢字를 써넣어 單語가 되게 하시오. (133~142)

133 [   ] 伸   134 [   ] 曇

135 [   ] 雄   136 [   ] 瘠

137 [   ] 販   138 擒 [   ]

139 嫡 [   ]   140 貸 [   ]

141 慶 [   ]   142 疎 [   ]

⑨ 다음 成語의 빈곳에 알맞은 漢字를 써 넣으시오.
(143~152)

143 歡呼雀 [　] 　　　144 虛心坦 [　]

145 鴛鴦衾 [　] 　　　146 狐假 [　] 威

147 賊反 [　] 杖 　　　148 臥薪 [　] 膽

149 隔 [　] 搔癢 　　　150 菽 [　] 不辨

151 夙 [　] 夜寐 　　　152 [　] 哺鼓腹

⑩ 다음 漢字와 訓이 같은 漢字를 써넣어 單語가 되게 하시오. (153~167)

153 斡 [　] 　　　　154 些 [　]

155 幇 [　] 　　　　156 匡 [　]

157 揀 [　] 　　　　158 祿 [　]

159 祥 [　] 　　　　160 [　] 傅

161 [　] 綽 　　　　162 締 [　]

163 [　] 瞞 　　　　164 [　] 績

165 [　] 去 　　　　166 [　] 埃

167 [　] 魁

⑪ 다음 單語의 同音異義語를 漢字로 하나씩 쓰시오. (長短音, 된소리 無關) (168~172)

168 罵倒 [　　　　] 　169 歡迎 [　　　　]

170 偏執 [　　　　] 　171 軟體 [　　　　]

172 求愛 [　　　　]

⑫ 다음 漢字語의 反義語를 漢字로 쓰시오. (173~177)

173 釋放 [　　　　]

174 解弛 [　　　　]

175 優越感 [　　　　]

176 順坦 [　　　　]

177 沈降 [　　　　]

⑬ 다음 漢字語의 뜻을 간단히 쓰시오. (178~187)

178 叩頭 [　　　　　　　　　　]

179 羹湯 [　　　　　　　　　　]

180 窄乳 [　　　　　　　　　　]

181 汁滓 [　　　　　　　　　　]

182 移秧 [　　　　　　　　　　]

183 贅壻 [　　　　　　　　　　]

184 捷徑 [　　　　　　　　　　]

185 秤錘 [　　　　　　　　　　]

186 疋帛 [　　　　　　　　　　]

187 懸癰垂 [　　　　　　　　　]

⑭ 다음 漢字의 部首를 쓰시오. (188~197)

188 衒 [　　　] 　　189 芻 [　　　]

190 麻 [　　　] 　　191 闡 [　　　]

192 盾 [　　　] 　　193 壹 [　　　]

194 棠 [　　　] 　　195 尿 [　　　]

196 馮 [　　　] 　　197 殼 [　　　]

⑮ 다음 글자의 正字, 略字를 쓰시오. (198~200)

198 変 [　　　] 　　199 蚕 [　　　]

200 臨 [　　　]

01 다음 漢字語의 讀音을 쓰시오. (1~50)

1 輓近 [ ]		2 羈宦 [ ]	
3 湮晦 [ ]		4 緬懷 [ ]	
5 赫喧 [ ]		6 落穗 [ ]	
7 甕算 [ ]		8 牢籠 [ ]	
9 荊棘 [ ]		10 巾櫛 [ ]	
11 抑勒 [ ]		12 垢滓 [ ]	
13 悚慄 [ ]		14 峻截 [ ]	
15 侈靡 [ ]		16 瑕痕 [ ]	
17 膵管 [ ]		18 憑几 [ ]	
19 錦袈 [ ]		20 頻數 [ ]	
21 兢懼 [ ]		22 疎密 [ ]	
23 刺戟 [ ]		24 凱旋 [ ]	
25 扼腕 [ ]		26 崔巍 [ ]	
27 擬律 [ ]		28 驕泰 [ ]	
29 鵬搏 [ ]		30 搔擾 [ ]	
31 挽執 [ ]		32 擲錢 [ ]	
33 殿最 [ ]		34 鰥寡 [ ]	
35 捲簾 [ ]		36 肋膜 [ ]	
37 訥澁 [ ]		38 挫鍼 [ ]	
39 貼付 [ ]		40 狡猾 [ ]	
41 寇攘 [ ]		42 肥瘠 [ ]	
43 昂騰 [ ]		44 狙擊 [ ]	
45 蔽膝 [ ]		46 醇篤 [ ]	
47 冶爐 [ ]		48 穢慝 [ ]	
49 奢僭 [ ]		50 規矩 [ ]	

02 위 漢字語 (1~5)를 차례대로 우리말로 옮기시오. (51~55)

51 [ ] 52 [ ]
53 [ ] 54 [ ]
55 [ ]

03 위 漢字語 (6~10)의 轉義(字義대로가 아닌 뜻)를 차례대로 쓰시오. (56~60)

例	矛盾 (轉義) 앞뒤가 맞지 않음

56 [ ] 57 [ ]
58 [ ] 59 [ ]
60 [ ]

04 위 漢字語 (11~15)와 뜻이 가장 비슷한 漢字語를 (16~50)에서 찾아 번호로 답하시오. (61~65)

61 [ ] 62 [ ]
63 [ ] 64 [ ]
65 [ ]

05 위 漢字語 (22~50) 가운데서, 서로 상대되는 뜻을 지닌 글자끼리 結合된 것(得失… 등과 같이)을 5개 찾아 그 번호로 답하시오. (66~70)

66 [ ] 67 [ ]
68 [ ] 69 [ ]
70 [ ]

06 다음 漢字 (71~100)의 訓·音을 쓰시오. (71~100)

71 祉 [ ]		72 挾 [ ]	
73 瞰 [ ]		74 咳 [ ]	
75 礫 [ ]		76 嚆 [ ]	
77 廐 [ ]		78 逞 [ ]	
79 犀 [ ]		80 宥 [ ]	
81 兇 [ ]		82 棧 [ ]	
83 揀 [ ]		84 甦 [ ]	
85 掉 [ ]		86 蛋 [ ]	
87 罍 [ ]		88 塏 [ ]	
89 碎 [ ]		90 蹂 [ ]	
91 纏 [ ]		92 悴 [ ]	
93 籤 [ ]		94 醢 [ ]	
95 匙 [ ]		96 訃 [ ]	
97 脆 [ ]		98 悛 [ ]	
99 葺 [ ]		100 衲 [ ]	

07 위 漢字 (71~80)의 部首를 차례대로 쓰시오. (101~110)

101 [   ]   102 [   ]

103 [   ]   104 [   ]

105 [   ]   106 [   ]

107 [   ]   108 [   ]

109 [   ]   110 [   ]

※ 다음 글을 읽고 물음에 답하시오.

- 에도시대 서민적 오락[111]의 하나로 연극[112] 관람[113]을 들 수 있다. 일본에서 극장이 출현한 시기는 중세이다. 무로마치 시대에 성립된 노 공연장이 극장의 원형이었다. 현재의 노가쿠 도는 무대[114]와 객석이 같은 지붕 아래 있지 만 당시의 무대와 객석은 건물이 따로 지어져 있었고, 지붕이 있는 객석이 귀빈석이었다. 이 구조는 17세기 영국 셰익스피어 시대의 극 장과 신기할 정도[115]로 닮았다.

  - 우메사오 다다오 편저, 최경국 옮김, 『일본 문명의 77가 지 열쇠』, 창해, 2007

- 포탈라 자체가 복합[116] 건축물인 까닭에 미로[117]처럼 복잡하여 방향을 잃어버리기 쉬운데, 붉은 궁전[118]으로 들어가면 엄청나게 많은 기 둥과 조각[119], 거대한 입체 만다라, 영묘탑, 벽면마다 빼곡하게 채워 놓은 벽화[120]들로 무 엇을 봤는지조차 아득할 지경[121]에 이르게 된 다. 3층으로 이루어진 붉은 궁전의 아래층에 서 제일 넓은 대법당에는 제6대 달라이 라마 의 옥좌[122]가 있으며, 대법당과 붙은 대전에 는 역대 달라이 라마의 영묘탑이 있다.

  - 최태만, 『다섯 빛깔의 룽다와 흰색 까닥』, 다할미디어, 2007

- 여수를 중심으로 남해안 전체를 연결한 체계 적인 해양관광시대의 전망[123]은 매우 밝다. 경제 발전과 관광자원 고갈[124]의 해법을 제2 의 영토인 바다에서 찾으려는 노력이 시작됐 고, 국민소득 2만 달러 시대에 걸맞은 새로운 관광 형태 준비에도 박차[125]를 가하고 있다. 남해안에 있는 은하수처럼 아름다운 많은 섬 들을 주제별로 테마화하여 개발하고 연결시키

면 우리나라의 이색적인 관광 목적지가 될 것 이며, 여러 가지 레포츠를 즐길 수 있는 마리 나 시설과 바다 속 비경을 감상[126]할 수 있는 시설은 경쟁력을 가지게 될 것이다. 또한, 독 특한 아이디어로 쓸모없는 땅이라고 여겨진 갯벌과 염전[127] 등을 체험하는 새로운 관광 상품 개발, 거북선 모양의 여객선 상품, 완 도~제주 간의 해저터널 계획 등은 해양관광 의 부가가치를 더 한층 높여줄 것이다.

  - 『문화일보』 2007년 12월 1일

- 통상 교섭[128] 본부는 오는 12월5일부터 7일까지 멕시코 수도인 멕시코시티에서 한국·멕시코 자유무역협정(FTA) 체결[129]을 위한 제1차 협상 을 개최[130]한다고 30일 밝혔다. 이번 협상은 양 국이 지난해 6월 제3차 협상 이후 잠정[131] 중단 됐던 양국 간 전략적 경제보완협정(SECA· Strategic Economic Complementation Agreement) 협상을 올 8월 FTA로 격상하기로 합의[132]한 뒤 처음으로 열린다. 양국은 1차 FTA 협상에서 전 체회의와 상품, 서비스·투자, 조달[133], 경제협 력 등 모든 개별분과 회의를 개최, 세 차례의 SECA 협상을 통해 협의해온 협정 문안을 기초 로 협정문 주요 쟁점[134]에 대한 이견을 줄여나 갈 예정이다.　　- 『서울경제』 2007년 11월 30일

- 생태[135]문제가 전지구적인 관심이 되고 있다. 오염[136]이라는 환경의 문제부터 특정 개체의 멸종[137] 위기[138]의 징후[139]에 이르기까지, 여러 생태적 문제와 징후들은 이 지구에서의 인류 의 지속적 생존을 의심하는 구체적인 증거[140] 가 되고 있다. 많은 생태적인 문제의 심각성 은 18세기 이래 인류가 이룩해온 자연과학과 이용한 고도의 산업 기술에서 비롯된 것이다.

  - 임홍빈 외, 『새로운 공적합리성의 모색』, 철학과현실사, 2005

- 그 무렵 나는 신문사 편집[141]업무에 아주 잘 적응[142]하기 시작했는데, 항상[143] 편집 업무를 저널리즘적이라기보다는 하나의 문학적 형태 로 간주했다. 까르따헤나에서 200리그 떨어져

있고, 까르따헤나에 비해 해발[144] 고도가 2,000미터나 높은 곳에 위치한 악몽[145]같은 보고타에 관해서는 4월 9일 재로 변한 거리의 악취만 기억[146]날 뿐이었다.

－ 가브리엘 가르시아 마르케스 지음, 조구호 옮김, 『이야기하기 위해 살다』, 민음사, 2007

• 베이징은 어제부터 점차[147]기온이 내려가, 11월 중순이 되어야 가동이 된다던 동네의 중앙 난방[148]이 오늘부터 들어오기 시작했다. 물론 겨우 한기만 가실 정도로 미약[149]하지만, 난방 공급[150] 파이프에서 들려오는 물 흐르는 소리가 반갑기만 하다.

－ 소주영·박미애 지음, 『베이징 뒷골목 이야기』, 넥서스 BOOKS, 2007

08 윗글 밑줄 그은 漢字語를 漢字(正字)로 쓰시오. (111~150)

111 [　　　]　　112 [　　　]
113 [　　　]　　114 [　　　]
115 [　　　]　　116 [　　　]
117 [　　　]　　118 [　　　]
119 [　　　]　　120 [　　　]
121 [　　　]　　122 [　　　]
123 [　　　]　　124 [　　　]
125 [　　　]　　126 [　　　]
127 [　　　]　　128 [　　　]
129 [　　　]　　130 [　　　]
131 [　　　]　　132 [　　　]
133 [　　　]　　134 [　　　]
135 [　　　]　　136 [　　　]
137 [　　　]　　138 [　　　]
139 [　　　]　　140 [　　　]
141 [　　　]　　142 [　　　]
143 [　　　]　　144 [　　　]
145 [　　　]　　146 [　　　]
147 [　　　]　　148 [　　　]
149 [　　　]　　150 [　　　]

09 윗글 밑줄 그은 漢字語 (111~140) 가운데에서 첫소리가 ‘긴소리’인 것을 가려 5개만 그 번호를 쓰시오(실제로는 5개 이상임). (151~155)

151 [　　　]　　152 [　　　]
153 [　　　]　　154 [　　　]
155 [　　　]

10 다음에서 첫소리가 ‘긴소리’인 것을 그 번호로 답하시오. (156~160)

156 ㉮ 間隔　㉯ 痼病　㉰ 開墾　㉱ 皆勤　[　]
157 ㉮ 契闊　㉯ 絞首　㉰ 恐慌　㉱ 汲引　[　]
158 ㉮ 喘息　㉯ 咆哮　㉰ 呻吟　㉱ 咽喉　[　]
159 ㉮ 抹消　㉯ 煤炭　㉰ 擁立　㉱ 聾啞　[　]
160 ㉮ 炸裂　㉯ 殲滅　㉰ 虜獲　㉱ 闇票　[　]

11 다음 밑줄 친 同音異義語를 구별하여 漢字(正字)로 쓰시오. (161~170)

• 이 사건은 17세기 전기[161]와 후기를 가르는 전기[162]가 되었다.
• 천연[163]가스를 채굴하는 일정이 기술적 문제로 천연[164]되었다.
• 존속[165]을 해치는 범죄에 대한 엄벌 조항은 존속[166]될 것이다.
• 김감독은 그 영화의 시사[167] 모임을 곧 열리라는 뜻을 시사[168]하였다.
• 무표정한 그였지만, 어릴 적 동요[169]를 듣고는 마음이 동요[170]하는 듯했다.

161 [　　　]　　162 [　　　]
163 [　　　]　　164 [　　　]
165 [　　　]　　166 [　　　]
167 [　　　]　　168 [　　　]
169 [　　　]　　170 [　　　]

⑫ 다음 漢字의 略字는 正字로, 正字는 略字로 쓰시오. (171~175)

171 価 [   ]   172 旧 [   ]

173 廣 [   ]   174 弃 [   ]

175 仏 [   ]

⑬ 類義(같은 뜻)字로 結合된 漢字語가 되도록(176~180), 類義語로 짝이 되도록(180~183) (   )안에 漢字를 쓰시오. (181~183)

176 強 [   ]

177 愰 [   ]

178 [   ] 瞞

179 凌 [   ]

180 [   ] 癡

181 彌縫策 ↔ [   ] 息策

182 種豆得豆 ↔ 因果 [   ] 報

183 表 [   ] 不同 ↔ 羊頭狗肉

⑭ 다음 (   ) 안에 反義語를 漢字로 쓰시오. (184~190)

184 沈降 ↔ [   ][   ]

185 膨脹 ↔ [   ][   ]

186 愛好 ↔ [   ][   ]

187 粗雜 ↔ [   ][   ]

188 拾得 ↔ [   ][   ]

189 供給 ↔ [   ][   ]

190 削除 ↔ [   ][   ]

⑮ 다음 例의 뜻을 참고하여 漢字를 써 넣어 아래의 四字成語를 完成하시오. (191~200)

例
- 실패를 보고 경계함.
- 해결하기 어려움.
- 뻔뻔스러움.
- 외롭고 쓸쓸함.
- 순서를 밟아 행함.
- 일찌감치 채용함.
- 대단히 실망함.
- 두 일을 겸하기 어려움.
- 가까이 있는 것을 천히 여김.
- 오히려 해를 더 키움.
- 몹시 반가움.
  (*순서대로가 아님)

191 立 [   ] 先 [   ]

192 面 [   ][   ] 皮

193 [   ] 鵠賤 [   ]

194 救 [   ][   ] 薪

195 落 [   ] 喪 [   ]

196 [   ] 車之戒

197 空 [   ] 足 [   ]

198 登 [   ] 自 [   ]

199 [   ] 根 [   ] 節

200 [   ] 盆 [   ] 天

01 다음 漢字語의 讀音을 쓰시오. (1~50)

1 聾瞻 [   ]   2 爾雅 [   ]
3 跋扈 [   ]   4 跌宕 [   ]
5 巫覡 [   ]   6 謟諛 [   ]
7 知悉 [   ]   8 漲溢 [   ]
9 稀罕 [   ]   10 袂別 [   ]
11 蓑翁 [   ]   12 胤裔 [   ]
13 干潟 [   ]   14 嗤笑 [   ]
15 乖戾 [   ]   16 稟奏 [   ]
17 耽溺 [   ]   18 濊貊 [   ]
19 陝川 [   ]   20 蟾桂 [   ]
21 羈縻 [   ]   22 鴻鵠 [   ]
23 喧藉 [   ]   24 木覓 [   ]
25 泛灩 [   ]   26 矜誇 [   ]
27 御璽 [   ]   28 綽約 [   ]
29 汨篤 [   ]   30 閭閻 [   ]
31 覲見 [   ]   32 鹿肥 [   ]
33 嗚咽 [   ]   34 鄙吝 [   ]
35 倂吞 [   ]   36 賄賂 [   ]
37 瓊團 [   ]   38 誘拐 [   ]
39 卦爻 [   ]   40 荊棘 [   ]
41 僭濫 [   ]   42 瘦瘠 [   ]
43 歆饗 [   ]   44 詭詐 [   ]
45 姦慝 [   ]   46 嚆矢 [   ]
47 詰責 [   ]   48 暹羅 [   ]
49 遝至 [   ]   50 改悛 [   ]

02 다음 漢字의 訓과 音을 쓰시오. (51~82)

51 鰲 [   ]   52 巍 [   ]
53 尨 [   ]   54 醢 [   ]
55 攀 [   ]   56 揖 [   ]
57 縊 [   ]   58 站 [   ]
59 喙 [   ]   60 犀 [   ]
61 衙 [   ]   62 喫 [   ]
63 茸 [   ]   64 懦 [   ]
65 棗 [   ]   66 逞 [   ]
67 邕 [   ]   68 薩 [   ]
69 輦 [   ]   70 軋 [   ]
71 鑿 [   ]   72 靄 [   ]
73 肇 [   ]   74 梳 [   ]
75 蠢 [   ]   76 羨 [   ]
77 磬 [   ]   78 隕 [   ]
79 柴 [   ]   80 瞿 [   ]
81 弛 [   ]   82 蛋 [   ]

03 다음 글에서 밑줄 그은 單語를 漢字로 쓰시오. (83~102)

83 新聞 連載小說에는 으레 삽화가 곁들여진다.
[   ]

84 週末이면 新聞에 특집 記事가 많다. [   ]

85 소리가 너무 커서 고막이 터질 것 같았다.
[   ]

86 꾸준히 株式을 사들여 결국 經營權을 장악하였다. [   ]

87 論理의 展開 過程에서 오류는 發見되지 않았다.
[   ]

88 指揮官은 部隊員의 士氣가 저상되는 일이 생기지 않도록 할 책임이 있다. [   ]

89 住民들은 집단 농성으로 맞섰다. [   ]

90 질산은 물과도 잘 混合되는 강한 산성의 액체다.
[   ]

91 이번 일로 個人의 私生活이 적나라하게 公開되었다. [   ]

92 下等動物일수록 번식력이 왕성하다.
[   ]

93 日本의 경기 침체는 우리에게도 <u>시사</u>하는 바가 크다 할 것이다. [ ]

94 모름지기 젊은이들은 <u>패기</u>가 있어야 한다. [ ]

95 요즘은 <u>궁벽</u>한 산골마을에도 電氣가 들어간다. [ ]

96 우리 會社에서 추진하는 장학재단의 <u>취지</u>가 맘에 든다. [ ]

97 옛날 우리 어머니들은 어지간한 바느질은 집에서 <u>재봉틀</u>로 해결했다. [ ]

98 양쪽 의견을 조정하여 最終 <u>절충</u>안을 마련하였다. [ ]

99 韓國語는 흔히 <u>교착어</u> 분류된다. [ ]

100 <u>섬유업</u>은 한때 우리나라의 主力產業이었다. [ ]

101 昌德宮 뒤뜰을 한때 <u>비원</u>이라고 불렀다. [ ]

102 그는 그의 첫 作品을 父母님께 <u>헌정</u>한다고 하였다. [ ]

04 다음 뜻풀이에 알맞은 單語를 漢字로 쓰시오. (103~112)

103 [ ][ ] : 적의 첩보 활동을 막음

104 [ ][ ] : 새기고 쪼아 다듬음

105 [ ][ ][ ] : 가리고 덮는 장막

106 [ ][ ] : 아기를 가질 징조로 꾸는 꿈

107 [ ][ ] : 죄를 용서함

108 [ ][ ] : 실제로는 없는 것이 있는 것처럼 보이는 형상

109 [ ][ ] : (고기를 잡기 위해) 그물을 던짐

110 [ ][ ][ ] : 주로 海上에서 敵의 동태를 감시하고 경계하는 軍警의 작은 배

111 [ ][ ] : 진찰하고 치료하는 데 드는 비용

112 [ ][ ][ ][ ] : 넓은 바다나 호수의 푸른 물결

05 다음 單語의 同義語를 한 가지씩 쓰시오. (2音節 單語로) (113~117)

113 瞬間 [ ]　　114 放免 [ ]

115 隆替 [ ]　　116 姙娠 [ ]

117 昇遐 [ ]

06 빈칸에 알맞은 漢字를 써넣어 앞뒤 대칭 구조의 四字成語를 完成하시오. (118~122)

118 [ ][ ]魄散

119 男負[ ][ ]

120 [ ][ ]碎身

121 [ ][ ]皓齒

122 [ ][ ]截尾

07 다음 각항에서 첫 音節이 긴 소리로 나는 것을 1개씩 가려 그 기호(㉮~㉰)를 쓰시오. (123~132)

123 ㉮ 黎明　㉯ 麝香　㉰ 斑點　㉱ 艱苦　[ ]

124 ㉮ 猖披　㉯ 醇化　㉰ 漸染　㉱ 猿人　[ ]

125 ㉮ 濃度　㉯ 梯形　㉰ 釀造　㉱ 棉花　[ ]

126 ㉮ 膏血　㉯ 繡衣　㉰ 儺儀　㉱ 鋒起　[ ]

127 ㉮ 彎曲　㉯ 徘徊　㉰ 芭蕉　㉱ 揀擇　[ ]

128 ㉮ 媚藥　㉯ 顆粒　㉰ 鍛鍊　㉱ 陛下　[ ]

129 ㉮ 屠戮　㉯ 酩酊　㉰ 偉勳　㉱ 淋巴　[ ]

130 ㉮ 榜目　㉯ 癌寐　㉰ 粗雜　㉱ 絃樂　[ ]

131 ㉮ 嬌態　㉯ 裨將　㉰ 邂逅　㉱ 秦始皇　[ ]

132 ㉮ 琵琶　㉯ 魅了　㉰ 充塡　㉱ 腫處　[ ]

08 다음 각 漢字와 뜻이 反對 또는 相對되는 漢字를 써넣어 單語가 되게 하시오. (133~142)

133 擒[ ]　　134 陟[ ]

135 貸[ ]　　136 舅[ ]

137 疏[ ]　　138 吉[ ]

139 嫡[ ]　　140 [ ]此

141 [ ]望　　142 [ ]曇

09 다음 成語의 빈곳에 알맞은 漢字를 써 넣으시오.
(143~152)

143 輾轉反 [ ]　　　144 苛斂誅 [ ]

145 不撓不 [ ]　　　146 狐假 [ ] 威

147 亡羊 [ ] 牢　　　148 玉石 [ ] 焚

149 菽 [ ] 不辨　　　150 羞 [ ] 之心

151 [ ] 璋之慶　　　152 [ ] 靴搔癢

10 다음 漢字와 訓이 같은 漢字를 써넣어 單語가 되게 하시오. (153~167)

153 [ ] 泄　　　154 堰 [ ]

155 幇 [ ]　　　156 締 [ ]

157 祿 [ ]　　　158 店 [ ]

159 擄 [ ]　　　160 [ ] 肪

161 [ ] 買　　　162 [ ] 寫

163 [ ] 埃　　　164 [ ] 谷

165 [ ] 甚　　　166 [ ] 置

167 [ ] 徙

11 다음 單語의 同音異義語를 漢字로 하나씩 쓰시오. (長短音, 된소리 無關) (168~172)

168 羈絆 [ ]　　　169 罵倒 [ ]

170 咀嚼 [ ]　　　171 迅雷 [ ]

172 軟體 [ ]

12 다음 漢字語의 反義語를 쓰시오. (173~177)

173 陳腐 [ ]

174 演繹法 [ ]

175 奇數 [ ]

176 訥辯 [ ]

177 過激派 [ ]

13 다음 漢字語의 뜻을 7음절 이내로 간단히 쓰시오.
(178~187)

178 捷徑　　　　　[ ]

179 眄視　　　　　[ ]

180 鍼灸　　　　　[ ]

181 詣闕　　　　　[ ]

182 瑕疵　　　　　[ ]

183 屑鐵　　　　　[ ]

184 鰥寡　　　　　[ ]

185 諧謔　　　　　[ ]

186 猝富　　　　　[ ]

187 秤錘　　　　　[ ]

14 다음 漢字의 部首를 쓰시오. (188~197)

188 冀 [ ]　　　189 艶 [ ]

190 燮 [ ]　　　191 龐 [ ]

192 閃 [ ]　　　193 杰 [ ]

194 辱 [ ]　　　195 衍 [ ]

196 囊 [ ]　　　197 氈 [ ]

15 다음 글자의 正字, 略字 또는 갖은자를 쓰시오.
(198~200)

198 鹽 [ ]　　　199 二 [ ]

200 碍 [ ]

※ 다음 漢字語에 대하여 물음에 답하시오.

01 위 漢字語 (1~50)의 讀音을 쓰시오. (1~50)

1 爪痕 [ ]		2 昧爽 [ ]	
3 萌黎 [ ]		4 毆斃 [ ]	
5 彙纂 [ ]		6 隙駒 [ ]	
7 爬梳 [ ]		8 衲被 [ ]	
9 壟斷 [ ]		10 襟喉 [ ]	
11 怡愉 [ ]		12 凌逼 [ ]	
13 嬌逸 [ ]		14 悽惻 [ ]	
15 剽劫 [ ]		16 鉤膺 [ ]	
17 湍洑 [ ]		18 攄掠 [ ]	
19 熾灼 [ ]		20 熏煮 [ ]	
21 羈梏 [ ]		22 戎氈 [ ]	
23 悼慄 [ ]		24 几杖 [ ]	
25 彌勒 [ ]		26 靖匡 [ ]	
27 耆艾 [ ]		28 帖括 [ ]	
29 驪洽 [ ]		30 都鄙 [ ]	
31 喧擾 [ ]		32 鹹潟 [ ]	
33 繪塑 [ ]		34 馳邁 [ ]	
35 猝嗟 [ ]		36 芻蕘 [ ]	
37 酬悉 [ ]		38 毅魄 [ ]	
39 睡醒 [ ]		40 艶冶 [ ]	
41 簒奪 [ ]		42 灸薑 [ ]	
43 濤瀾 [ ]		44 辣腕 [ ]	
45 舅甥 [ ]		46 闊狹 [ ]	
47 駝酪 [ ]		48 垢滓 [ ]	
49 豹斑 [ ]		50 襃貶 [ ]	

02 위 漢字語 (1~5)를 차례대로 우리말로 옮기시오. (51~55)

51 [ ] 52 [ ]
53 [ ] 54 [ ]
55 [ ]

03 위 漢字語 (6~10)의 轉義(字義대로가 아닌 뜻)를 차례대로 쓰시오. (56~60)

例	矛盾 (轉義) 앞뒤가 맞지 않음

56 [ ] 57 [ ]
58 [ ] 59 [ ]
60 [ ]

04 위 漢字語 (22~50) 가운데서, 서로 상대되는 뜻을 지닌 글자끼리 結合된 것(得失… 등과 같이)을 5개 찾아 그 번호로 답하시오. (61~65)

61 [ ] 62 [ ]
63 [ ] 64 [ ]
65 [ ]

05 다음 漢字의 訓·音을 쓰시오. (66~90)

66 愎 [ ]		67 秤 [ ]	
68 輳 [ ]		69 妬 [ ]	
70 諂 [ ]		71 亘 [ ]	
72 棗 [ ]		73 鼇 [ ]	
74 眄 [ ]		75 勅 [ ]	
76 膏 [ ]		77 駕 [ ]	
78 杳 [ ]		79 磽 [ ]	
80 匕 [ ]		81 狩 [ ]	
82 眈 [ ]		83 謚 [ ]	
84 隘 [ ]		85 餌 [ ]	
86 袴 [ ]		87 缸 [ ]	
88 窄 [ ]		89 喚 [ ]	
90 坦 [ ]			

06 다음 漢字의 部首를 쓰시오. (91~100)

91 匙 [ ]		92 巴 [ ]	
93 忹 [ ]		94 斂 [ ]	
95 竭 [ ]		96 聳 [ ]	

97 戾 [   ]   98 黜 [   ]

99 夭 [   ]   100 勺 [   ]

07 빈칸에 다음 漢字를 사용할 수 없는 한자어를 찾아 번호를 적으시오. (101~105)

101 齡 : ① 弱□ ② 頹□ ③ 加□ ④ 摯□ [   ]

102 肌 : ① □膚 ② □理 ③ 聚□ ④ 浸□ [   ]

103 捐 : ① □靭 ② □軀 ③ 委□ ④ □補 [   ]

104 礫 : ① 潤□ ② 愲□ ③ 沙□ ④ 燕□ [   ]

105 棘 : ① 宸□ ② 荊□ ③ □籬 ④ 艱□ [   ]

08 다음 漢字語와 뜻이 가장 비슷한 漢字語를 찾아 그 번호로 답하시오. (106~110)

106 折衷 : ① 櫛比 ② 看做 ③ 交涉 ④ 庇護 [   ]

107 瘦瘠 : ① 憔悴 ② 旱魃 ③ 痼癖 ④ 困憊 [   ]

108 龜鑑 : ① 歸勘 ② 伏羲 ③ 敷衍 ④ 模楷 [   ]

109 凍梨 : ① 氷夷 ② 卒壽 ③ 寒蟄 ④ 癡呆 [   ]

110 論劾 : ① 錐囊 ② 盤旋 ③ 彈駁 ④ 驅儺 [   ]

※ 다음 글을 읽고 물음에 답하시오.

- 그저 가만히 앉아서 에너지를 모으고, 자신의 존재에 초점[111]을 맞추고, 가끔 글을 쓴다. 얼마나 행복한가! 얼마나 완벽한가! 작가라면 멍하니 허공을 응시[112]하고 있다가 가끔씩 글을 쓰는 그런 상태를 잘 알 것이다.
  - 에릭 메이슬, 『보헤미안이 샌프란시스코』, 북노마드, 2007

- 율곡 이이는 국방의 실제[113] 인원을 파악하여 실제 군사를 확보[114]하고, 병역을 이행할 능력이 없는 사람은 병적에서 삭제[115]하여 내실을 다지라고 주장했다. 그리고 군사력을 강화하기 위해 비정규군을 폐지[116]하고 정규군으로 편입하도록 제안하기도 했다. 실제로 창을 들고 국토를 지키는 병사는 얼마 되지 않고 대부분 베를 바치고 군역을 빠져나가며, 심지어 도망쳐 나간 사람들에게는 일족에게까지 부과[117]하여 폐해를 일삼고 있으니, 군역도 충당하지 못하고 백성의 부담도 줄이지 못하여 폐단[118]이 지속[119]되고 있었다.
  - 김태완, 『율곡문답』, 역사비평사, 2008

- 문명사회의 심층에는 암묵[120]의 약속이 깔려 있다. 대부분의 사람들은 이 약속을 파기[121]할 경우 민주주의를 수호할 수 없으리라고 생각할 것이다. 그래서 말없이 평온[122]한 일상을 지속하기로 하고, 그러면 그 어떤 문제도 일어나지 않으리라고 믿는다. 하지만 실제로는 문제가 끊임없이 발생한다는 게 진짜 문제다. 지금 바로 이 순간에도 전쟁은 터지고 있으며, 전 세계를 대상으로 하는 독재[123] 권력이 승리를 장식[124]하고 있다. 여기서 전쟁이란 우리 개개인의 프라이버시와 권리, 즉 자유의 기초[125]를 지키려는 목적을 지닌 전쟁을 말한다.
  - 다니엘 에스툴린, 『빌더버그 클럽』, 랜덤하우스, 2008

- 30여년간 인터넷을 주도해 온 미국이 더 이상 패권[126]을 유지하기 어려울 것이라고 인터내셔널 헤럴드 트리뷴(IHT)이 30일 보도했다. 신문은 1970년대 미국에서 컴퓨터가 발명된 후 한때 인터넷상의 모든 정보는 미국을 거쳐야만 했지만 지금은 힘의 균형[127]이 이동하고 있다고 전했다. 또 미국이 장악[128]하고 있던 전세계 자료 전산망이 미국 기업의 통제 밖으로 벗어나고 있는 점도 이러한 추세[129]를 가속화시켰다고 신문은 설명했다. - 연합신문, 2008.8.30

- 1849년과 니콜라이 1세의 서거 사이에는 자유주의 사상의 빛이 하나도 보이지 않았다. 고골은 참회[130]하지 않는 반동주의자의 모습으로 세상을 떠났으며, 추모[131]의 글에서 고골을 풍자의 천재로 칭송[132]해 마지않는 용기를 보여주었던 투르게네프는 그 글로 인해 즉시 체포[133]됐다. 바쿠닌은 감옥[134]에 수감되어 있었고, 게르첸은 해외에 체류[135]하고 있었으며, 벨린스키는 세상을 떠났다.
  - 이사야 벌린, 『러시아 사상사』, 생각의 나무, 2008

- 미군정기에 국립박물관들의 대부분은 정상적으로 일본인에게서 한국인에게로 그 권리가 이양[136]되었지만, 대외적으로는 위험 요소에 노출되어 있었다. 개성분관은 소련군과 미군이 번갈아 주둔[137]하는 상황[138]이 벌어졌고, 평양부립박물관은 소련군에 의해 건물이 전용될 위기에 처하기도 했으며, 경주분관은 계엄령 발포로 1947년 5월 1일부터 11일까지 휴관해야만 했다.
  - 국성하, 『우리 박물관의 역사와 교육』, 혜안, 2007

• 최근의 영화는 종래 <u>금기</u>[139]로 여겼던 주제들을 다루고 <u>참신</u>[140]한 화면을 구성하여 많은 사랑을 받는다. <u>영상</u>[141] 미학의 발전은 정말 끝을 모르는 것만 같다. 하지만 과거의 흑백 필름이 훨씬 더 <u>심금</u>[142]을 울리고 인간과 자연에 대한 깊은 성찰을 <u>촉구</u>[143]하기도 한다.

• 올림픽 <u>축구</u>[144] 대회에서 준결승에 나가려던 꿈이 <u>무참</u>[145]하게 좌절되었다.

09 윗글 밑줄 그은 漢字語를 漢字(正字)로 쓰시오. (111~145)

111 [	]	112 [	]
113 [	]	114 [	]
115 [	]	116 [	]
117 [	]	118 [	]
119 [	]	120 [	]
121 [	]	122 [	]
123 [	]	124 [	]
125 [	]	126 [	]
127 [	]	128 [	]
129 [	]	130 [	]
131 [	]	132 [	]
133 [	]	134 [	]
135 [	]	136 [	]
137 [	]	138 [	]
139 [	]	140 [	]
141 [	]	142 [	]
143 [	]	144 [	]
145 [	]		

10 윗글 밑줄 그은 漢字語(111~125) 가운데에서 첫소리가 '긴소리'인 것을 가려 5개만 그 번호를 쓰시오(실제로는 5개 이상임). (146~150)

146 [	]	147 [	]
148 [	]	149 [	]
150 [	]		

11 다음에서 첫소리가 '긴소리'인 것을 그 번호로 답하시오. (151~155)

151 ㉮ 閨房 ㉯ 頸椎 ㉰ 濫觴 ㉱ 廊廟 [   ]

152 ㉮ 晷旒 ㉯ 糢糊 ㉰ 截取 ㉱ 殖産 [   ]

153 ㉮ 紬緞 ㉯ 吩付 ㉰ 醋酸 ㉱ 劃策 [   ]

154 ㉮ 衡平 ㉯ 滌蕩 ㉰ 牒紙 ㉱ 剩餘 [   ]

155 ㉮ 熄滅 ㉯ 堪耐 ㉰ 詛呪 ㉱ 菩薩 [   ]

12 다음 밑줄 친 同音異義語를 구별하여 漢字(正字)로 쓰시오. (156~165)

• 20세기 초에 <u>공간</u>[156]된 성경들은 이 <u>공간</u>[157]에 전시하였다.

• <u>고려</u>[158] 시대의 문화를 이해하려면 불교가 번성하였다는 사실을 <u>고려</u>[159]해야 한다.

• <u>육성</u>[160]이 좋은 학생들을 성악가로 <u>육성</u>[161]하였다.

• 그 지방은 고무나무의 <u>수지</u>[162]를 수출하므로 다른 지역보다 <u>수지</u>[163]가 좋다.

• <u>교정</u>[164]에 늦게까지 남아서 투구 자세를 <u>교정</u>[165]하고는 했다.

156 [	]	157 [	]
158 [	]	159 [	]
160 [	]	161 [	]
162 [	]	163 [	]
164 [	]	165 [	]

13 다음 漢字의 略字는 正字로, 正字는 略字로 쓰시오. (166~170)

166 興 [	]	167 峽 [	]
168 処 [	]	169 胆 [	]
170 弐 [	]		

14 類義(같은 뜻)字로 結合된 漢字語가 되도록(171~172), 類義語로 짝이 되도록(173~175) (   ) 안에 漢字를 쓰시오. (171~175)

171 揀 [   ]

172 [　]帛

173 一刹那 ↔ 轉[　]間

174 鼓腹擊[　] ↔ 康衢煙月

175 [　]亡齒寒 ↔ 輔車相依

⑮ 다음 (　) 안에 反義語를 漢字로 쓰시오. (176~180)

176 濃厚 ↔ [　][　]

177 絶讚 ↔ [　][　]

178 憎惡 ↔ [　][　]

179 開放的 ↔ [　][　]的

180 輕擧妄動 ↔ [　][　]自重

⑯ 밑줄 친 漢字語를 한자로 바르게 적은 것을 골라 번호를 적으시오. (181~185)

181 이즈음에는 혼례 이후에 피로연을 따로 하지 않는 예가 많다.　　　　　　[　]

① 披露宴　② 疲勞筵　③ 皮魯戀　④ 避老衍

182 채무를 변제하여야 신용 등급이 올라갑니다.

[　]

① 邊際　② 辨濟　③ 返劑　④ 弁蹄

183 가정용 소화기는 한번 분사하면 다시 쓸 수 없다.

[　]

① 紛奢　② 盆砂　③ 噴射　④ 粉飼

184 인터넷 카페가 연예인을 발탁하는 시대가 되었다.

[　]

① 拔擢　② 發琢　③ 潑鐸　④ 渤度

185 크라비 공항을 이용하려고 해도 그쪽 사정 또한 여의치 않다고 한다.　　　　　[　]

① 濾依　② 予擬　③ 與議　④ 如意

⑰ 밑줄 친 우리말에 해당하는 두 음절의 漢字語를 漢字(正字)로 바르게 적으시오. (186~190)

• 대부분의 식료품은 썩기[186] 쉽기 때문에 맛볼[187] 수 있는 기한을 포장지에 인쇄해 넣도록 되어 있다.

• 식민지배가 길어지자 그는 절망에 빠져 아나키즘 쪽으로 기울어[188] 갔다.

• 정규 편대 이외의 군졸을 크게 줄이고[189] 정규 군대를 정예화하여 실제 방비를 강화해야 한다고 율곡 이이는 주장했다.

• 환경 문제를 해결하려면 지나가야 할 어려운 고비[190]가 적지 않다.

186 [　　　]　　**187** [　　　]

188 [　　　]　　**189** [　　　]

190 [　　　]

⑱ 다음 例의 뜻을 참고하여 漢字를 써 넣어 아래의 四字成語를 完成하시오. (191~200)

例	• 지독한 원수 사이 • 더 큰 위험을 만남 • 자기 허물을 못 가림 • 아주 말을 잘함 • 음식을 많이 차림 • 흐지부지함 • 나아가고 물러남을 시기에 맞게 함 • 아주 하찮음 • 굽이굽이 서림 • 한꺼번에 해 치움 • 효도를 다함 • 웅장한 기세 • 다듬어지지 않은 인재 • 도와서 이루게 함 (*순서대로가 아님)

191 [　]頭蛇[　]

192 [　]根[　]節

193 [　]山[　]世

194 泛駕[　][　]

195 不[　][　]天

196 鼠[　][　]臂

197 掩[　][　]鈴

198 [　]養[　]晦

199 [　]羞[　]饌

200 [　]獐[　]虎

01 다음 漢字語의 讀音을 쓰시오. (1~50)

1 矜恤 [   ]   2 凜烈 [   ]

3 造詣 [   ]   4 牢獄 [   ]

5 奢侈 [   ]   6 耽溺 [   ]

7 詭詐 [   ]   8 潟湖 [   ]

9 悖戾 [   ]   10 藿羹 [   ]

11 陋巷 [   ]   12 鄙吝 [   ]

13 鴻鵠 [   ]   14 湮晦 [   ]

15 敷衍 [   ]   16 嗚咽 [   ]

17 屠戮 [   ]   18 秤錘 [   ]

19 憔悴 [   ]   20 鸞鳳 [   ]

21 落穗 [   ]   22 怯懦 [   ]

23 跋扈 [   ]   24 纏綿 [   ]

25 憑藉 [   ]   26 堰堤 [   ]

27 遝至 [   ]   28 窄汁 [   ]

29 瘦瘠 [   ]   30 蓑笠 [   ]

31 黍稷 [   ]   32 篆額 [   ]

33 滌暑 [   ]   34 繭紬 [   ]

35 胤裔 [   ]   36 澎湃 [   ]

37 胚胎 [   ]   38 喧擾 [   ]

39 隱匿 [   ]   40 咳喘 [   ]

41 詰難 [   ]   42 痔漏 [   ]

43 刪削 [   ]   44 賄賂 [   ]

45 僭濫 [   ]   46 食醯 [   ]

47 梳櫛 [   ]   48 浚渫 [   ]

49 謟諛 [   ]   50 跌宕 [   ]

02 다음 漢字의 訓과 音을 쓰시오. (51~75)

51 軋 [   ]   52 膝 [   ]

53 埠 [   ]   54 悉 [   ]

55 卉 [   ]   56 廠 [   ]

57 袂 [   ]   58 襃 [   ]

59 乏 [   ]   60 隙 [   ]

61 摯 [   ]   62 襪 [   ]

63 贅 [   ]   64 套 [   ]

65 甦 [   ]   66 叩 [   ]

67 葺 [   ]   68 麾 [   ]

69 攀 [   ]   70 奠 [   ]

71 尨 [   ]   72 匡 [   ]

73 宸 [   ]   74 屑 [   ]

75 溢 [   ]

03 다음 漢字의 讀音을 2가지씩 쓰시오. (76~82)

76 羨 [   ] [   ]

77 刺 [   ] [   ]

78 兜 [   ] [   ]

79 扱 [   ] [   ]

80 釀 [   ] [   ]

81 汨 [   ] [   ]

82 枳 [   ] [   ]

04 다음 글에서 밑줄 그은 單語를 漢字로 쓰시오. (83~102)

83 눈앞에 창망한 대해가 펼쳐져 있었다.

[   ]

84 갈포 壁紙로 도배를 하니 느낌이 시원하다.

[   ]

85 그 친구, 내 억울한 사연을 듣고는 자기 일처럼 분개하였다. [   ]

86 本館 建物 꼭대기에 국기 게양대가 있다.

[   ]

87 경기가 회복되면서 해고 勤勞者들이 복직되었다.

[   ]

88 冷戰 時代에는 북한을 북괴라고 불렀다.

[   ]

89 世界 곳곳의 <u>화교</u>들은 母國語인 中國語를 잘 지키는 것으로 유명하다. [   ]

90 휴대전화는 서비스 <u>권역</u>을 벗어나면 通話가 안 된다. [   ]

91 지난번 <u>보궐</u> 선거는 出馬者가 特別히 많았다. [   ]

92 北漢山 승가사는 <u>비구니</u>들의 가람이다. [   ]

93 소말리아 <u>피랍</u> 선원들이 고생 끝에 간신히 풀려났다. [   ]

94 눈의 <u>각막</u>을 이식하여 視力을 되찾았다. [   ]

95 聽衆들은 아름다운 演奏에 <u>매료</u>되었다. [   ]

96 純毛나 순면에 비해 <u>혼방</u> 옷감이 구김이 덜 간다. [   ]

97 <u>편벽</u>한 사람은 다른 사람들과 잘 어울리지 못한다. [   ]

98 좋은 得點 機會가 <u>병살타</u>로 무산되었다. [   ]

99 初中等 教員의 급여는 單一 <u>호봉</u> 체제다. [   ]

100 그자는 끔찍한 범행을 <u>교사</u>한 혐의로 체포되었다. [   ]

101 나라의 慶事가 있을 때면 죄수들이 <u>은사</u>로 석방되곤 했다. [   ]

102 <u>삼계탕</u>은 四季節 보양식으로 인기가 있다. [   ]

05 다음 뜻풀이에 알맞은 單語를 漢字로 쓰시오. (103~112)

103 [   ][   ] : 벼룻물 담는 그릇

104 [   ][   ] : 요사스러운 귀신

105 [   ][   ] : 깔보고 업신여김

106 [   ][   ] : 짙은 안개

107 [   ][   ] : 임금이 피난함

108 [   ][   ] : 누에를 침

109 [   ][   ] : 받아 누림

110 [   ][   ] : 외국 여행에 필요한 신분증명서

111 [   ][   ][   ] : 햇볕을 가리는 장막

112 [   ][   ][   ] : 진찰하고 치료하는 데 드는 비용

06 다음 單語의 同義語를 한 가지씩 漢字로 쓰시오. (音節 數 같은 單語로) (113~117)

113 堪輿 [   ]

114 瞬間 [   ]

115 模範 [   ]

116 彌縫策 [   ]

117 寄與 [   ]

07 빈칸에 알맞은 漢字를 써넣어 앞뒤 대칭 구조의 四字成語를 完成하시오. (118~122)

118 臥薪 [   ][   ]

119 貪官 [   ][   ]

120 [   ][   ] 皓齒

121 [   ][   ] 右眄

122 [   ][   ] 魄散

08 다음 각항에서 첫 音節이 긴 소리로 나는 것을 1개씩 가려 그 기호(㉮~㉰)를 쓰시오. (123~132)

123 ㉮ 頸椎 ㉯ 寵愛 ㉰ 痕迹 ㉱ 凄涼 [   ]

124 ㉮ 疵瑕 ㉯ 殷盛 ㉰ 痼癃 ㉱ 懊惱 [   ]

125 ㉮ 冶金 ㉯ 迂遠 ㉰ 甦生 ㉱ 煤煙 [   ]

126 ㉮ 膀胱 ㉯ 糞土 ㉰ 膳物 ㉱ 松柏 [   ]

127 ㉮ 驪州 ㉯ 雁行 ㉰ 槐木 ㉱ 媚藥 [   ]

128 ㉮ 鯨油 ㉯ 瞰下 ㉰ 弩砲 ㉱ 允許 [   ]

129 ㉮ 邸宅 ㉯ 蘆花 ㉰ 杳然 ㉱ 裨將 [   ]

130 ㉮ 誰何 ㉯ 遁甲 ㉰ 呻吟 ㉱ 樣式 [   ]

131 ㉮ 閻羅 ㉯ 渦中 ㉰ 曠野 ㉱ 鴛鴦 [   ]

132 ㉮ 猪突 ㉯ 旌門 ㉰ 爛熟 ㉱ 仔詳 [   ]

⑨ 다음 各 漢字와 뜻이 反對 또는 相對되는 漢字를 써넣어 單語가 되게 하시오. (133~142)

133 盈[   ]　　　　134 俯[   ]

135 疎[   ]　　　　136 擒[   ]

137 吉[   ]　　　　138 屈[   ]

139 干[   ]　　　　140 優[   ]

141 [   ]曇　　　　142 [   ]雄

⑩ 다음 成語의 빈곳에 알맞은 漢字를 써 넣으시오. (143~152)

143 男負女[   ]

144 窮寇勿[   ]

145 歡呼雀[   ]

146 賊反[   ]杖

147 獅子[   ]迅

148 昨[   ]未醒

149 [   ]田鬪狗

150 [   ]瀾重疊

151 [   ]骨碎身

152 [   ]哺鼓腹

⑪ 다음 漢字와 訓이 같은 漢字를 써넣어 單語가 되게 하시오. (153~167)

153 船[   ]　　　　154 店[   ]

155 祥[   ]　　　　156 冀[   ]

157 奴[   ]　　　　158 揀[   ]

159 畏[   ]　　　　160 攄[   ]

161 懺[   ]　　　　162 締[   ]

163 [   ]買　　　　164 [   ]捕

165 [   ]細　　　　166 [   ]擦

167 [   ]謐

⑫ 다음 單語의 同音異義語를 漢字로 쓰되 제시된 뜻에 맞게 하시오. (168~172)

168 陷穽 – [   ][   ] : 군함의 통칭

169 廐肥 – [   ][   ] : 예부터 전하는 말

170 罵倒 – [   ][   ] : 팔아 넘김

171 咀嚼 – [   ][   ] : 책을 씀

172 弱冠 – [   ][   ] : 계약이나 조약 등에서 정한 조항

⑬ 다음 漢字語의 反義語를 漢字로 쓰시오. (173~177)

173 謙遜 [   ]　　174 釋放 [   ]

175 膨脹 [   ]　　176 咸池 [   ]

177 强硬派 [   ]

⑭ 다음 漢字語의 뜻을 7음절 이내로 간단히 쓰시오. (178~187)

178 肇春　　[   ]

179 叱正　　[   ]

180 翁壻　　[   ]

181 月暈　　[   ]

182 釣餌　　[   ]

183 柴扉　　[   ]

184 御駕　　[   ]

185 移秧　　[   ]

186 拇印　　[   ]

187 精緻　　[   ]

⑮ 다음 漢字의 部首를 쓰시오. (188~197)

188 徽[   ]　　　　189 斃[   ]

190 矞[   ]　　　　191 靖[   ]

192 窯[   ]　　　　193 高[   ]

194 耗[   ]　　　　195 亮[   ]

196 禿[   ]　　　　197 毆[   ]

⑯ 다음 글자의 正字 또는 略字를 쓰시오. (198~200)

198 獵[   ]　　　　199 覇[   ]

200 碍[   ]

※ 다음 漢字語에 대하여 물음에 답하시오.

01 위 漢字語 (1~50)의 讀音을 쓰시오. (1~50)

1	叢挫 [　　]	2	訛謬 [　　]
3	頰輔 [　　]	4	蜃蛤 [　　]
5	葵藿 [　　]	6	爬櫛 [　　]
7	詭遇 [　　]	8	絜狗 [　　]
9	羹墻 [　　]	10	蟾兔 [　　]
11	衙牒 [　　]	12	迅捷 [　　]
13	稀稠 [　　]	14	瑕痕 [　　]
15	悖謬 [　　]	16	侈靡 [　　]
17	咳喘 [　　]	18	磊塊 [　　]
19	稼穡 [　　]	20	洩漏 [　　]
21	呪罵 [　　]	22	窘厄 [　　]
23	逞祉 [　　]	24	擅赦 [　　]
25	兆朕 [　　]	26	膾炙 [　　]
27	巴峽 [　　]	28	廚庖 [　　]
29	瘦瘠 [　　]	30	懇摯 [　　]
31	喧轟 [　　]	32	讒慝 [　　]
33	縱擒 [　　]	34	稚筍 [　　]
35	梵帙 [　　]	36	捧訃 [　　]
37	悍戾 [　　]	38	嗔喝 [　　]
39	馥郁 [　　]	40	桎梏 [　　]
41	讎仇 [　　]	42	埃靄 [　　]
43	隙駒 [　　]	44	鍛冶 [　　]
45	錐股 [　　]	46	晦朔 [　　]
47	酸棗 [　　]	48	抽籤 [　　]
49	殿陛 [　　]	50	旗幟 [　　]

02 위 漢字語 (1~5)를 차례대로 우리말로 옮기시오. (51~55)

51 [　　　]　　52 [　　　]
53 [　　　]　　54 [　　　]
55 [　　　]

03 위 漢字語 (6~10)의 轉義(字義대로가 아닌 뜻)를 차례대로 쓰시오. (56~60)

例	矛盾 (轉義) 앞뒤가 맞지 않음

56 [　　　]　　57 [　　　]
58 [　　　]　　59 [　　　]
60 [　　　]

04 위 漢字語 (10~50) 가운데서, 서로 상대되는 뜻을 지닌 글자끼리 結合된 것(得失… 등과 같이)을 5개 찾아 그 번호로 답하시오. (61~65)

61 [　　　]　　62 [　　　]
63 [　　　]　　64 [　　　]
65 [　　　]

05 다음 漢字의 訓·音을 쓰시오. (66~90)

66	瀨 [　　]	67	恙 [　　]
68	穗 [　　]	69	愎 [　　]
70	撐 [　　]	71	劾 [　　]
72	勃 [　　]	73	些 [　　]
74	卦 [　　]	75	亘 [　　]
76	呆 [　　]	77	蛋 [　　]
78	曙 [　　]	79	炸 [　　]
80	奄 [　　]	81	犧 [　　]
82	腫 [　　]	83	哄 [　　]
84	蹄 [　　]	85	佚 [　　]
86	盞 [　　]	87	娠 [　　]
88	殲 [　　]	89	圂 [　　]
90	瞥 [　　]		

06 다음 漢字의 部首를 쓰시오. (91~100)

91	麝 [　　]	92	囊 [　　]
93	甑 [　　]	94	猜 [　　]
95	聳 [　　]	96	喉 [　　]

97 寨 [   ]　　**98** 陀 [   ]

99 函 [   ]　　**100** 曳 [   ]

07 빈칸에 다음 漢字를 사용할 수 <u>없는</u> 한자어를 찾아 번호를 적으시오. (101~105)

101 殼 : ① □果 ② □膜 ③ □斗 ④ □誹 [   ]

102 窺 : ① 管□ ② □惰 ③ □測 ④ 闇□ [   ]

103 贖 : ① □免 ② 輸□ ③ □闡 ④ 厚□ [   ]

104 愕 : ① 乏□ ② □然 ③ 驚□ ④ 駭□ [   ]

105 悖 : ① □慢 ② 荊□ ③ □叛 ④ 驕□ [   ]

08 다음 漢字語와 뜻이 가장 비슷한 漢字語를 찾아 그 번호로 답하시오. (106~110)

106 激勵 : ① 鼓舞 ② 關鍵 ③ 糟糠 ④ 纏綿 [   ]

107 望蜀 : ① 溪壑 ② 鎭撫 ③ 蜃樓 ④ 攘奪 [   ]

108 轉瞬 : ① 握沐 ② 蟄伏 ③ 刹那 ④ 艾老 [   ]

109 濫觴 : ① 斟酌 ② 鶴髮 ③ 毫釐 ④ 嚆矢 [   ]

110 驅迫 : ① 灌漑 ② 虐待 ③ 噴霧 ④ 豺狼 [   ]

※ 다음 글을 읽고 물음에 답하시오.

- 외교적 현안[111]에 대해 유감[112]의 뜻을 표할 때는 점잖고 신중[113]한 표현을 쓰고 완화[114]된 어법을 구사[115]하는 것이 관례[116]이다.
- 춘곤증은 질병[117]이 아니라 봄이 되어 신체가 계절의 변화에 잘 적응[118]하지 못해서 피로[119]를 느끼는 증상[120]이다.
- 아동들이 수면[121]을 제대로 취하지 못하면 성장이 늦어지거나 비만[122]한 체질이 되기 싶다. 또 면역[123] 기능도 현격[124]하게 떨어지기 쉽다. 뿐만 아니라 정서[125]도 불안해져서 때로는 남을 공격[126]하는 성향을 나타낼 수도 있다.
- 선인들은 고전 속의 맥락[127]을 자신이 속한 현실과 겹쳐 생각하고 역사 인물의 처지[128]를 자신의 처지로 여기고는 했다. 이를테면 굴원의 『이소』를 읽으면서 마치 자신이 간신[129]들에게 배척[130]을 받는 것 같이 여겨 분노[131]하는 식이었다.

- 공자는 세 살 때 부친을 잃고 빈곤[132] 속에 자랐으나 주나라 문화를 연구[133]하였으며, 말단[134]관리를 거쳐 50세가 넘어 노나라 정공에게 등용[135]되었다. 하지만 기원전 497년, 56세 때 실각[136]하여 노나라를 떠났다. 그 후 14년 간 여러 나라로 유세[137]하다가 기원전 484년, 69세 때 고향에 돌아가 교육에 헌신[138]했다.
- 세계 야구 대회의 1조에 속한 팀들은 우열[139]을 가리기 힘들어 우승국을 예측[140]할 수 없다. 한국은 베이징올림픽에서 우승을 한데다가 지난 1회 대회에서 일본을 두 차례나 꺾으면서 가장 좋은 승률[141]을 기록한 바 있다.
- 수출과 내수[142]가 함께 추락하자, 정부는 경기[143]의 불씨를 지피고 경제적으로 취약한 계층[144]을 지원할 묘안[145]을 준비 중이라고 한다.

09 윗글 밑줄 그은 漢字語를 漢字(正字)로 쓰시오. (111~145)

111 [   ]　　**112** [   ]

113 [   ]　　**114** [   ]

115 [   ]　　**116** [   ]

117 [   ]　　**118** [   ]

119 [   ]　　**120** [   ]

121 [   ]　　**122** [   ]

123 [   ]　　**124** [   ]

125 [   ]　　**126** [   ]

127 [   ]　　**128** [   ]

129 [   ]　　**130** [   ]

131 [   ]　　**132** [   ]

133 [   ]　　**134** [   ]

135 [   ]　　**136** [   ]

137 [   ]　　**138** [   ]

139 [   ]　　**140** [   ]

141 [   ]　　**142** [   ]

143 [   ]　　**144** [   ]

145 [   ]

⑩ 윗글 밑줄 그은 漢字語 (111~126) 가운데에서 첫소리가 '긴소리'인 것을 가려 5개만 그 번호를 쓰시오(실제로는 5개 이상임). (146~150)

146 [   ]   147 [   ]

148 [   ]   149 [   ]

150 [   ]

⑪ 다음에서 첫소리가 '긴소리'인 것을 그 번호로 답하시오. (151~155)

151 ㉮ 碎氷 ㉯ 搔頭 ㉰ 涉獵 ㉱ 線型 [   ]

152 ㉮ 閃光 ㉯ 殖産 ㉰ 塾師 ㉱ 棲息 [   ]

153 ㉮ 軋刑 ㉯ 尋訪 ㉰ 禦寒 ㉱ 壓搾 [   ]

154 ㉮ 撲滅 ㉯ 甕器 ㉰ 耗損 ㉱ 絨緞 [   ]

155 ㉮ 孀婦 ㉯ 嚬笑 ㉰ 犀利 ㉱ 珊瑚 [   ]

⑫ 다음 밑줄 친 同音異義語를 구별하여 漢字(正字)로 쓰시오. (156~165)

• 그는 부정⁽¹⁵⁶⁾한 돈을 받았다는 사실을 부정⁽¹⁵⁷⁾했다.

• 근무 연수⁽¹⁵⁸⁾ 7년이 넘은 직원 중에서 차출하여 직무 관련 해외 연수⁽¹⁵⁹⁾를 보냈다.

• 녹음⁽¹⁶⁰⁾ 속에 우는 새 소리를 녹음⁽¹⁶¹⁾하러 나갔다.

• 국가고시⁽¹⁶²⁾ 날짜가 어제 고시⁽¹⁶³⁾되었다.

• 각 시도⁽¹⁶⁴⁾마다 특색 있는 문화행사를 개최하려고 시도⁽¹⁶⁵⁾하고 있다.

---

156 [   ]   157 [   ]

158 [   ]   159 [   ]

160 [   ]   161 [   ]

162 [   ]   163 [   ]

164 [   ]   165 [   ]

⑬ 다음 漢字의 略字는 正字로, 正字는 略字로 쓰시오. (166~170)

166 鑑 [   ]   167 覺 [   ]

168 來 [   ]   169 軽 [   ]

170 甞 [   ]

⑭ 類義字로 結合된 漢字語가 되도록 (   ) 안에 漢字를 쓰거나(171~172), 類義語로 짝이 되도록 (   ) 안에 漢字를 쓰시오(173~175). (171~175)

171 凋 [   ]

172 [   ] 縛

173 憐 [   ]

174 [   ][   ] ↔ 風燈

175 拔萃 ↔ [   ][   ]

⑮ 서로 相對語가 되도록 漢字語를 (   ) 안에 넣거나 (176~178), 相對語의 짝이 되도록 (   ) 안에 漢字를 쓰시오(179~180). (176~180)

176 乾燥 ↔ [   ][   ]

177 順坦 ↔ [   ][   ]

178 凌蔑 ↔ [   ][   ]

179 輕擧妄動 ↔ [   ][   ] 自重

180 有備無患 ↔ [   ][   ][   ] 牢

⑯ 밑줄 친 漢字語를 한자로 바르게 적은 것을 골라 번호를 적으시오. (181~185)

181 그런 일은 근래 흔히 목도할 수 있다. [   ]
   ① 睦桃   ② 睦禱   ③ 目睹   ④ 目賭

182 같은 범죄가 만연하지 않도록 뿌리부터 뽑아야 한다.   [   ]
   ① 蔓延   ② 漫然   ③ 萬緣   ④ 挽連

183 엄폐할 수 있는 물건을 찾아 몸을 숨겼다. [   ]
   ① 儼閉   ② 掩蔽   ③ 俺閉   ④ 嚴弊

184 뉴스는 사건의 핵심을 예리하게 포착해서 전해야 한다.   [   ]
   ① 抱着   ② 褒着   ③ 抛捉   ④ 捕捉

185 시간이 없어서 치밀하게 살피지는 못했습니다. [   ]
   ① 熾密   ② 嗤蜜   ③ 緻密   ④ 致蜜

17 밑줄 친 우리말에 해당하는 두 음절의 漢字語를 漢字(正字)로 바르게 적으시오. (186~190)

> • 역사가 <u>매우 오래고</u>[186] 문화 수준이 <u>높은</u>[187]나라가 우리나라다.
> • 정부와 민간단체는 과거 부당하게 <u>빼앗긴</u>[188] 문화재를 <u>되돌려 받기</u>[189] 위해 <u>애쓰고</u>[190] 있다.

186 [   ]   187 [   ]

188 [   ]   189 [   ]

190 [   ]

18 다음 例의 뜻을 참고하여 漢字를 써 넣어 아래의 四字成語를 完成하시오. (191~200)

例	• 기회를 놓쳐 한스러움 • 곡식이 많음 • 사소한 일에 성냄 • 홀로 싸움 • 크게 실망함 • 병약한 체질 • 변화와 난관이 많음 • 아주 하찮음 • 너무 높아 오르기 어려움 • 깨끗하게 해결함 • 수가 적어 상대가 되지 못함 • 힘 있는 필력 • 너무 우스움 • 애꿎은 피해를 입음 (*순서대로가 아님)

191 [   ][   ]不敵

192 [   ]時之[   ]

193 [   ]膽喪[   ]

194 [   ]瀾[   ]疊

195 [   ]蚊拔[   ]

196 [   ]軍[   ]鬪

197 蒲[   ]之[   ]

198 龍蛇[   ][   ]

199 抱腹[   ][   ]

200 [   ]刀亂[   ]

※ 다음 漢字語에 대하여 물음에 답하시오.

01 위 漢字語 (1~50)의 讀音을 쓰시오. (1~50)

1 顎骨 [　　]	2 叫吼 [　　]
3 鶯屑 [　　]	4 貶黜 [　　]
5 纏綿 [　　]	6 襟喉 [　　]
7 龜齡 [　　]	8 矩繩 [　　]
9 磬折 [　　]	10 撞礁 [　　]
11 屠戮 [　　]	12 掌櫃 [　　]
13 焦溺 [　　]	14 宸謨 [　　]
15 醇壹 [　　]	16 舒暢 [　　]
17 僭溢 [　　]	18 訥澁 [　　]
19 諱祕 [　　]	20 粧帖 [　　]
21 氈帽 [　　]	22 窘乏 [　　]
23 拗執 [　　]	24 薑汁 [　　]
25 鈍敏 [　　]	26 眷顧 [　　]
27 怖慄 [　　]	28 奠雁 [　　]
29 葺繕 [　　]	30 橡那 [　　]
31 喧騷 [　　]	32 宏敞 [　　]
33 眺覽 [　　]	34 裔冑 [　　]
35 杳冥 [　　]	36 匙箸 [　　]
37 悖戾 [　　]	38 滌蕩 [　　]
39 爬羅 [　　]	40 裸麥 [　　]
41 瘦肥 [　　]	42 襲踏 [　　]
43 抵觸 [　　]	44 讒訴 [　　]
45 猜謗 [　　]	46 沈沔 [　　]
47 粹液 [　　]	48 鹹淡 [　　]
49 軟脆 [　　]	50 紡錘 [　　]

02 위 漢字語 (1~5)를 차례대로 순 우리말로 옮기시오. (51~55)

51 [　　　　] 52 [　　　　]
53 [　　　　] 54 [　　　　]
55 [　　　　]

03 위 漢字語 (6~10)의 轉義(字義대로가 아닌 뜻)를 차례대로 쓰시오. (56~60)

例	矛盾 (轉義) 앞뒤가 맞지 않음

56 [　　　　] 57 [　　　　]
58 [　　　　] 59 [　　　　]
60 [　　　　]

04 위 漢字語 (11~50) 가운데서, 서로 상대되는 뜻을 지닌 글자끼리 結合된 것(得失… 등과 같이)을 5개 찾아 그 번호로 답하시오. (61~65)

61 [　　　　] 62 [　　　　]
63 [　　　　] 64 [　　　　]
65 [　　　　]

05 다음 漢字의 訓·音을 쓰시오. (66~90)

66 礫 [　　]	67 賂 [　　]
68 盒 [　　]	69 娠 [　　]
70 踵 [　　]	71 嗾 [　　]
72 盞 [　　]	73 砧 [　　]
74 瞥 [　　]	75 綻 [　　]
76 噎 [　　]	77 脛 [　　]
78 殲 [　　]	79 沫 [　　]
80 囊 [　　]	81 牲 [　　]
82 陀 [　　]	83 笠 [　　]
84 曳 [　　]	85 犧 [　　]
86 阻 [　　]	87 胤 [　　]
88 刺 [　　]	89 圖 [　　]
90 匍 [　　]	

06 다음 漢字의 部首를 쓰시오. (91~100)

91 奄 [　　]	92 甦 [　　]
93 遁 [　　]	94 羹 [　　]
95 礬 [　　]	96 訃 [　　]

97 寞 [   ]   98 臀 [   ]

99 拐 [   ]   100 弩 [   ]

07 빈칸에 다음 漢字를 사용할 수 <u>없는</u> 한자어를 찾아 번호를 적으시오. (101~105)

101 濫 : ① □用 ② 泛□ ③ □觴 ④ □儺 [   ]

102 勱 : ① □奬 ② 荊□ ③ □翼 ④ 勉□ [   ]

103 酌 : ① 斟□ ② □惰 ③ 酬□ ④ □損 [   ]

104 驅 : ① 毫□ ② □從 ③ □駕 ④ 馳□ [   ]

105 握 : ① □髮 ② 把□ ③ □闡 ④ □沐 [   ]

08 다음 漢字語와 뜻이 가장 비슷한 漢字語를 찾아 그 번호로 답하시오. (106~110)

106 改悛 : ① 自反 ② 艾老 ③ 糟糠 ④ 鎭撫 [   ]

107 錐囊 : ① 覆轍 ② 抹削 ③ 俛仰 ④ 白眉 [   ]

108 逍遙 : ① 灌腸 ② 徘徊 ③ 奪胎 ④ 推尋 [   ]

109 詰責 : ① 奮討 ② 苛斂 ③ 罵倒 ④ 豺狼 [   ]

110 鵬飛 : ① 圖南 ② 蟄伏 ③ 噴霧 ④ 攘奪 [   ]

※ 다음 글을 읽고 물음에 답하시오.

- 『맹자』에 보면, "사람은 자신을 자신이 업신여긴 뒤에 남이 업신여기는 법이다."라고 했다. 창랑[111]의 물이 맑을 때는 갓끈을 씻지만 창랑의 물이 탁할 때는 발을 씻는 예에서 알 수 있듯이, 모든 일은 스스로가 초래[112]한다. 맹자의 경고[113]는 개인에게서 그치지 않는다. 집안과 국가에 대해서까지 엄중[114]한 경고를 남겼다. "한 집안은 스스로를 훼손[115]시킨 이후에 남이 그 집안을 훼손시키며, 한 나라는 스스로 정벌[116]한 이후에 다른 나라가 그 나라를 정벌한다."고 하였다. 나라가 스스로 기강[117]을 무너뜨리게 되면 다른 나라가 침략[118]하기도 전에 그 나라가 존립의 위협[119]을 받게 된다고 한 것이다. 이것은 오늘날 한 개인이나 국가에 외부로부터의 모욕[120]을 받는 일이 있을 때 스스로를 먼저 반성하라는 교훈을 준다.

- 조정[121]에는 아첨하는 풍습이 많아지고 세상에는 순후한 기풍이 소멸[122]되었다. 재난[123]과 이변[124]이 번갈아 일어나거늘 나는 두려워할 줄 몰랐고, 원성[125]과 한탄[126]이 무더기로 일어났지만 나는 잘 듣지를 못했다. 정말로 천성이 용렬[127]하고 혼암[128]하여 정치에서의 요령[129]을 몰라서 알맞게 다스리려고 하면 도리어 어지러운 데로 치달고 말았으니, 적의 군사가 쳐들어오기를 기다리지도 않아서 나라가 이미 병들고 말았다.

- 어느 단체[130]나 조직[131]이든 그 운용을 책임지는 지도자는 인재를 발탁하는 문제로 고심[132]을 하게 됩니다. 때에 따라서는 적절[133]한 인물을 선별[134]하지 못할 수도 있습니다. 중요한 것은, 인물의 선별이 잘못되었음을 알았을 때 그 점을 반성하고 새로운 방책[135]을 마련하는 일일 것입니다.

- 정약용은 『목민심서』에서 굶주린 백성들이 버린 아이, 부모가 누군지 모르는 채로 버려진 아이의 처지를 안타까워하고, 그들을 거두어 기르는 정책을 실질적으로 수행[136]할 것을 촉구[137]했다. 굶주린 백성의 아이를 양자로 받아들이는 조례[138]가 이미 마련되어 있었지만 양자 들이는 풍습이 정착되지 않아 어린이들이 유랑[139]하게 되는 현실을 가슴아파하여 이렇게 제안[140]했다. "백성들이 곤궁[141]하게 되면 자식을 낳아도 거두지 못하니 그들을 타이르고 아이들을 양육해서 우리 자녀들을 보전케 해야 할 것이다. 흉년[142] 든 해에는 자식 내버리기를 물건 버리듯 하는데, 그 아이들을 거두어주고 길러주어 백성의 부모 노릇을 해야 할 것이다."

- 공자는 원양(原壤)이란 친구를 잘 대우[143]하였다. 원양은 노나라 사람인데, 그가 어머니 상을 당하였을 때 공자는 널을 짤 목재를 마련해 주었다. 그러나 그는 예법을 무시하여 거친 면이 있었다. 언제가 그가 공자를 기다

리면서 걸터앉아 있는 모습을 보고, 공자는 지팡이로 그 정강이를 두드리며, "어려서는 공손하지 못하고, 자라서는 거론[144]할 만한 것이 없고, 늙어도 죽지 않으니 이런 자가 적이다."라고 하였다. 친구를 심하게 다그친 것이 아니라 가볍게 책망[145]한 것이다.

09 윗글 밑줄 그은 漢字語를 漢字(正字)로 쓰시오. (111~145)

111 [   ]   112 [   ]
113 [   ]   114 [   ]
115 [   ]   116 [   ]
117 [   ]   118 [   ]
119 [   ]   120 [   ]
121 [   ]   122 [   ]
123 [   ]   124 [   ]
125 [   ]   126 [   ]
127 [   ]   128 [   ]
129 [   ]   130 [   ]
131 [   ]   132 [   ]
133 [   ]   134 [   ]
135 [   ]   136 [   ]
137 [   ]   138 [   ]
139 [   ]   140 [   ]
141 [   ]   142 [   ]
143 [   ]   144 [   ]
145 [   ]

10 윗글 밑줄 그은 漢字語(121~145) 가운데에서 첫소리가 '긴소리'인 것을 가려 5개만 그 번호를 쓰시오(실제로는 5개 이상임). (146~150)

146 [   ]   147 [   ]
148 [   ]   149 [   ]
150 [   ]

11 다음에서 첫소리가 '긴소리'인 것을 그 번호로 답하시오. (151~155)

151 ㉮ 封函 ㉯ 跛立 ㉰ 紛糾 ㉱ 塾師 [   ]
152 ㉮ 肝膽 ㉯ 搔癢 ㉰ 珊瑚 ㉱ 線型 [   ]
153 ㉮ 軋刑 ㉯ 輝煌 ㉰ 描寫 ㉱ 壓搾 [   ]
154 ㉮ 閃光 ㉯ 殖財 ㉰ 遮斷 ㉱ 涉獵 [   ]
155 ㉮ 孀婦 ㉯ 斧痕 ㉰ 絨緞 ㉱ 奏請 [   ]

12 다음 밑줄 친 同音異義語를 구별하여 漢字(正字)로 쓰시오(장음과 단음은 구별하지 않음). (156~165)

- 시장은 시정[156]에 관한 공청회 후에 계책을 일부 시정[157]했다.
- 고사[158]를 앞둔 참이라 동행을 고사[159]하지 않을 수 없었다.
- 대상[160]을 수여할 대상[161]을 선별하고 있다.
- 섬들이 환상[162]으로 둘러있는 광경이 환상[163]과도 같다.
- 골동품을 감정[164]할 때는 감정[165]은 개입시키지 말아야 한다.

156 [   ]   157 [   ]
158 [   ]   159 [   ]
160 [   ]   161 [   ]
162 [   ]   163 [   ]
164 [   ]   165 [   ]

13 다음 漢字의 略字는 正字로, 正字는 略字로 쓰시오. (166~170)

166 乱 [   ]   167 麗 [   ]
168 労 [   ]   169 碍 [   ]
170 讀 [   ]

14 類義字로 結合된 漢字語가 되도록(171~172), 類義語로 짝이 되도록(173~175) ( ) 안에 漢字를 쓰시오. (171~175)

171 [   ]隆
172 [   ]悅

173 抱 [   ]

174 [   ] [   ] – 無視

175 瑕疵 – [   ] [   ]

⑮ 서로 相對語가 되도록(176~178), 相對語의 짝이 되도록(179~180) (   ) 안에 漢字를 쓰시오. (176~180)

176 拒否 ↔ [   ] [   ]

177 老鍊 ↔ [   ] [   ]

178 埋沒 ↔ [   ] [   ]

179 始終一貫 ↔ 龍 [   ] [   ] 尾

180 前 [   ] [   ] 狼 ↔ 錦上添花

⑯ 밑줄 친 漢字語를 漢字로 바르게 적은 것을 골라 번호를 적으시오. (181~185)

181 이번 일은 결코 <u>묵과</u>할 수 없습니다. [   ]
　① 睦桃　② 睦禱　③ 默過　④ 墨課

182 교통사고의 증가 <u>추세</u>가 꺾이었다고 한다. [   ]
　① 趨勢　② 墜貰　③ 醜細　④ 芻稅

183 저는 천성이 <u>노둔</u>해서 학업의 성과가 별로 없습니다. [   ]
　① 虜遁　② 魯鈍　③ 露屯　④ 老臀

184 학업에 <u>매진</u>한 결과 금번에는 좋은 성적을 얻었다. [   ]
　① 煤塵　② 枚陳　③ 賣盡　④ 邁進

185 어제는 시간에 대지 못해서 <u>송구</u>하기 그지없습니다. [   ]
　① 誦驅　② 訟懼　③ 悚懼　④ 送舊

⑰ 밑줄 친 우리말에 해당하는 두 음절의 漢字語를 漢字(正字)로 바르게 적으시오. (186~190)

> • 같은 범죄가 만연하지 않게 하기 위해 악의 <u>뿌리를 뽑고</u>[186] <u>근원을 메우겠다고</u>[187] 공언했다.
> • 이번 뉴스는 사건의 <u>참 모습</u>[188] 가운데서도 <u>가장 중요한 요점</u>[189]을 매우 <u>날카롭게</u>[190] 분석해서 신속하게 보도했다.

186 [   ]　187 [   ]

188 [   ]　189 [   ]

190 [   ]

⑱ 다음 例의 뜻을 참고하여 漢字를 써 넣어 아래의 四字成語를 完成하시오. (191~200)

> 例
> • 애꿎은 피해를 입음
> • 안목만 높음
> • 남을 더욱 어렵게 만듦
> • 환경의 영향을 받음
> • 너무 높아 오르기 어려움
> • 욕심을 내어 다투게 만듦
> • 겉으로만 따름
> • 아주 하찮음
> • 장서가 아주 많음
> • 남의 뒤를 따르기만 함
> • 실상과 같음
> • 수가 적어 상대가 되지 못함
> • 나서서 일을 맡음
> • 일시적으로 해결함
> • 힘 있는 필력
> (*순서대로가 아님)

191 [   ] 進 [   ] 退

192 毛 [   ] 自 [   ]

193 明 [   ] 闇 [   ]

194 面 [   ] [   ] 背

195 名 [   ] 相 [   ]

196 望 [   ] 解 [   ]

197 [   ] 中 [   ] 蓬

198 [   ] 穿下 [   ]

199 [   ] 高 [   ] 卑

200 汗 [   ] 充 [   ]

수험번호 □□□-□□-□□□□ **성명** □□□□□

생년월일 □□□□□□

※ 유성 싸인펜, 붉은색 필기구 사용 불가.

※ 답안지는 컴퓨터로 처리되므로 구기거나 더럽히지 마시고, 정답 칸 안에만 쓰십시오. 글씨가 채점란으로 들어오면 오답처리가 됩니다.

제   회 전국한자능력검정시험 1급 답안지(1)   (시험시간 90분)

번호	정답	1검	2검	번호	정답	1검	2검	번호	정답	1검	2검
1				31				61			
2				32				62			
3				33				63			
4				34				64			
5				35				65			
6				36				66			
7				37				67			
8				38				68			
9				39				69			
10				40				70			
11				41				71			
12				42				72			
13				43				73			
14				44				74			
15				45				75			
16				46				76			
17				47				77			
18				48				78			
19				49				79			
20				50				80			
21				51				81			
22				52				82			
23				53				83			
24				54				84			
25				55				85			
26				56				86			
27				57				87			
28				58				88			
29				59				89			
30				60				90			

감독위원	채점위원(1)		채점위원(2)		채점위원(3)	
(서명)	(득점)	(서명)	(득점)	(서명)	(득점)	(서명)

※ 뒷면으로 이어짐

※ 답안지는 컴퓨터로 처리되므로 구기거나 더럽히지 마시고, 정답 칸 안에만 쓰십시오. 글씨가 채점란으로 들어오면 오답처리가 됩니다.

제　　회 전국한자능력검정시험 1급 답안지(2)

번호	정답	1검	2검	번호	정답	1검	2검	번호	정답	1검	2검
91				128				165			
92				129				166			
93				130				167			
94				131				168			
95				132				169			
96				133				170			
97				134				171			
98				135				172			
99				136				173			
100				137				174			
101				138				175			
102				139				176			
103				140				177			
104				141				178			
105				142				179			
106				143				180			
107				144				181			
108				145				182			
109				146				183			
110				147				184			
111				148				185			
112				149				186			
113				150				187			
114				151				188			
115				152				189			
116				153				190			
117				154				191			
118				155				192			
119				156				193			
120				157				194			
121				158				195			
122				159				196			
123				160				197			
124				161				198			
125				162				199			
126				163				200			
127				164							

수험번호 □□□-□□-□□□□　　　　**성명** □□□□□

생년월일 □□□□□□

※ 유성 싸인펜, 붉은색 필기구 사용 불가.

※ 답안지는 컴퓨터로 처리되므로 구기거나 더럽히지 마시고, 정답 칸 안에만 쓰십시오. 글씨가 채점란으로 들어오면 오답처리가 됩니다.

제　　회 전국한자능력검정시험 1급 답안지(1)　(시험시간 90분)

번호	정답	1검	2검	번호	정답	1검	2검	번호	정답	1검	2검
1				31				61			
2				32				62			
3				33				63			
4				34				64			
5				35				65			
6				36				66			
7				37				67			
8				38				68			
9				39				69			
10				40				70			
11				41				71			
12				42				72			
13				43				73			
14				44				74			
15				45				75			
16				46				76			
17				47				77			
18				48				78			
19				49				79			
20				50				80			
21				51				81			
22				52				82			
23				53				83			
24				54				84			
25				55				85			
26				56				86			
27				57				87			
28				58				88			
29				59				89			
30				60				90			

	감독위원	채점위원(1)		채점위원(2)		채점위원(3)	
	(서명)	(득점)	(서명)	(득점)	(서명)	(득점)	(서명)

※ 뒷면으로 이어짐

※ 답안지는 컴퓨터로 처리되므로 구기거나 더럽히지 마시고, 정답 칸 안에만 쓰십시오. 글씨가 채점란으로 들어오면 오답처리가 됩니다.

제　　회 전국한자능력검정시험 1급 답안지(2)

번호	정답	1검	2검	번호	정답	1검	2검	번호	정답	1검	2검
91				128				165			
92				129				166			
93				130				167			
94				131				168			
95				132				169			
96				133				170			
97				134				171			
98				135				172			
99				136				173			
100				137				174			
101				138				175			
102				139				176			
103				140				177			
104				141				178			
105				142				179			
106				143				180			
107				144				181			
108				145				182			
109				146				183			
110				147				184			
111				148				185			
112				149				186			
113				150				187			
114				151				188			
115				152				189			
116				153				190			
117				154				191			
118				155				192			
119				156				193			
120				157				194			
121				158				195			
122				159				196			
123				160				197			
124				161				198			
125				162				199			
126				163				200			
127				164							

수험번호 □□□-□□-□□□□　　**성명** □□□□□

생년월일 □□□□□□

※ 답안지는 컴퓨터로 처리되므로 구기거나 더럽히지 마시고, 정답 칸 안에만 쓰십시오. 글씨가 채점란으로 들어오면 오답처리가 됩니다.

제　　회 전국한자능력검정시험 1급 답안지(1)　(시험시간 90분)

번호	정답	1검	2검	번호	정답	1검	2검	번호	정답	1검	2검
1				31				61			
2				32				62			
3				33				63			
4				34				64			
5				35				65			
6				36				66			
7				37				67			
8				38				68			
9				39				69			
10				40				70			
11				41				71			
12				42				72			
13				43				73			
14				44				74			
15				45				75			
16				46				76			
17				47				77			
18				48				78			
19				49				79			
20				50				80			
21				51				81			
22				52				82			
23				53				83			
24				54				84			
25				55				85			
26				56				86			
27				57				87			
28				58				88			
29				59				89			
30				60				90			

	감독위원	채점위원(1)		채점위원(2)		채점위원(3)	
	(서명)	(득점)	(서명)	(득점)	(서명)	(득점)	(서명)

※ 뒷면으로 이어짐

※ 답안지는 컴퓨터로 처리되므로 구기거나 더럽히지 마시고, 정답 칸 안에만 쓰십시오. 글씨가 채점란으로 들어오면 오답처리가 됩니다.

제   회 전국한자능력검정시험 1급 답안지(2)

번호	정답	1검	2검	번호	정답	1검	2검	번호	정답	1검	2검
	답 안 란	채점란			답 안 란	채점란			답 안 란	채점란	
91				128				165			
92				129				166			
93				130				167			
94				131				168			
95				132				169			
96				133				170			
97				134				171			
98				135				172			
99				136				173			
100				137				174			
101				138				175			
102				139				176			
103				140				177			
104				141				178			
105				142				179			
106				143				180			
107				144				181			
108				145				182			
109				146				183			
110				147				184			
111				148				185			
112				149				186			
113				150				187			
114				151				188			
115				152				189			
116				153				190			
117				154				191			
118				155				192			
119				156				193			
120				157				194			
121				158				195			
122				159				196			
123				160				197			
124				161				198			
125				162				199			
126				163				200			
127				164							

수험번호 □□□-□□-□□□□　　　**성명** □□□□□

생년월일 □□□□□□

※ 유성 싸인펜, 붉은색 필기구 사용 불가.

※ 답안지는 컴퓨터로 처리되므로 구기거나 더럽히지 마시고, 정답 칸 안에만 쓰십시오. 글씨가 채점란으로 들어오면 오답처리가 됩니다.

제　　회 전국한자능력검정시험 1급 답안지(1)　(시험시간 90분)

번호	정답 (답안란)	1검	2검	번호	정답 (답안란)	1검	2검	번호	정답 (답안란)	1검	2검
1				31				61			
2				32				62			
3				33				63			
4				34				64			
5				35				65			
6				36				66			
7				37				67			
8				38				68			
9				39				69			
10				40				70			
11				41				71			
12				42				72			
13				43				73			
14				44				74			
15				45				75			
16				46				76			
17				47				77			
18				48				78			
19				49				79			
20				50				80			
21				51				81			
22				52				82			
23				53				83			
24				54				84			
25				55				85			
26				56				86			
27				57				87			
28				58				88			
29				59				89			
30				60				90			

	감독위원	채점위원(1)		채점위원(2)		채점위원(3)	
	(서명)	(득점)	(서명)	(득점)	(서명)	(득점)	(서명)

※ 뒷면으로 이어짐

※ 답안지는 컴퓨터로 처리되므로 구기거나 더럽히지 마시고, 정답 칸 안에만 쓰십시오. 글씨가 채점란으로 들어오면 오답처리가 됩니다.

제　　회 전국한자능력검정시험 1급 답안지(2)

번호	정답	1검	2검	번호	정답	1검	2검	번호	정답	1검	2검
91				128				165			
92				129				166			
93				130				167			
94				131				168			
95				132				169			
96				133				170			
97				134				171			
98				135				172			
99				136				173			
100				137				174			
101				138				175			
102				139				176			
103				140				177			
104				141				178			
105				142				179			
106				143				180			
107				144				181			
108				145				182			
109				146				183			
110				147				184			
111				148				185			
112				149				186			
113				150				187			
114				151				188			
115				152				189			
116				153				190			
117				154				191			
118				155				192			
119				156				193			
120				157				194			
121				158				195			
122				159				196			
123				160				197			
124				161				198			
125				162				199			
126				163				200			
127				164							

수험번호 ☐☐☐-☐☐-☐☐☐☐　　　**성명** ☐☐☐☐☐

생년월일 ☐☐☐☐☐☐

※ 유성 싸인펜, 붉은색 필기구 사용 불가.

※ 답안지는 컴퓨터로 처리되므로 구기거나 더럽히지 마시고, 정답 칸 안에만 쓰십시오. 글씨가 채점란으로 들어오면 오답처리가 됩니다.

제 　 회 전국한자능력검정시험 1급 답안지(1) （시험시간 90분）

번호	정답	1검	2검	번호	정답	1검	2검	번호	정답	1검	2검
1				31				61			
2				32				62			
3				33				63			
4				34				64			
5				35				65			
6				36				66			
7				37				67			
8				38				68			
9				39				69			
10				40				70			
11				41				71			
12				42				72			
13				43				73			
14				44				74			
15				45				75			
16				46				76			
17				47				77			
18				48				78			
19				49				79			
20				50				80			
21				51				81			
22				52				82			
23				53				83			
24				54				84			
25				55				85			
26				56				86			
27				57				87			
28				58				88			
29				59				89			
30				60				90			

	감독위원	채점위원(1)		채점위원(2)		채점위원(3)	
	(서명)	(득점)	(서명)	(득점)	(서명)	(득점)	(서명)

※ 뒷면으로 이어짐

※ 답안지는 컴퓨터로 처리되므로 구기거나 더럽히지 마시고, 정답 칸 안에만 쓰십시오. 글씨가 채점란으로 들어오면 오답처리가 됩니다.

제　　회 전국한자능력검정시험 1급 답안지(2)

번호	정답	1검	2검	번호	정답	1검	2검	번호	정답	1검	2검
91				128				165			
92				129				166			
93				130				167			
94				131				168			
95				132				169			
96				133				170			
97				134				171			
98				135				172			
99				136				173			
100				137				174			
101				138				175			
102				139				176			
103				140				177			
104				141				178			
105				142				179			
106				143				180			
107				144				181			
108				145				182			
109				146				183			
110				147				184			
111				148				185			
112				149				186			
113				150				187			
114				151				188			
115				152				189			
116				153				190			
117				154				191			
118				155				192			
119				156				193			
120				157				194			
121				158				195			
122				159				196			
123				160				197			
124				161				198			
125				162				199			
126				163				200			
127				164							

수험번호 □□□-□□-□□□□　　　　**성명** □□□□□

생년월일 □□□□□□

※ 유성 싸인펜, 붉은색 필기구 사용 불가.

※ 답안지는 컴퓨터로 처리되므로 구기거나 더럽히지 마시고, 정답 칸 안에만 쓰십시오. 글씨가 채점란으로 들어오면 오답처리가 됩니다.

제　　회 전국한자능력검정시험 1급 답안지(1)　(시험시간 90분)

번호	정답	1검	2검	번호	정답	1검	2검	번호	정답	1검	2검
1				31				61			
2				32				62			
3				33				63			
4				34				64			
5				35				65			
6				36				66			
7				37				67			
8				38				68			
9				39				69			
10				40				70			
11				41				71			
12				42				72			
13				43				73			
14				44				74			
15				45				75			
16				46				76			
17				47				77			
18				48				78			
19				49				79			
20				50				80			
21				51				81			
22				52				82			
23				53				83			
24				54				84			
25				55				85			
26				56				86			
27				57				87			
28				58				88			
29				59				89			
30				60				90			

	감독위원	채점위원(1)		채점위원(2)		채점위원(3)	
	(서명)	(득점)	(서명)	(득점)	(서명)	(득점)	(서명)

※ 뒷면으로 이어짐

※ 답안지는 컴퓨터로 처리되므로 구기거나 더럽히지 마시고, 정답 칸 안에만 쓰십시오. 글씨가 채점란으로 들어오면 오답처리가 됩니다.

제　　회 전국한자능력검정시험 1급 답안지(2)

번호	정답	1검	2검	번호	정답	1검	2검	번호	정답	1검	2검
91				128				165			
92				129				166			
93				130				167			
94				131				168			
95				132				169			
96				133				170			
97				134				171			
98				135				172			
99				136				173			
100				137				174			
101				138				175			
102				139				176			
103				140				177			
104				141				178			
105				142				179			
106				143				180			
107				144				181			
108				145				182			
109				146				183			
110				147				184			
111				148				185			
112				149				186			
113				150				187			
114				151				188			
115				152				189			
116				153				190			
117				154				191			
118				155				192			
119				156				193			
120				157				194			
121				158				195			
122				159				196			
123				160				197			
124				161				198			
125				162				199			
126				163				200			
127				164							

수험번호 □□□-□□-□□□□ **성명** □□□□□□

생년월일 □□□□□□ ※ 유성 싸인펜, 붉은색 필기구 사용 불가.

※ 답안지는 컴퓨터로 처리되므로 구기거나 더럽히지 마시고, 정답 칸 안에만 쓰십시오. 글씨가 채점란으로 들어오면 오답처리가 됩니다.

제   회 전국한자능력검정시험 1급 답안지(1) (시험시간 90분)

번호	정답	1검	2검	번호	정답	1검	2검	번호	정답	1검	2검
1				31				61			
2				32				62			
3				33				63			
4				34				64			
5				35				65			
6				36				66			
7				37				67			
8				38				68			
9				39				69			
10				40				70			
11				41				71			
12				42				72			
13				43				73			
14				44				74			
15				45				75			
16				46				76			
17				47				77			
18				48				78			
19				49				79			
20				50				80			
21				51				81			
22				52				82			
23				53				83			
24				54				84			
25				55				85			
26				56				86			
27				57				87			
28				58				88			
29				59				89			
30				60				90			

감독위원	채점위원(1)		채점위원(2)		채점위원(3)	
(서명)	(득점)	(서명)	(득점)	(서명)	(득점)	(서명)

※ 뒷면으로 이어짐

※ 답안지는 컴퓨터로 처리되므로 구기거나 더럽히지 마시고, 정답 칸 안에만 쓰십시오. 글씨가 채점란으로 들어오면 오답처리가 됩니다.

제　　회 전국한자능력검정시험 1급 답안지(2)

번호	정답	1검	2검	번호	정답	1검	2검	번호	정답	1검	2검
91				128				165			
92				129				166			
93				130				167			
94				131				168			
95				132				169			
96				133				170			
97				134				171			
98				135				172			
99				136				173			
100				137				174			
101				138				175			
102				139				176			
103				140				177			
104				141				178			
105				142				179			
106				143				180			
107				144				181			
108				145				182			
109				146				183			
110				147				184			
111				148				185			
112				149				186			
113				150				187			
114				151				188			
115				152				189			
116				153				190			
117				154				191			
118				155				192			
119				156				193			
120				157				194			
121				158				195			
122				159				196			
123				160				197			
124				161				198			
125				162				199			
126				163				200			
127				164							

수험번호 □□□-□□-□□□□　　　　　**성명** □□□□□

생년월일 □□□□□□

※ 유성 싸인펜, 붉은색 필기구 사용 불가.

※ 답안지는 컴퓨터로 처리되므로 구기거나 더럽히지 마시고, 정답 칸 안에만 쓰십시오. 글씨가 채점란으로 들어오면 오답처리가 됩니다.

제　　회 전국한자능력검정시험 1급 답안지(1)　(시험시간 90분)

번호	정답	1검	2검	번호	정답	1검	2검	번호	정답	1검	2검
1				31				61			
2				32				62			
3				33				63			
4				34				64			
5				35				65			
6				36				66			
7				37				67			
8				38				68			
9				39				69			
10				40				70			
11				41				71			
12				42				72			
13				43				73			
14				44				74			
15				45				75			
16				46				76			
17				47				77			
18				48				78			
19				49				79			
20				50				80			
21				51				81			
22				52				82			
23				53				83			
24				54				84			
25				55				85			
26				56				86			
27				57				87			
28				58				88			
29				59				89			
30				60				90			

	감독위원	채점위원(1)		채점위원(2)		채점위원(3)	
	(서명)	(득점)	(서명)	(득점)	(서명)	(득점)	(서명)

※ 답안지는 컴퓨터로 처리되므로 구기거나 더럽히지 마시고, 정답 칸 안에만 쓰십시오. 글씨가 채점란으로 들어오면 오답처리가 됩니다.

제　　회 전국한자능력검정시험 1급 답안지(2)

번호	정답	1검	2검	번호	정답	1검	2검	번호	정답	1검	2검
91				128				165			
92				129				166			
93				130				167			
94				131				168			
95				132				169			
96				133				170			
97				134				171			
98				135				172			
99				136				173			
100				137				174			
101				138				175			
102				139				176			
103				140				177			
104				141				178			
105				142				179			
106				143				180			
107				144				181			
108				145				182			
109				146				183			
110				147				184			
111				148				185			
112				149				186			
113				150				187			
114				151				188			
115				152				189			
116				153				190			
117				154				191			
118				155				192			
119				156				193			
120				157				194			
121				158				195			
122				159				196			
123				160				197			
124				161				198			
125				162				199			
126				163				200			
127				164							

수험번호 □□□-□□-□□□□　　성명 □□□□□

생년월일 □□□□□□

※ 유성 싸인펜, 붉은색 필기구 사용 불가.

※ 답안지는 컴퓨터로 처리되므로 구기거나 더럽히지 마시고, 정답 칸 안에만 쓰십시오. 글씨가 채점란으로 들어오면 오답처리가 됩니다.

제　회 전국한자능력검정시험 1급 답안지(1) (시험시간 90분)

번호	정답	1검	2검	번호	정답	1검	2검	번호	정답	1검	2검
1				31				61			
2				32				62			
3				33				63			
4				34				64			
5				35				65			
6				36				66			
7				37				67			
8				38				68			
9				39				69			
10				40				70			
11				41				71			
12				42				72			
13				43				73			
14				44				74			
15				45				75			
16				46				76			
17				47				77			
18				48				78			
19				49				79			
20				50				80			
21				51				81			
22				52				82			
23				53				83			
24				54				84			
25				55				85			
26				56				86			
27				57				87			
28				58				88			
29				59				89			
30				60				90			

감독위원	채점위원(1)		채점위원(2)		채점위원(3)	
(서명)	(득점)	(서명)	(득점)	(서명)	(득점)	(서명)

※ 뒷면으로 이어짐

※ 답안지는 컴퓨터로 처리되므로 구기거나 더럽히지 마시고, 정답 칸 안에만 쓰십시오. 글씨가 채점란으로 들어오면 오답처리가 됩니다.

제　　회 전국한자능력검정시험 1급 답안지(2)

번호	정답	1검	2검	번호	정답	1검	2검	번호	정답	1검	2검
91				128				165			
92				129				166			
93				130				167			
94				131				168			
95				132				169			
96				133				170			
97				134				171			
98				135				172			
99				136				173			
100				137				174			
101				138				175			
102				139				176			
103				140				177			
104				141				178			
105				142				179			
106				143				180			
107				144				181			
108				145				182			
109				146				183			
110				147				184			
111				148				185			
112				149				186			
113				150				187			
114				151				188			
115				152				189			
116				153				190			
117				154				191			
118				155				192			
119				156				193			
120				157				194			
121				158				195			
122				159				196			
123				160				197			
124				161				198			
125				162				199			
126				163				200			
127				164							

수험번호 ☐☐☐-☐☐-☐☐☐☐   **성명** ☐☐☐☐☐

생년월일 ☐☐☐☐☐☐

※ 유성 싸인펜, 붉은색 필기구 사용 불가.

※ 답안지는 컴퓨터로 처리되므로 구기거나 더럽히지 마시고, 정답 칸 안에만 쓰십시오. 글씨가 채점란으로 들어오면 오답처리가 됩니다.

제   회 전국한자능력검정시험 1급 답안지(1) (시험시간 90분)

번호	정답	1검	2검	번호	정답	1검	2검	번호	정답	1검	2검
1				31				61			
2				32				62			
3				33				63			
4				34				64			
5				35				65			
6				36				66			
7				37				67			
8				38				68			
9				39				69			
10				40				70			
11				41				71			
12				42				72			
13				43				73			
14				44				74			
15				45				75			
16				46				76			
17				47				77			
18				48				78			
19				49				79			
20				50				80			
21				51				81			
22				52				82			
23				53				83			
24				54				84			
25				55				85			
26				56				86			
27				57				87			
28				58				88			
29				59				89			
30				60				90			

감독위원	채점위원(1)		채점위원(2)		채점위원(3)	
(서명)	(득점)	(서명)	(득점)	(서명)	(득점)	(서명)

※ 답안지는 컴퓨터로 처리되므로 구기거나 더럽히지 마시고, 정답 칸 안에만 쓰십시오. 글씨가 채점란으로 들어오면 오답처리가 됩니다.

제   회 전국한자능력검정시험 1급 답안지(2)

번호	정답	1검	2검	번호	정답	1검	2검	번호	정답	1검	2검
91				128				165			
92				129				166			
93				130				167			
94				131				168			
95				132				169			
96				133				170			
97				134				171			
98				135				172			
99				136				173			
100				137				174			
101				138				175			
102				139				176			
103				140				177			
104				141				178			
105				142				179			
106				143				180			
107				144				181			
108				145				182			
109				146				183			
110				147				184			
111				148				185			
112				149				186			
113				150				187			
114				151				188			
115				152				189			
116				153				190			
117				154				191			
118				155				192			
119				156				193			
120				157				194			
121				158				195			
122				159				196			
123				160				197			
124				161				198			
125				162				199			
126				163				200			
127				164							

한자능력검정시험 1급 예상문제 정답

【제1회】 예상문제(67p~69p)

1 두흔	2 시비	3 촌탁	4 요서
5 맥수	6 구승	7 여수	8 간과
9 서절	10 종무	11 호가	12 낭핍
13 각건	14 기벽	15 가훼	16 사묘
17 미령	18 녹반	19 묘묘	20 생관
21 궁구	22 산호	23 액형	24 양이
25 우범	26 잠저	27 격조	28 작약
29 과립	30 착유	31 간삽	32 가렴
33 규감	34 거언	35 겁나	36 감열
37 번식	38 보루	39 복신	40 별잔
41 경악	42 조밀	43 앵순	44 조찬
45 휼고	46 소세	47 현애	48 익휘
49 함석	50 수폐	51 얽은 자국	52 사립[문]

53 헤아림 54 젊은 나이에 죽음 55 보리 이삭 56 법칙/규율
57 일반 백성 58 무기/전쟁/병란 59 좀도둑
60 앞사람의 자취를 이음 61 62 63 64 65 [13] 恪虔, [16] 祠廟, [19] 杳渺, [27] 隔阻, [29] 顆粒 66 끌 예 67 나이 령

68 다스릴 리	69 정할/제사 전	70 외 과	71 떨기/모일 총
72 이을 사	73 기릴 포	74 네거리 구	75 고치 견
76 기름 고	77 껍질 각	78 경쇠 경	79 큰거문고 슬
80 아낄 색	81 무리 조	82 다/여러 첨	83 부끄러울 수
84 무리 휘	85 무너질 퇴	86 소통할 소	87 부술 쇄
88 거스를 소	89 새벽 서	90 아가위 당	91 어그러질 괴
92 국 갱	93 맞을 요	94 죽은어미 비	95 칠할 도
96 日	97 齒	98 里	99 大
100 瓜	101 又	102 口	103 衣
104 行	105 糸	106 蚤	107 柴
108 劑	109 遷	110 擴	111 撤廢
112 內閣	113 構成	114 促求	115 介入
116 抛棄	117 警告	118 抗訴審	119 準備委
120 構成	121 競選	122 協議	123 改編
124 霧散	125 年暇	126 懲戒	127 大擧
128 石氷庫	129 露天湯	130 工房村	131 趨勢
132 多樣	133 敍述	134 偏向	135 極甚
136 陣痛	137 過程	138 世襲	139 獨裁
140 腐敗	141 浮刻	142 從屬	143 採擇
144 執筆	145 掌握	146 霸(覇)權	147 革命
148 家系	149 狀況	150 葛藤	

151 152 153 154 155 156 157 158 159 160 [112] 內閣, [115] 介入, [116] 抛棄, [117] 警告, [118] 抗訴, [119] 準備, [121 競選], [123] 改編, [124] 霧散, [127] 大擧 161 後報 162 無産

163 戀歌	164 貸去	165 圍棋(碁/棊)	166 危機
167 善戰	168 宣傳	169 火葬	170 化粧
171 慨	172 傀	173 佳	174 諜

175 桃源/仙境/仙鄕 176 鼓腹 177 都尉 178 車軌

179 孤立	180 強(强)記	181 盾	182 序
183 能	184 遷	185 應答/對答	186 白髮
187 需要	188 債務	189 遺臭	190 興 悲
191 不雨	192 矯角	193 井 水	194 臨 魚
195 碧海	196 同病	197 瓦 喜	198 日 月
199 衣 行	200 昏 晨		

【제2회】 예상문제(70p~72p)

1 포폄	2 서속	3 춘속	4 곽탕
5 능렬	6 패려	7 참람	8 괴팍
9 비린	10 일유	11 질곡	12 시성
13 훤요	14 굴병	15 와요	16 효시
17 섬박	18 고굉	19 해천	20 침복
21 첨유	22 척수	23 기미	24 소즐
25 박할	26 답지	27 췌액	28 치매
29 칭추	30 참설	31 한척	32 눌삽
33 도솔천	34 가섭	35 묘망	36 갱즙
37 도륙	38 견전	39 시혐	40 오열
41 준설	42 보세	43 참치	44 독창
45 연도	46 회뢰	47 타매	48 합천
49 발탁	50 팔일무	51 섶 시	52 뜰 범
53 난새 란	54 자라 별	55 소매 메	56 더위잡을 반
57 무소 서	58 고치 견	59 고니/과녁 곡	60 가마 련
61 쾌할 령	62 목맬 액	63 재갈 함	64 기울 즙
65 화할 해	66 경계 잠	67 짐작할 짐	68 담비 초
69 찰 패	70 담 전	71 가루 설	72 때 구

73 도롱이 사 74 버선 말 75 삐걱거릴 알 76 길들일 순
77 걸릴 리 78 골몰할 골, 물이름 멱 79 박수 격 80 무덤 총

81 굳셀 의	82 수컷 모	83 連霸(覇)	84 折衷
85 抛棄	86 幻滅	87 購販場	88 軸距
89 裸坌地	90 推戴	91 爛熟	92 賠償
93 被拉	94 煉炭	95 診療費	96 誤謬
97 臺灣	98 網膜	99 派閥	100 裁縫
101 薄俸	102 哨戒	103 鬱寂	104 融資
105 沮喪	106 偵察機	107 防腐劑	108 釣況
109 批准	110 樹脂	111 彫琢	112 趣旨
113 蒙塵	114 遮蔽幕	115 素餐	116 表彰狀
117 撤廢	118 盛衰	119 苦吐	120 奪胎
121 千峯(峰)	122 左顧	123 ③ 恐喝	124 ④ 汗腺
125 ② 浪漫	126 ④ 穿鑿	127 ② 輾轉	128 ② 照應
129 ③ 允許	130 ② 偶數	131 ① 讓渡	132 ④ 豺狼
133 密	134 降	135 寡	136 仰
137 庶	138 姑/(甥)	139 虛/(驢)	140 矛
141 序	142 晴	143 藍	144 躍
145 補	146 俱	147 鼓	148 麥
149 脣	150 興	151 惑	152 乾
153 怠	154 望	155 積	156 掠
157 涙	158 擇	159 旋	160 堤
161 漏	162 鍛	163 祈	164 摩
165 寬	166 謙	167 欺	168 艦艇

169 操業/祖業/助業 170 拘礙(碍)/(九閡) 171 豫託/預託/豫度/禮卓

172 信賴	173 歸納	174 儉約/儉素	175 穩健
176 收縮	177 扶桑	178 비웃음	179 대궐에 들어감

180 도장 찍음 181 머리를 조아림 182 하늘과 땅 183 목젖
184 돛대 185 데릴사위 186 제비뽑음 187 신 끄는 소리

188 冂	189 土	190 彳	191 爻
192 卜	193 隹	194 舛	195 虫
196 衣	197 木	198 貳	199 燒
200 甞			

【제3회】예상문제(73p~75p)

1 강팍	2 견주	3 음일	4 즐린				
5 포폄	6 기미	7 서각	8 열반				
9 해천	10 잠계	11 섬박	12 첨유				
13 곽탕	14 훤요	15 치소	16 현훈				
17 팽배	18 췌액	19 설총	20 참함				
21 난령	22 한척	23 발낭/*바랑	24 골몰				
25 도륙	26 주촉	27 예맥	28 착즙				
29 홍곡	30 궤사	31 괘효	32 나례				
33 연도	34 연몌	35 겁나	36 보세				
37 오열	38 일무	39 실담	40 준설				
41 타매	42 비패	43 회뢰	44 힐항				
45 봉련	46 서속	47 조칙	48 인회				
49 이아	50 괴려	51 새알 단	52 깎을 산				
53 꾀꼬리 앵	54 구슬 선	55 사탕수수 자	56 역마을 참				
57 차꼬 질	58 삐걱거릴 알	59 꾸밀 날	60 부리 훼				
61 높고 클 외	62 물맑을 식	63 곁눈질할 면	64 무늬 현				
65 호탕할 탕	66 기 정	67 검을 려	68 비쏟아질 패				
69 찾을 멱	70 담 전	71 부고 부	72 읍할 읍				
73 버선 말	74 즐길 기	75 찰 름	76 대추 조				
77 여쭐 품	78 자손 윤	79 뚫을 삽	80 생강 강				
81 따를 호	82 드물 한	83 約款	84 腎臟				
85 肺癌	86 厭症	87 懷妊	88 電磁波				
89 贈呈	90 造影劑	91 密旨	92 准尉				
93 浮彫	94 編輯	95 窒塞	96 遮蔽幕				
97 晩餐	98 鑑札	99 悽慘	100 諜報網				
101 焦眉	102 歸趨	103 制霸(覇)	104 赦免				
105 圓滑	106 敷設	107 魅了	108 失蹴				
109 營繕係	110 拉致犯	111 葛藤	112 膠着				
113 動哨	114 胎夢	115 驅逐	116 妖邪				
117 戴冠式	118 待兎(兔)	119 盛衰	120 惑世				
121 橫說	122 浩浩	123 (다) 爽快	124 (라) 凱歌				
125 (나) 慟哭	126 (가) 鍍金	127 (라) 後覺	128 (가) 濫伐				
129 (라) 甕器	130 (나) 喊聲	131 (가) 釣況	132 (다) 韻律				
133 姑/(甥)	134 仰	135 寡	136 弔				
137 降	138 濃	139 朔	140 貸/賃				
141 矛	142 低	143 奮	144 忘				
145 追/迫	146 嘗	147 奮	148 俱				
149 模	150 鼓	151 廟	152 泥				
153 堤	154 淚	155 擇	156 細				
157 捕	158 恥	159 寫	160 漏				
161 祈	162 寬	163 欺	164 辛				
165 旱	166 摩	167 靜	168 昭詳				
169 口碑	170 裸線	171 隻手	172 惱殺				
173 達辯/能辯/多辯	174 偶數	175 收縮	176 斬新				
177 穩健派	178 마름모꼴	179 데릴사위	180 하늘과 땅(天地)				
181 대궐에 들어감(입궐)	182 목젖	183 닭똥	184 어금니				
185 모내기/모심기	186 국	187 침과 뜸	188 衣				
189 火	190 크(⺕)	191 舛	192 生				
193 行	194 玉	195 門	196 木				
197 口	198 壹	199 礙	200 灵				

【제4회】예상문제(76p~78p)

1 만끽	2 간석	3 달증	4 녹용
5 빙자	6 묘망	7 철퇴	8 효시
9 회뢰	10 아례	11 영어	12 첨유
13 포폄	14 훤요	15 치매	16 촌탁
17 비린	18 굴병	19 참람	20 고굉
21 봉련	22 한척	23 보살	24 답지
25 즐린	26 주촉	27 인회	28 강팍
29 홍곡	30 참최	31 연도	32 두견
33 기미	34 질투	35 근현	36 희한
37 지실	38 몌별	39 범경	40 무격
41 전면	42 늠렬	43 터득	44 괴뢰
45 가섭	46 사립	47 일별	48 패려
49 날염	50 준설	51 굳셀 의	52 식혜 혜
53 뜰 범	54 비롯할 조	55 백반 반	56 맞을 요
57 떫을 삽	58 연할 취	59 나약할 나	60 길거리 규
61 숨찰 천	62 쾌할 령	63 죽일 살	64 옥새 새
65 비웃을 치	66 목맬 액	67 우두머리 추	68 뚫을 천
69 찾을 멱	70 호탕할 탕	71 버선 말	72 대머리 독
73 이를 예	74 볼기 둔	75 지도리 추	76 맺을 뉴
77 바지 고	78 주임금 주	79 솟을 용	80 돌무더기 뢰
81 이삭 수	82 담 전	83 賠償	84 繁殖
85 敷設	86 診療	87 表彰狀	88 牽制
89 懇切	90 悽慘	91 掌握	92 沮喪
93 抛棄	94 擁衛	95 揭載	96 解雇
97 自炊	98 趨勢	99 連繫	100 慙愧
101 折衷	102 鋪裝	103 網膜	104 採掘
105 棋譜	106 釣況	107 鬱寂	108 赦罪
109 遮蔽物	110 消炎劑	111 妖邪	112 潤滑油
113 僧塔	114 缺點(陷)	115 貢獻	116 天地/乾坤
117 姑息策	118 千峯	119 女戴	120 苦吐
121 左顧	122 粉骨	123 (다) 壬辰	124 (라) 銳智
125 (나) 玩賞	126 (다) 呪文	127 (가) 返品	128 (나) 評判
129 (가) 譬喩	130 (다) 爽快	131 (다) 蕩兒	132 (가) 慷慨
133 屈	134 晴	135 雌	136 肥
137 購	138 縱	139 庶	140 借
141 弔	142 密	143 躍	144 懷
145 枕	146 虎	147 荷	148 嘗
149 靴	150 麥	151 興	152 含
153 旋	154 少	155 助	156 正
157 擇	158 俸	159 瑞	160 師
161 寬	162 結	163 欺	164 紡
165 近	166 塵	167 旱	168 賣渡/梅桃
169 幻影	170 編輯	171 延滯	172 拘礙(碍)/(九闆)
173 拘禁	174 緊張	175 劣等感	176 險難
177 隆起	178 머리를 조아림	179 미역국	180 젖을 짬
181 즙 짠 찌꺼기	182 모내기	183 데릴사위	184 지름길
185 저울추	186 비단, 명주	187 목젖	188 行
189 艸	190 庬	191 言	192 目
193 士	194 木	195 尸	196 馬
197 夂	198 變	199 蠱	200 臨

【제5회】예상문제(79p~82p)

1 만근   2 기환   3 인회   4 면회
5 혁훤   6 낙수   7 옹산   8 뇌롱
9 형극   10 건즐   11 억륵   12 구재
13 송률   14 준절   15 치미   16 하흔
17 췌관   18 빙궤   19 금가   20 빈삭
21 긍구   22 소밀   23 자극   24 개선
25 액완   26 최외   27 의률   28 교태
29 붕박   30 소요   31 만집   32 척전
33 전최   34 환과   35 권렴   36 늑막
37 눌삽   38 좌침   39 첩부   40 교활
41 구양   42 비척   43 앙등   44 저격
45 폐슬   46 순독   47 야로   48 예특
49 사참   50 규구   51 몇 해 전부터 지금까지
52 먼곳에서 벼슬삶   53 사라짐. 숨음   54 멀리 그리워함
55 매우 성대함   56 부산물   57 헛된 꿈, 헛된 계산. 헛된 계획
58 제멋대로 놀림   59 고난   60 낮을 씻고 머리를 빗는 일
61 [31] 挽執   62 [48] 穢慝   63 [21] 兢懼   64 [26] 崔巍
65 [49] 奢僭   66 67 68 69 70 [22] 疎密, [33] 殿最, [34] 鰥寡,
[42] 肥瘠, [50] 規矩   71 복 지   72 낄 협
73 굽어볼 감   74 기침 해   75 조약돌 력   76 울릴 효
77 마구간 구   78 뒤섞일 답   79 무소 서   80 너그러울 유
81 흉악할 흉   82 사다리 잔   83 가릴 간   84 깨어날 소
85 흔들 도   86 새알 단   87 보루 루   88 높은땅 개
89 부술 쇄   90 밟을 유   91 얽을 전   92 파리할 췌
93 제비(점대) 첨   94 식혜 혜   95 숟가락 시   96 부고 부
97 연할 취   98 고칠 전   99 기울 즙   100 기울 납
101 示   102 手(扌)   103 目   104 口
105 石   106 口   107 广   108 辵[辶]
109 牛   110 宀   111 娛樂   112 演劇
113 觀覽   114 舞臺   115 程度   116 複合
117 迷路   118 宮殿   119 彫刻   120 壁畫(畵)
121 地境   122 玉座   123 展望   124 枯渴
125 拍車   126 鑑賞   127 鹽田   128 交涉
129 締結   130 開催   131 暫定   132 合議
133 調達   134 爭點   135 生態   136 汚染
137 滅種   138 危機   139 徵候   140 證據
141 編輯   142 適應   143 恒常   144 海拔
145 惡夢   146 記憶   147 漸次   148 暖房/(煖房)
149 微弱   150 供給   151 152 153 154 155 [111] 娛樂, [112]
演劇, [114] 舞臺, [117] 迷路, [123] 展望, [136] 汚染
156 ㉯ 癎病   157 ㉰ 恐慌   158 ㉮ 喘息   159 ㉯ 擁立
160 ㉣ 闈票   161 前期   162 轉機   163 天然
164 遷延   165 尊屬   166 存續   167 試寫
168 示唆   169 童謠   170 動搖   171 價
172 舊   173 広   174 棄   175 佛
176 硬   177 憤   178 欺   179 蔑
180 愚   181 姑   182 應   183 裏
184 隆起   185 收縮   186 嫌惡   187 精密
188 遺失   189 需要   190 添加   191 稻賣
192 張牛   193 貴 鷄   194 火投   195 膽魂
196 覆   197 谷 音   198 高 卑   199 盤 錯
200 戴 望

【제6회】예상문제(83p~85p)

1 용첨   2 이아   3 발호   4 질탕
5 무격   6 첨유   7 지실   8 창일
9 희한   10 몌별   11 사옹   12 운예
13 간석   14 치소   15 괴려   16 품주
17 탐닉   18 예맥   19 합천   20 섬계
21 기미   22 홍곡   23 흰자   24 목멱
25 범쇄   26 궁과   27 어새   28 작약
29 골독   30 여염   31 근현   32 구비
33 오열   34 비린   35 병탄   36 회뢰
37 경단   38 유괴   39 쾌효   40 형극
41 참람   42 수척   43 흠향   44 궤사
45 간특   46 효시   47 힐책   48 섬라
49 답지   50 개전   51 다스릴 리   52 높고클 외
53 삽살개 방   54 식혜 혜   55 더위잡을 반   56 읍할 읍
57 목맬 액   58 역마을 참   59 부리 훼   60 무소 서
61 재갈 함   62 먹을 끽   63 기울 즙   64 나약할 나
65 대추 조   66 쾌할 령   67 막힐 옹   68 보살 살
69 가마 련   70 삐걱거릴 알   71 뚫을 착   72 아지랑이 애
73 비롯할 조   74 얼레빗 소   75 꾸물거릴 준
76 부러워할 선, 무덤길 연   77 경쇠 경   78 떨어질 운
79 섶 시   80 걸릴 리   81 늦출 이   82 새알 단
83 揷畫(畵)   84 特輯   85 鼓膜   86 掌握
87 誤謬   88 沮喪   89 籠城   90 窒酸
91 赤裸裸   92 繁殖力   93 示唆   94 霸(覇)氣
95 窮僻   96 趣旨   97 裁縫   98 折衷案
99 膠着   100 纖維業   101 祕(秘)苑   102 獻呈
103 防諜   104 彫琢   105 遮蔽幕   106 胎夢
107 赦罪   108 幻像   109 投網   110 哨戒艇
111 診療費   112 萬頃蒼波   113 利那   114 釋放
115 盛衰   116 懷妊/受胎/(孕胎)   117 崩御/(登遐)
118 魂飛   119 女戴   120 粉骨   121 丹脣
122 去頭   123 ㉯ 麝香   124 ㉰ 漸染   125 ㉮ 濃度
126 ㉯ 繡衣   127 ㉣ 揀擇   128 ㉯ 陛下   129 ㉯ 酪酊
130 ㉮ 榜目   131 ㉰ 邂逅   132 ㉯ 腫處   133 縱
134 降   135 借   136 姑/(甥)   137 密
138 凶   139 庶   140 彼   141 朔
142 晴   143 側   144 求   145 屈
146 虎   147 補   148 俱   149 麥
150 惡   151 弄   152 隔   153 漏
154 堤   155 助   156 結   157 俸
158 鋪   159 掠   160 脂   161 購
162 膾   163 塵   164 峽   165 酷
166 措   167 移   168 基盤   169 賣渡
170 著作   171 信賴   172 延滯/連逮   173 斬新
174 歸納法   175 偶數   176 達(能/多)辯   177 穩健派
178 지름길   179 곁눈질로 봄   180 침과 뜸   181 대궐에 들어감/입궐
182 흠/결점   183 쇠부스러기/헌쇠   184 홀아비와 과부
185 익살/유머   186 벼락부자   187 저울추   188 八
189 色   190 火   191 龍   192 門
193 木   194 辰   195 行   196 口
197 毛   198 塩   199 貳   200 礙

【제7회】 예상문제(86p~89p)

1 조혼	2 매상	3 맹려	4 구폐
5 휘찬	6 극구	7 파소	8 납피
9 농단	10 금후	11 이유	12 능핍
13 교일	14 처측	15 표겁	16 구응
17 단복	18 노략	19 치작	20 훈자
21 기곡	22 융전	23 도률	24 궤장
25 미륵	26 정광	27 기애	28 첩괄
29 환흡	30 도비	31 휜요	32 함석
33 회소	34 치매	35 졸차	36 추초
37 수실	38 의백	39 수성	40 염야
41 찬탈	42 구강	43 도란	44 날완
45 구생	46 활협	47 타락	48 구재

49 표반   50 포폄   51 손톱자국   52 새벽/먼동이 틀 무렵
53 백성/민중   54 때려 숨지게 함   55 분류하여 엮음(편찬함)
56 세월이 빠르게 지나감/빠른 세월   57 정리(整理)
58 비망록(備忘錄)   59 독차지함/독점   60 요해처(要害處)
61 62 63 64 65 [30] 都鄙, [39] 睡醒, [45] 舅甥, [46] 闊狹,
[50] 褒貶

66 강퍅할 퍅	67 저울 칭	68 몰려들 주	
69 샘낼 투	70 아첨할 첨	71 뻗칠 긍/베풀 선	72 대추 조
73 다스릴 리	74 곁눈질할 면	75 칙서 칙	76 기름 고
77 둔한 말 노	78 아득할 묘	79 푸른 돌 록	80 비수 비
81 사냥할 수	82 노려볼 탐	83 시호 시	84 좁을 애
85 미끼 이	86 바지 고	87 항아리 항	88 좁을 착
89 부를 환	90 평탄할 탄	91 匕	92 己
93 口	94 人	95 立	96 耳
97 戶	98 黑	99 大	100 勹
101 ④ 摯□	102 ③ 娶□ 103 ① □靭		104 ② 愀□
105 ① 宸□	106 ③ 交涉	107 ① 憔悴	108 ④ 模楷
109 ② 卒壽	110 ③ 彈駁	111 焦點	112 凝視
113 實際	114 確保	115 削除	116 廢止
117 賦課	118 弊端	119 持續	120 暗黙
121 破棄	122 平穩	123 獨裁	124 裝飾
125 基礎	126 霸(覇)權	127 均衡	128 掌握
129 趨勢	130 懺悔	131 追慕	132 稱頌
133 逮捕	134 監獄	135 滯留	136 移讓
137 駐屯	138 狀況	139 禁忌	140 斬新
141 映像	142 心琴	143 促求	144 蹴球

145 無慘   146 147 148 149 150 [112] 凝視, [116] 廢止, [117]
賦課, [118] 弊端, [120] 暗黙, [121] 破棄   151 ㉬ 濫觴

152 ㉮ 晃旒	153 ㉯ 吩付	154 ㉰ 剩餘	155 ㉱ 詛呪
156 公刊	157 空間	158 高麗	159 考慮
160 肉聲	161 育成	162 樹脂	163 收支
164 校庭	165 矯正	166 兴	167 峽
168 處	169 膽	170 貳	171 擇
172 幣	173 瞬	174 壤	175 屑
176 稀薄	177 酷評	178 憐憫	179 閉鎖
180 隱忍	181 ① 披露宴	182 ② 辨濟	183 ③ 噴射
184 ① 拔擢	185 ④ 如意	186 腐敗	187 嘗味
188 傾斜	189 激減	190 難關/難所	191 龍尾
192 盤 錯	193 拔 蓋	194 之 馬	195 俱 戴
196 肝蟲	197 耳盜	198 遵 時	199 珍 盛
200 避 逢			

【제8회】 예상문제(90p~92p)

1 궁휼	2 늠렬	3 조예	4 뇌옥
5 사치	6 탐닉	7 궤사	8 석호
9 패려	10 곽갱	11 누항	12 비린
13 홍곡	14 인회	15 부연	16 오열
17 도륙	18 칭추	19 초췌	20 난봉
21 낙수	22 겁나	23 발호	24 전면
25 빙자	26 언제	27 답지	28 착즙
29 수척	30 사립	31 서직	32 전액
33 척서	34 견주	35 윤예	36 팽배
37 배태	38 휜요	39 은닉	40 해천
41 힐난	42 치루	43 산삭	44 회뢰
45 참람	46 식혜	47 소슬	48 준설
49 첨유	50 질탕	51 삐걱거릴 알	52 무릎 슬
53 부두 부	54 다 실	55 풀 훼	56 공장 창
57 소매 메	58 기릴 포	59 모자랄 핍	60 틈 극
61 잡을 지	62 버선 말	63 혹 췌	64 씌울 투
65 깨어날 소	66 두드릴 고	67 기울 즙	68 기 휘
69 백반 반	70 정할/제사 전	71 삽살개 방	72 바룰 광
73 대궐 신	74 가루 설	75 넘칠 일	76 선/연
77 랄/라	78 두/도	79 급/삽	80 갹/거
81 골/멱	82 지/기	83 滄(蒼)茫	84 葛布
85 憤慨	86 揭揚臺	87 解雇	88 北傀
89 華僑	90 圈域	91 補闕	92 比丘尼
93 被拉	94 角膜	95 魅了	96 混紡
97 偏僻	98 併殺打	99 號俸	100 敎唆
101 恩赦	102 蔘鷄湯	103 硯滴	104 妖鬼/妖怪
105 輕蔑/侮蔑	106 濃霧	107 蒙塵	108 養蠶
109 享受/享有	110 旅券	111 遮蔽幕	112 診療費
113 乾坤/天地	114 刹那	115 龜鑑	116 姑息策
117 貢獻	118 嘗膽	119 汚吏	120 丹脣
121 左顧	122 魂飛	123 ㉯ 寵愛	124 ㉲ 懊惱
125 ㉮ 冶金	126 ㉱ 膳物	127 ㉯ 雁行	128 ㉲ 允許
129 ㉮ 邸宅	130 ㉰ 遁甲	131 ㉱ 曠野	132 ㉲ 爛熟
133 虛/(虗)	134 仰	135 密	136 縱
137 凶	138 伸	139 戈	140 劣
141 晴	142 雌	143 戴	144 迫/迫
145 躍	146 荷	147 奮	148 醉
149 泥	150 波	151 粉	152 含
153 舶	154 鋪	155 瑞	156 望
157 婢/(僕)	158 擇	159 懼	160 掠
161 悔	162 結	163 購	164 逮/(拏)/(拿)
165 微	166 摩	167 靜	168 艦艇
169 口碑	170 賣渡	171 著作	172 約款
173 傲慢/(倨慢)	174 拘束/拘禁/(束縛)	175 收縮	176 扶桑
177 穩健派	178 초봄/이른봄		179 꾸짖어 바로잡음
180 장인과 사위	181 달무리	182 낚시밥/낚시 미끼	
183 사립문	184 임금이 타는 수레		185 모내기
186 손도장	187 정교하고 치밀함		188 彳
189 支(攵)	190 艸	191 靑	192 穴
193 卜	194 耒	195 宀	196 禾
197 殳	198 犭	199 襾	200 礙

【제9회】 예상문제(93p~96p)

1 총좌　　2 와류　　3 협보　　4 신합
5 규곽　　6 파즐　　7 궤우　　8 추구
9 갱장　　10 섬토　　11 아첨　　12 신첩
13 희조　　14 하흔　　15 패류　　16 치미
17 해천　　18 뇌괴　　19 가색　　20 설루
21 주매　　22 군액　　23 하지　　24 천사
25 조짐　　26 회자　　27 파협　　28 주포
29 수척　　30 간지　　31 훤굉　　32 참특
33 종금　　34 치순　　35 범질　　36 봉부
37 한려　　38 진갈　　39 복욱　　40 질곡
41 수구　　42 애애　　43 극구　　44 단야
45 추고　　46 회삭　　47 산조　　48 추첨
49 전폐　　50 기치　　51 번잡하고 자질구레함　　52 잘못, 오류
53 뺨　　54 대합　　55 해바라기　　56 정리정돈함
57 정도에 어긋나게 부귀를 얻음　　58 쓸모없는 물건
59 경모(敬慕)함, 추념(追念)함.　　60 달
61 62 63 64 65 [13] 稀稠, [26] 膾炙, [33] 縱擒, [40] 桎梏, [46] 晦朔
66 물가/가까울 빈　67 병/근심할 양　68 이삭 수　69 강퍅할 퍅
70 버틸 탱　71 꾸짖을 핵　72 노할 발　73 적을 사
74 점괘 괘　75 뻗칠 긍/ 베풀 선　76 어리석을 매　77 새알 단
78 새벽 서　79 터질 작　80 문득 엄　81 희생 희
82 종기 종　83 떠들썩할 홍　84 굽 제　85 편안 일/질탕 질
86 잔 잔　87 아이밸 신　88 다죽일 섬　89 옥 어
90 눈깜짝할 별　91 鹿　92 口　93 生
94 犭(犬)　95 耳　96 口　97 宀
98 阝(阜)　99 凵　100 日　101 ④ 口誹
102 ② 口惰　103 ③ 口闍　104 ① 乏口　105 ② 荊口
106 ① 鼓舞　107 ① 溪壑　108 ③ 刹那　109 ④ 嚆矢
110 ② 虐待　111 懸案　112 遺憾　113 愼重
114 緩和　115 驅使　116 慣例　117 疾病
118 適應　119 疲勞　120 症狀　121 睡眠
122 肥滿　123 免疫　124 懸隔　125 情緒
126 攻擊　127 脈絡　128 處地　129 姦臣
130 排斥　131 憤怒　132 貧困　133 硏究
134 末端　135 登用(登庸)　136 失脚　137 遊說
138 獻身　139 優劣　140 豫測　141 勝率
142 內需　143 景氣　144 階層　145 妙案
146 147 148 149 150 [111] 懸案, [113] 愼重, [114] 緩和, [122] 肥滿, [123] 免疫, [124] 懸隔, [126] 攻擊　151 ㉮ 碎氷
152 ㉭ 棲息　153 ㉱ 禦寒　154 ㉬ 甕器　155 ㉲ 犀利
156 不正　157 否定　158 年數　159 硏修
160 綠陰　161 錄音　162 考試　163 告示
164 市道　165 試圖　166 鑑　167 覚
168 来　169 輕　170 嘗　171 枯
172 束　173 憫　174 累卵　175 選擇
176 濕潤　177 險難　178 推仰　179 隱忍
180 亡羊補　181 ③ 目睫　182 ① 蔓延　183 ② 掩蔽
184 ④ 捕捉　185 ③ 緻密　186 悠久　187 高度
188 掠奪　189 返還　190 努力　191 衆寡
192 晩 歎　193 落 魂　194 波 重　195 見 劍
196 孤 奮　197 柳 質　198 飛騰　199 絶倒
200 快癒

【제10회】 예상문제(97p~100p)

1 악골　　2 규후　　3 앵순　　4 폄출
5 전면　　6 금후　　7 귀령　　8 구승
9 경절　　10 당초　　11 도륙　　12 장궤
13 초닉　　14 신모　　15 순일　　16 서창
17 참일　　18 눌삽　　19 휘비　　20 장첩
21 전모　　22 군핍　　23 요집　　24 강즙
25 둔민　　26 권고　　27 포율　　28 전안
29 즙선　　30 연나　　31 훤소　　32 굉창
33 조람　　34 예주　　35 묘명　　36 시저
37 패려　　38 척탕　　39 파라　　40 나맥
41 수비　　42 습답　　43 저축　　44 참소
45 시방　　46 침면　　47 수액　　48 함담
49 연취　　50 방추　　51 턱뼈　　52 부르짖다(울부짖다)
53 꾀꼬리(고운) 입술　54 벼슬을 빼앗고 쫓아냄　55 얽혀 이어지다.
56 가장 중요한 부분　　57 오래 삶　58 기준, 표준
59 허리를 깊이 꺾어 절하다　60 난관을 만나다(난관에 부딪히다)
61 62 63 64 65 [13] 焦溺, [25] 鈍敏, [36] 匙箸, [41] 瘦肥, [48] 鹹淡　66 조약돌 력　67 뇌물 뢰　68 합 합
69 아이 밸 신　70 발꿈치 종　71 부추길 주　72 잔 잔
73 다듬잇돌 침　74 눈깜짝할 별　75 터질 탄　76 울릴 효
77 정강이 경　78 다 죽일 섬　79 물거품 말　80 주머니 낭
81 희생 생　82 비탈질/부처 타　83 삿갓 립　84 끌 예
85 희생 희　86 막힐 조　87 자손 윤　88 발랄할 랄, 수라 라
89 옥 어　90 길 포　91 大　92 生
93 辶(辵)　94 羊　95 石　96 言
97 宀　98 月(肉)　99 扌(手)　100 弓
101 ④ 口儺　102 ② 荊口　103 ② 口惰　104 ① 亳口
105 ③ 口闍　106 ① 自反　107 ④ 白眉　108 ② 徘徊
109 ③ 罵倒　110 ① 圖南　111 滄浪　112 招來
113 警告　114 嚴重　115 毁損　116 征伐
117 紀綱　118 侵掠(侵略)　119 威脅　120 侮辱
121 朝廷　122 消滅　123 災難　124 異變
125 怨聲　126 恨歎　127 庸劣　128 昏暗
129 要領　130 團體　131 組織　132 苦心
133 適切　134 選別　135 方策　136 遂行
137 促求　138 條例　139 流浪　140 提案
141 困窮　142 凶年　143 待遇　144 擧論
145 責望　146 147 148 149 150 [124] 異變, [125] 怨聲, [126] 恨歎, [134] 選別, [141] 困窮, [143] 待遇, [144] 擧論　151 ㉰ 跛立
152 ㉮ 肝膽　153 ㉱ 描寫　154 ㉬ 遮斷　155 ㉲ 奏請
156 市政　157 是正　158 考査　159 固辭
160 大賞　161 對象　162 環狀　163 幻像
164 鑑定　165 感情　166 亂　167 麗
168 勞　169 礙　170 読　171 興
172 喜/(欣)　173 擁　174 黙殺　175 缺陷
176 承諾　177 未熟　178 發掘　179 頭蛇
180 虎後　181 ③ 黙過　182 ① 趨勢　183 ② 魯鈍
184 ④ 邁進　185 ③ 悚懼　186 拔本　187 塞源
188 眞相　189 核心　190 銳利　191 旅 旅
192 遂 薦　193 珠 投　194 從腹　195 實 符
196 梅 渴　197 麻 之　198 落 石　199 眼 手
200 牛 棟

한자능력검정시험

1급 기출문제

(95~102회)

- 기출문제(95~102회)
- 정답(161p~164p)

➜ 본 기출문제는 수험생들의 기억에 의하여 재생된 문제입니다.

제95회
2021. 11. 20 시행
(社) 한국어문회 주관·한국한자능력검정회 시행
한자능력검정시험 1급 기출문제
문 항 수 : 200문항
합격문항 : 160문항
제한시간 : 90분

01 다음 문장에서 밑줄 친 漢字語의 讀音을 쓰시오. (1~20)

○ [1]尨大한 자료를 검토하여 [2]遡及 적용해주기는 어렵다.

○ 죄인을 [3]拿鞫한 후[4]捏造한 내용이 없다는 문서에 [5]捺印하게 했다.

○ 에베레스트 [6]山麓에는 [7]登攀家들의 [8]屍身들이 [9]櫛比하다.

○ [10]巖鹽은 과거에 바다였던 지역이 [11]隆起하였다는 증거다.

○ 왕과 황제의 역사를 보면 [12]簒奪과 [13]擁立 [14]僭稱이 반복되어 나타난다. [15]諡號도 없는 이들도 많다.

○ [16]交叉路 공사에 [17]掘鑿機가 동원되었다.

○ [18]膵臟癌에 걸린 스티브잡스의 [19]憔悴한 모습이 충격을 주었다. [20]豪宕한 모습은 찾아보기 어려웠다.

1 [   ]   2 [   ]

3 [   ]   4 [   ]

5 [   ]   6 [   ]

7 [   ]   8 [   ]

9 [   ]   10 [   ]

11 [   ]   12 [   ]

13 [   ]   14 [   ]

15 [   ]   16 [   ]

17 [   ]   18 [   ]

19 [   ]   20 [   ]

02 다음 漢字語의 讀音을 쓰시오. (21~50)

21 跆拳 [   ]   22 泡幻 [   ]

23 堂陛 [   ]   24 痲疹 [   ]

25 蠢動 [   ]   26 孤孀 [   ]

27 捧納 [   ]   28 藩國 [   ]

29 斑拘 [   ]   30 覓索 [   ]

31 瘤腫 [   ]   32 琉球 [   ]

33 痘瘡 [   ]   34 屠戮 [   ]

35 拇指 [   ]   36 苦悶 [   ]

37 彷彿 [   ]   38 棲息 [   ]

39 瘙癢 [   ]   40 兄嫂 [   ]

41 丞相 [   ]   42 臆測 [   ]

43 瞻仰 [   ]   44 黜陟 [   ]

45 支撑 [   ]   46 耐乏 [   ]

47 懈怠 [   ]   48 鳳凰 [   ]

49 艶聞 [   ]   50 嬰兒 [   ]

03 다음 漢字의 訓·音을 쓰시오. (51~82)

51 凹 [   ]   52 胤 [   ]

53 塵 [   ]   54 踪 [   ]

55 闡 [   ]   56 攄 [   ]

57 圃 [   ]   58 愿 [   ]

59 柸 [   ]   60 汁 [   ]

61 妊 [   ]   62 捐 [   ]

63 膝 [   ]   64 袖 [   ]

65 殯 [   ]   66 鄙 [   ]

67 膾 [   ]   68 披 [   ]

69 缸 [   ]   70 楕 [   ]

71 廠 [   ]   72 竣 [   ]

73 鼎 [   ]   74 邸 [   ]

75 膺 [   ]   76 腺 [   ]

77 澁 [   ]   78 酪 [   ]

79 袂 [   ]   80 訛 [   ]

81 鍮 [   ]   82 呪 [   ]

04 다음 밑줄 친 漢字語를 漢字(正字)로 바꿔 쓰시오. (83~122)

○ [83]촉광이 비친 내 눈빛을 보신 조부께서 "너는 [84]총기가 있다."면서 [85]격려해주셨다.

○ [86]법망을 [87]교묘하게 피해나간 [88]범죄 [89]조직을 [90]체포했다.

○ [91]한증막에서 [92]감염이 [93]확산되었다는 명확한 [94]근거는 아직 없는 상태다.

○ [95]핵무기가 [96]폭발하면 [97]방사능 [98]낙진을 조심해야 한다.

○ [99]황제가 [100]제후들에게 [101]봉지를 [102]하사 했다.

○ 감사한 [103]섬유업체 사장님께 [104]홍삼 선물을 드렸다.

○ 흥선대원군의 [105]섭정 시절에는 서원의 [106]철폐, 서학(西學)에 대한 [107]탄압, 외세에 대한 [108]배격 [109]조치가 이어졌다.

○ [110]이면 도로에 [111]첨단 전기차가 [112]주차되어 있다.

○ [113]증권사 [114]고객 [115]예탁금이 날이 갈수록 늘고 있다.

○ [116]잠룡들의 행보가 [117]초미의 관심사로 떠올랐다.

○ [118]군필이 되기 전 마지막으로 [119]함포를 점검하고 [120]전역자 신고.

○ 원칙은 [121]편견 없이 [122]형평에 맞게 적용되어야 한다.

83 [   ]   84 [   ]
85 [   ]   86 [   ]
87 [   ]   88 [   ]
89 [   ]   90 [   ]
91 [   ]   92 [   ]
93 [   ]   94 [   ]
95 [   ]   96 [   ]
97 [   ]   98 [   ]
99 [   ]   100 [   ]
101 [   ]   102 [   ]
103 [   ]   104 [   ]
105 [   ]   106 [   ]
107 [   ]   108 [   ]
109 [   ]   110 [   ]
111 [   ]   112 [   ]
113 [   ]   114 [   ]
115 [   ]   116 [   ]
117 [   ]   118 [   ]
119 [   ]   120 [   ]
121 [   ]   122 [   ]

05 다음 (   )안에 밑줄 친 漢字와 비슷한 뜻을 가진 漢字[正字]를 써넣어 문장을 완성하시오. (123~127)

123 임금의 寵(   )를 받는 신하라고 믿기 어려울 정도로 겸손하다.
124 심한 더위로 가축이 斃(   )하고 말았다.
125 날이 더워서 그런지 나도 모르게 마음이 (   )弛해졌다.
126 근무 紀(   ) 확립
127 총사령관이 부대를 査(   )했다.

06 다음 漢字語와 뜻이 비슷한 2음절 漢字語[正字]를 쓰시오. (128~132)

128 古稀 [   ]
129 遝至 [   ]
130 吐哺 [   ]
131 瑕疵 [   ]
132 交涉 [   ]

07 다음 ( ) 안에 밑줄 친 漢字와 뜻이 反對 또는 相對되는 漢字[正字]를 써넣어 문장을 완성하시오. (133~137)

133 종부는 ( )舅의 봉양에 정성을 다하여 효부로 표창을 받았다.

134 부모님께서 田( )을 팔아 자녀들 등록금을 대셨다.

135 과거 전통사회에는 嫡( ) 차별이 있었다.

136 그는 ( )疏와 관계없이 공정하게 일을 처리했다.

137 이번에야 말로 ( )雄을 가리자.

08 다음 漢字語와 뜻이 反對 또는 相對되는 2음절 漢字語[正字]를 쓰시오 (138~142)

138 間歇 [   ]

139 絶讚 [   ]

140 重厚 [   ]

141 混沌 [   ]

142 永劫 [   ]

09 다음 단어 중 첫 음절이 長音인 것을 가려 그 번호를 쓰시오. (143~152)

143 ① 被虜 ② 疲勞 [   ]

144 ① 粗沙 ② 釣絲 [   ]

145 ① 戰勢 ② 專賣 [   ]

146 ① 副賞 ② 扶桑 [   ]

147 ① 俳優 ② 配偶 [   ]

148 ① 書名 ② 署名 [   ]

149 ① 鼇分 ② 二分 [   ]

150 ① 儀刀 ② 意圖 [   ]

151 ① 祖忌 ② 肇基 [   ]

152 ① 弄口 ② 農具 [   ]

10 다음 빈칸에 알맞은 漢字를 써 넣어 四字成語를 완성하시오. (153~167)

153 塞( )之馬

154 曳尾( )中

155 ( )薪嘗膽

156 殷( )不遠

157 鄭( )之音

158 採薪之( )

159 天衣無( )

160 靑出於( )

161 夏( )冬扇

162 胡( )之夢

163 繪事後( )

164 中原( )鹿

165 ( )門一針

166 遺( )萬年

167 玉石( )焚

11 다음 漢字의 部首를 쓰시오. (168~177)

168 翔 [   ]　169 酋 [   ]

170 迭 [   ]　171 靖 [   ]

172 旌 [   ]　173 奧 [   ]

174 燕 [   ]　175 夙 [   ]

176 肅 [   ]　177 屑 [   ]

12 다음 漢字語의 뜻을 쓰시오. (178~187)

178 懊惱 :

179 咀嚼 :

180 斟酌 :

181 明澄 :

182 投擲 :

183 弑害 :

184 廚房 :

185 乾棗 :

186 粉碎 :

187 餠湯 :

⑬ 다음 제시된 뜻을 참조하여 ( )속 漢字語의 同音異義語를 漢字[正字]로 쓰시오. (188~197)

188 (些技) : 나쁜 꾀로 남을 속임.   [   ]

189 (附帶) : 짐을 지고 임. 매우 힘든 일을 함을 비유.
                                    [   ]

190 (全草) : 적을 경계하기 위하여 가장 앞쪽에 배치
    한 초소나 초병.   [   ]

191 (狄城) : 서로 적대되는 성질.   [   ]

192 (蒼昊) : 온갖 창과 문을 통틀어 이르는 말.
                                    [   ]

193 (飛箭) : 비밀히 전하여 내려옴. 또는 그런 방법.
                                    [   ]

194 (翌朝) : 사람에게 직접 · 간접으로 도움을 주는 새.
                                    [   ]

195 (漸騰) : 등에 불을 켬.   [   ]

196 (青蛇) : 관청의 사무실로 쓰는 건물. [   ]

197 (殆半) : 임신 중 태아와 모체의 자궁을 연결하는
    기관.   [   ]

⑭ 다음 한자를 略字로 쓰시오. (198~200)

198 雙   [   ]

199 蠶   [   ]

200 礙   [   ]

제96회
2022. 02. 26 시행

(社) 한국어문회 주관·한국한자능력검정회 시행

한자능력검정시험 1급 기출문제

문 항 수 : 200문항
합격문항 : 160문항
제한시간 : 90분

01 다음 문장에서 밑줄 친 漢字語의 讀音을 쓰시오. (1~20)

○ 이러한 방법론상의 [1]盲點은 국어 [2]變遷史를 살피는 데에서도 마찬가지로 나타나고 있다. 곧 國語史에서도 語形의 簡便化와 長形化, 音의 同化와 異化, 음의 硬化와 弱化, 音韻의 [3]脫落과 [4]添加, 의미영역의 縮小와 擴大, 의미의 향상과 [5]卑下, 의미의 [6]具象化와 抽象化, 漢字語 增大의 긍정적 가치와 [7]整書 등 대조적인 변화의 양상을 찾아볼 수 있다. 그런데 여기에서 그 한 면의 강조를 꾀하여 다른 면을 [8]糊塗하는 자세가 있다면 사실의 바른 이해에 도움이 되지 않을 것이 분명하다.

〈成煥甲(1991), 國語史의 對照的 양상(1)〉

○ 慶北大 中央大 仁荷大 등에서 가르침을 받은 수많은 門生들에게 작별 인사의 기회조차 주지 않고 그처럼 홀홀히 떠나심은 워낙 激하신 성품 탓이던가, 아니면 원래부터 無情한 분이시라 그러신 것이던가. 어차피 인생은 [9]逆旅라 하지만 남은 [10]悔恨이 너무 커서, [11]幽宅을 [12]往復하던 車窓에는 [13]雲霧와 눈물과 아득함뿐이었다.

〈東民(1998), "스승 南廣祐 선생님", 『蘭汀의 삶과 學問』〉

○ [14]壅塞한 살림에 홍수 피해까지 입어 논밭이 [15]廢墟가 되었다.

○ 蘭汀 南廣祐 선생이 세상을 뜨신 지 어느덧 한 해를 맞게 되었다. 참으로 電光石火와 같은 세월이다. 그 [16]豪宕한 웃음으로, 그 카랑카랑한 음성으로 滿堂을 채우시더니 自然의 고요 속에 한마디 말씀 없이 [17]永劫의 침묵을 지키고 계시니 무슨 깊은 생각을 하시는지. 비록 이승의 한 生涯가 [18]刹那이라고는 하나, 지난 40년 동안 허물없이 지내온 有情歲月이 더없이 그립다.

〈柳穆相 (1998), "回顧 40年", 『蘭汀의 삶과 學問』〉

○ 국제적 위인이 잘못된 [19]誘惑에 빠져 [20]囹圄의 몸이 되고 말았다.

1 [ ]	2 [ ]
3 [ ]	4 [ ]
5 [ ]	6 [ ]
7 [ ]	8 [ ]
9 [ ]	10 [ ]
11 [ ]	12 [ ]
13 [ ]	14 [ ]
15 [ ]	16 [ ]
17 [ ]	18 [ ]
19 [ ]	20 [ ]

02 다음 漢字語의 讀音을 쓰시오. (21~50)

21 揖讓 [ ]	22 咀嚼 [ ]
23 揶揄 [ ]	24 辦納 [ ]
25 蟄居 [ ]	26 堰堤 [ ]
27 傀儡 [ ]	28 搔癢 [ ]
29 糟糠 [ ]	30 巫覡 [ ]
31 醱酵 [ ]	32 猾吏 [ ]
33 稷神 [ ]	34 疆界 [ ]
35 瘡疹 [ ]	36 佩符 [ ]
37 瑕累 [ ]	38 柴奴 [ ]
39 橘餠 [ ]	40 孕胎 [ ]
41 去滓 [ ]	42 敬虔 [ ]
43 遁迹 [ ]	44 掩埋 [ ]
45 憑考 [ ]	46 辛辣 [ ]
47 些少 [ ]	48 束縛 [ ]
49 慷慨 [ ]	50 奚琴 [ ]

03 다음 漢字의 訓과 音을 쓰시오. (51~82)

51 賄 [   ]   52 葛 [   ]

53 猥 [   ]   54 悌 [   ]

55 鵬 [   ]   56 鷗 [   ]

57 洵 [   ]   58 藍 [   ]

59 潰 [   ]   60 做 [   ]

61 憔 [   ]   62 鷹 [   ]

63 薑 [   ]   64 棘 [   ]

65 詛 [   ]   66 飄 [   ]

67 齡 [   ]   68 耗 [   ]

69 鞍 [   ]   70 堆 [   ]

71 乏 [   ]   72 驪 [   ]

73 蹶 [   ]   74 謚 [   ]

75 僻 [   ]   76 闇 [   ]

77 捷 [   ]   78 稟 [   ]

79 喧 [   ]   80 羹 [   ]

81 瞳 [   ]   82 攄 [   ]

04 다음 글에서 밑줄 친 漢字語를 漢字[正字]로 바꾸어 쓰시오. (83~112)

○ 東과 西, 陰과 陽, 정신문화와 물질문명은 항상 [83]상보적 관계에 있는 것인데, 그 하나만을 지나치게 독립시켜 분석함으로써 진실과 더 멀어지는 것은 아닌가 하는 [84]위구를 버릴 수가 없다.
〈"분석과 종합", 교수신문 제 94호〉

○ 한글 전용이냐 國漢 [85]혼용이냐 하는 문제와 마찬가지로 "영어 제2 공용어화" 문제는 이성적 논의의 대상이라기보다는 [86]감각적 [87]호오의 문제여서, [88]선입관을 고치기 힘든 것으로 보인다. 민족문화의 정체성과 주체성, 또는 인류문화의 [89]다양성과 창의성 등의 가치를 내세우는 쪽이나, 실용성과 경제성을 내세우며

[90]교역의 [91]편의를 고려해야 한다는 쪽도 모두 자기주장을 양보하거나 굽히려 하지 않는다. 나만이 國益을 염려하고, 민족의 自矜心을 지킨다고 철석같이 믿고 있는 것이다. 그러나 이제는 지나친 국수주의나 서구적 세계주의도 경계하며, 이성적 판단을 [92]추구할 때가 되었다. 그리고 우리의 후손에게 희망과 보람을 찾아주는 일에도 [93]막중한 사명감을 느낄 때가 된 것이다. 특히 미국문화에의 무조건적 [94]경도는 [95]열패감과 좌절감만 불러올 것이기 때문이다.
〈東民(2006), "영어 공용어화 주장의 虛實"〉

○ 후루쇼프 전 [96]소련 공산당 서기장은 死後 미국에서 출판된 회고록에서 "6·25전쟁은 김일성이 [97]기획하고 스탈린이 [98]승낙한 침략전쟁"이라고 [99]증언했다. 그는 "오랫동안 우리는 한국전쟁이 남한 [100]주도로 시작됐다고 주장해 왔지만 이제 역사를 위해 진실을 말한다."고 했다.
〈김태익, 「회고록의 진실」〉

○ 어떤 약물은 [101]환청을 유발한다.

○ 여름의 [102]황혼은 [103]미풍에 흔들리는 [104]가로수와 더불어 달콤하고 슬프게 사람들을 매혹한다.

○ [105]환경이 오염되면 인류에게 큰 [106]재앙이 될 수 있다.

○ 우리의 길에 [107]개혁이 있을지언정 [108]포기란 없다.

○ [109]척후병은 풀과 나뭇가지로 [110]위장하고 매복을 하였다.

○ 그는 시 [111]낭송 모임에 빠짐없이 [112]참석한다.

83 [   ]   84 [   ]

85 [   ]   86 [   ]

87 [   ]   88 [   ]

89 [   ]   90 [   ]

91 [   ]   92 [   ]

93 [   ]   94 [   ]

95 [   ]   96 [   ]

97 [   ]   98 [   ]

99 [   ]   100 [   ]

101 [   ]   102 [   ]

103 [   ]   104 [   ]

105 [   ]   106 [   ]

107 [   ]   108 [   ]

109 [   ]   110 [   ]

111 [   ]   112 [   ]

05 다음의 意味를 지닌 單語를 漢字[2音節의 正字]로 쓰시오. (113~122)

113 부지런하고 검소함.   [   ]

114 임금이 난리를 피해 다른 곳으로 옮아감.

[   ]

115 체하여 소화가 잘 안되는 증세.   [   ]

116 돼지와 개. 못난 사람.   [   ]

117 남을 선동하여 나쁜 짓을 하게 함.   [   ]

118 물 위에 떠 있는 잎.   [   ]

119 서로 친해 화목함.   [   ]

120 어리석고 고지식함.   [   ]

121 손바닥을 침.   [   ]

122 말이나 행동으로 실없이 놀리는 짓.   [   ]

06 다음 (   ) 안에 비슷한 뜻을 가진 漢字[正字]를 써 넣어, 文章을 完成하시오. (123~127)

123 梧(   )나무로 만든 거문고.

124 오랜 가뭄으로 국민이 (   )饉에 시달리고 있다.

125 나다니엘 호손의 명작 (   )紅글씨.

126 폭력으로 금품을 掠(   )한다.

127 저 댁은 만복이 (   )滿하다.

07 다음 (   ) 안에 뜻이나 訓이 비슷한 漢字를 써 넣어, 單語를 完成하시오. (128~132)

128 (   )澤

129 祭(   )

130 蔓(   )

131 (   )慢

132 (   )墓

08 다음 중 첫 音節이 長音인 것을 가려 그 번호를 쓰시오. (133~142)

133 ① 假齒   ② 價値   [   ]

134 ① 道具   ② 都市   [   ]

135 ① 夫婦   ② 負傷   [   ]

136 ① 安住   ② 眼前   [   ]

137 ① 傳統   ② 戰後   [   ]

138 ① 上品   ② 賞品   [   ]

139 ① 程度   ② 整理   [   ]

140 ① 新婦   ② 紳士   [   ]

141 ① 所聞   ② 素望   [   ]

142 ① 義務   ② 醫師   [   ]

09 다음 (   ) 안에 밑줄 친 漢字와 뜻이 反對 또는 相對 되는 漢字[正字]를 써 넣어, 文句를 完成하시오 (143~147)

143 (   )急을 조절하다.

144 옷감의 (   )縮力이 뛰어나다.

145 생활필수품의 (   )給 계획.

146 토론을 통하여 (   )雄을 겨루다.

147 시간이 모자라도 閑(   )의 조화가 필요할 때가 많다.

10 다음 각 漢字와 뜻이 反對 또는 相對되는 漢字[正字]를 써 넣어, 2音節 漢字語를 만드시오. (148~152)

148 (   )豊

149 表(   )

150 呑(   )

151 (   )盾

152 愛(   )

⑪ 다음 ( ) 안에 알맞은 漢字를 써 넣어, 四字成語를 完成하시오. (153~167)

153 聲東( )西

154 附和( )同

155 山( )水明

156 臥薪嘗( )

157 同黨( )異

158 菽( )不辨

159 泥田鬪( )

160 ( )顏無恥

161 ( )雪之功

162 ( )官汚吏

163 赤手空( )

164 蓬頭亂( )

165 ( )寇勿迫

166 見蚊( )劍

167 丹( )皓齒

⑫ 다음 漢字의 部首를 쓰시오. (168~177)

168 帖 [   ] 169 紙 [   ]

170 肩 [   ] 171 冷 [   ]

172 廳 [   ] 173 從 [   ]

174 賞 [   ] 175 眉 [   ]

176 畚 [   ] 177 題 [   ]

⑬ 다음 漢字語의 뜻을 간단히 풀이하시오. (178~187)

178 弔喪 [   ]

179 綻露 [   ]

180 汝輩 [   ]

181 尙存 [   ]

182 松楸 [   ]

183 寶瓶 [   ]

184 昭雪 [   ]

185 安堵 [   ]

186 攻防 [   ]

187 壯氣 [   ]

⑭ 다음에 제시된 뜻을 참조하여 ( ) 속 漢字語의 同音異義語를 漢字[正字]로 쓰시오. (188~197)

188 (查正) ; 활터에 세운 정자.   [   ]

189 (恐怖) ; 결세(結稅)로 바치는 베. [   ]

190 (社長) ; 개인이 사사로이 감추어 둠. [   ]

191 (有利) ; 다른 것과 떨어져 존재함. [   ]

192 (電話) ; 돈.   [   ]

193 (住所) ; 임금에게 글을 올리던 일. [   ]

194 (紬絲) ; 술 마신 뒤의 못된 버릇. [   ]

195 (千載) ; 얕은 재주.   [   ]

196 (香水) ; 고향이 그리워 느끼는 슬픔. [   ]

197 (會議) ; 의심을 품음.   [   ]

⑮ 다음 漢字를 略字로 바꾸어 쓰시오. (198~200)

198 漆 [   ]

199 鹽 [   ]

200 擔 [   ]

제97회 2022. 05. 28 시행

(社) 한국어문회 주관·한국한자능력검정회 시행

한자능력검정시험 1급 기출문제

문 항 수 : 200문항
합격문항 : 160문항
제한시간 : 90분

01 다음 문장에서 밑줄 친 漢字語의 讀音을 쓰시오. (1~20)

○ 원술은 황제를 [1]僭稱하고 [2]詔勅을 발표하였다.

○ 자기를 [3]誹謗하는 친구들 앞에서 [4]懺悔의 눈물을 보이기까지 하였으나, [5]揶揄가 터져 나와 수습할 길이 없었다.

○ [6]崎嶇한 운명을 타고 나, [7]勘當하기 어려운 시련을 겪고 있는데, 홍수로 전답까지 [8]廢墟가 되고 말았다.

○ 골격이 튼튼하려면 [9]脊椎와 [10]筋肉을 강화해야 한다.

○ 성격이 몹시 [11]乖愎한 상무가 출장을 [12]憑藉하여 해외여행을 떠났다가 큰 교통사고를 당하여, 모든 일이 [13]綻露나고 말았다.

○ 눈 덮인 산길에서 스키가 [14]滑降하고 있는데, 이웃 나라에서는 火砲소리가 요란하고, 회담장에는 전쟁 당사자들의 [15]詭辯만이 [16]潰散하고 있다.

○ 우리 궁중 역사를 보면 父王을 [17]劫迫하여 王座를 차지한 王子도 있고, 世子를 [18]餓死시킨 父王도 있다. 권세가 그렇게 소중한 것인가.

○ 도로의 [19]凹凸 구간.

○ 放火와 山林 [20]毀損.

1 [   ]   2 [   ]
3 [   ]   4 [   ]
5 [   ]   6 [   ]
7 [   ]   8 [   ]
9 [   ]   10 [   ]
11 [   ]   12 [   ]
13 [   ]   14 [   ]
15 [   ]   16 [   ]
17 [   ]   18 [   ]
19 [   ]   20 [   ]

02 다음 漢字語의 讀音을 쓰시오. (21~50)

21 闊狹 [   ]   22 袂別 [   ]
23 頒賜 [   ]   24 佩劍 [   ]
25 遝至 [   ]   26 虎豹 [   ]
27 姦慝 [   ]   28 島嶼 [   ]
29 兆朕 [   ]   30 濃艶 [   ]
31 潑剌 [   ]   32 癡呆 [   ]
33 諡號 [   ]   34 鑿掘 [   ]
35 拇指 [   ]   36 鞦韆 [   ]
37 驅馳 [   ]   38 痘疹 [   ]
39 萌芽 [   ]   40 騷擾 [   ]
41 臂膊 [   ]   42 屠戮 [   ]
43 瘦瘠 [   ]   44 投擲 [   ]
45 攪亂 [   ]   46 凱旋 [   ]
47 敷衍 [   ]   48 羞恥 [   ]
49 惶悚 [   ]   50 玉璽 [   ]

03 다음 漢字의 訓과 音을 쓰시오. (51~82)

51 晏 [   ]   52 艮 [   ]
53 膝 [   ]   54 截 [   ]
55 歆 [   ]   56 搾 [   ]
57 塏 [   ]   58 蝕 [   ]
59 帥 [   ]   60 宥 [   ]
61 觀 [   ]   62 溟 [   ]
63 氈 [   ]   64 締 [   ]
65 峽 [   ]   66 疋 [   ]
67 拌 [   ]   68 庹 [   ]
69 覓 [   ]   70 聳 [   ]
71 貼 [   ]   72 瞳 [   ]
73 甦 [   ]   74 蠢 [   ]

75 窘 [   ]   76 顎 [   ]

77 霽 [   ]   78 淮 [   ]

79 賭 [   ]   80 寨 [   ]

81 醒 [   ]   82 亮 [   ]

95 [   ]   96 [   ]

97 [   ]   98 [   ]

99 [   ]   100 [   ]

04 다음 글에서 밑줄 친 單語를 漢字[正字]로 바꾸어 쓰시오. (83~100)

ㅇ 매일 [83]채소를 많이 섭취하다.

ㅇ "우리는 독립 유공자의 [84]후손으로 자랑스러운 조국 대한민국의 [85]번영과 발전에 [86]기여할 것을 [87]선서합니다." 독립운동 중 일본군에 [88]체포되어 1924년 순국하신 이근수 선생의 손자 이찬희 씨가 대표로 선서하자 곳곳에서 훌쩍이는 소리가 들렸다.

ㅇ 일본은 진실을 [89]왜곡하지 말고, 과거 만행에 대하여 사과함이 옳다.

ㅇ 엄청난 [90]태풍이 몰아치고 있다.

ㅇ 참다랑어 [91]남획이 [92]멸종 [93]위기를 초래하였다.

ㅇ 청춘! 너의 두 손을 가슴에 대고, 물방아 같은 [94]심장의 [95]고동을 들어보라. 청춘의 피는 끓는다. 끓는 피에 뛰노는 심장은 [96]거선의 기관같이 힘 있다. 이성은 [97]투명하되 얼음과 같으며, [98]지혜는 날카로우나 갑 속에 든 칼이다. … 中略 … 청춘의 피가 뜨거운지라, 인간의 동산에는 사랑의 풀이 돋고, 이상의 꽃이 피고, [99]열락의 새가 운다.

〈민태원, 『청춘[100]예찬』〉

83 [   ]   84 [   ]

85 [   ]   86 [   ]

87 [   ]   88 [   ]

89 [   ]   90 [   ]

91 [   ]   92 [   ]

93 [   ]   94 [   ]

05 다음 밑줄 친 單語를 漢字[正字]로 쓰시오. (101~112)

ㅇ 방송이나 언론의 [101]편파적인 보도는 [102]시청자의 판단을 심각하게 [103]저해한다.

ㅇ [104]환경이 [105]오염되면 우리 인간에게 큰 [106]재앙이 될 수 있다.

ㅇ 나쁜 관행의 [107]폐단을 없애고, [108]춘궁기를 대비하여 [109]양곡을 [110]비축해야 한다.

ㅇ [111]울창한 숲 속에 눈 쌓인 山河가 [112]순결해 보인다.

101 [   ]   102 [   ]

103 [   ]   104 [   ]

105 [   ]   106 [   ]

107 [   ]   108 [   ]

109 [   ]   110 [   ]

111 [   ]   112 [   ]

06 다음의 意味를 지닌 單語를 漢字[2音節의 正字]로 쓰시오. (113~122)

113 총명하고 준수함.   [   ]

114 물에 빠져 가라앉음.   [   ]

115 이엉으로 지붕을 임.   [   ]

116 가을의 찬 서리.   [   ]

117 잿물을 씌워 구운 기와.   [   ]

118 산이나 들에서 사는 새.   [   ]

119 물건 값이 쌈.   [   ]

120 남을 그럴듯하게 속임.   [   ]

121 예물을 보내어 손님을 초빙함.   [   ]

122 아주 완고해 쓸모없는 선비.   [   ]

07 다음 ( ) 안에 비슷한 뜻을 가진 漢字[正字]를 써 넣어, 文章을 完成하시오. (123~127)

123 ( )遜한 태도.

124 부모 대신 ( )育하다.

125 ( )竇강산.

126 ( )友有信의 윤리.

127 ( )堰을 축조하다.

08 다음 ( ) 안에 뜻이나 訓이 비슷한 漢字를 써 넣어, 單語를 完成하시오. (128~132)

128 抱( )

129 ( )襟

130 ( )諭

131 旌( )

132 欠( )

09 다음 각 항에서 첫 音節이 長音인 것을 가려 그 번호를 쓰시오. (133~142)

133 ① 會議 ② 懷疑 [   ]

134 ① 幻影 ② 歡迎 [   ]

135 ① 鄕愁 ② 享受 [   ]

136 ① 調査 ② 助辭 [   ]

137 ① 題字 ② 弟子 [   ]

138 ① 轉用 ② 專用 [   ]

139 ① 移徙 ② 理事 [   ]

140 ① 依支 ② 意志 [   ]

141 ① 有利 ② 遊離 [   ]

142 ① 感謝 ② 監事 [   ]

10 다음 ( ) 안에 밑줄 친 漢字와 뜻이 反對 또는 相對되는 漢字[正字]를 써 넣어, 文句를 完成하시오. (143~147)

143 도량이 커서 淸( )을 병탄하다.

144 욕심을 버리니 俯( )이 무괴로다.

145 首( )가 相應하다.

146 공사의 처리에서는 친소, ( )近을 가리지 아니한다.

147 銳( )이란 행동이 민첩하거나 무디다는 뜻이다.

11 다음 각 漢字와 뜻이 反對 또는 相對되는 漢字[正字]를 써 넣어, 2音節 漢字語를 만드시오. (148~152)

148 盛( )

149 ( )怠

150 深( )

151 ( )夭

152 貴( )

12 다음 ( ) 안에 알맞은 漢字를 써 넣어, 四字成語를 完成하시오. (153~167)

153 夏( )冬扇   154 忠言逆( )

155 前人未( )   156 ( )田碧海

157 群雄( )據   158 凍足放( )

159 ( )海一粟   160 ( )說竪說

161 ( )飛魄散   162 進( )兩難

163 歡呼雀( )   164 ( )漆之交

165 試行( )誤   166 ( )不單行

167 中原( )鹿

13 다음 漢字의 部首를 쓰시오. (168~177)

168 夜 [   ]

169 帶 [   ]

170 鴻 [   ]

171 額 [   ]

172 雜 [   ]

173 貢 [   ]

174 肩 [   ]

175 盤 [   ]

176 敏 [   ]

177 牧 [   ]

⑭ 다음 漢字語의 뜻을 간단히 풀이하시오. (178~187)

178 股肱 [   ]

199 咫尺 [   ]

180 如反掌 [   ]

181 伯仲 [   ]

182 嚆矢 [   ]

183 焦眉 [   ]

184 脚光 [   ]

185 壓卷 [   ]

186 闡揚 [   ]

187 慷慨 [   ]

⑮ 다음에 제시된 뜻을 참조하여 (   ) 속 漢字語의 同音 異義語를 漢字 [正字]로 쓰시오. (188~197)

188 (道路) ; 보람 없이 애씀.   [   ]

189 (維持) ; 동식물에서 채취한 기름.   [   ]

190 (水色) ; 더듬어 찾음.   [   ]

191 (士氣) ; 백토를 구워 만든 그릇.   [   ]

192 (青史) ; 관청 건물.   [   ]

193 (炊事) ; 취할 것은 취하고 버릴 것은 버림.
          [   ]

194 (道場) ; 도료를 발라 치장함.   [   ]

195 (知覺) ; 정한 시각에 늦음.   [   ]

196 (筆耕) ; 마침내.   [   ]

197 (丈夫) ; 수입 지출을 기록한 책.   [   ]

⑯ 다음 漢字를 略字로 바꾸어 쓰시오. (198~200)

198 鷄 [   ]

199 質 [   ]

200 灣 [   ]

제98회
2022. 08. 27 시행

(社) 한국어문회 주관·한국한자능력검정회 시행
한자능력검정시험 1급 기출문제

문 항 수 : 200문항
합격문항 : 160문항
제한시간 : 90분

01 다음 문장에서 밑줄 친 漢字語의 讀音을 쓰시오. (1~20)

○ 요즈음은 [1]世態를 [2]諷刺한 코미디가 인기를 얻는다.

○ 아무리 애써도 [3]堪當할 수 없는 [4]鍛鍊을 견디고 있다.

○ 정치인들의 상대 [5]誹謗은 [6]襟度를 넘는 [7]境遇가 너무 많다.

○ 숲이 매우 [8]鬱蒼한 [9]峻嶺을 [10]登攀하다.

○ [11]崎嶇한 운명을 타고 난 사람일지라도 친구 간의 [12]敦篤한 우정은 세월이 흐를수록 큰 재산이 되므로, [13]就業을 [14]斡旋하는 노력도 필요하다.

○ [15]波瀾이 [16]重疊되다.

○ 사랑을 [17]憑藉하여 [18]詐欺를 치다.

○ [19]猛獸를 [20]屠戮하다.

1 [   ] 2 [   ]
3 [   ] 4 [   ]
5 [   ] 6 [   ]
7 [   ] 8 [   ]
9 [   ] 10 [   ]
11 [   ] 12 [   ]
13 [   ] 14 [   ]
15 [   ] 16 [   ]
17 [   ] 18 [   ]
19 [   ] 20 [   ]

02 다음 漢字語의 讀音을 쓰시오. (21~50)

21 咀嚼 [   ] 22 兆朕 [   ]
23 旱魃 [   ] 24 梵唄 [   ]
25 鞦韆 [   ] 26 瘦瘠 [   ]
27 諡號 [   ] 28 荊棘 [   ]
29 糢糊 [   ] 30 痘疹 [   ]
31 遝至 [   ] 32 痕迹 [   ]
33 乖愎 [   ] 34 洋襪 [   ]
35 臂膊 [   ] 36 洗滌 [   ]
37 狡猾 [   ] 38 支撐 [   ]
39 阿諂 [   ] 40 蹂躪 [   ]
41 弛緩 [   ] 42 悖倫 [   ]
43 剝奪 [   ] 44 涅槃 [   ]
45 敬虔 [   ] 46 凌蔑 [   ]
47 掘鑿 [   ] 48 耽溺 [   ]
49 懲毖 [   ] 50 霞觴 [   ]

03 다음 漢字의 訓과 音을 쓰시오. (51~82)

51 猥 [   ] 52 做 [   ]
53 歆 [   ] 54 膨 [   ]
55 憗 [   ] 56 倨 [   ]
57 陋 [   ] 58 渺 [   ]
59 拿 [   ] 60 鳩 [   ]
61 滔 [   ] 62 巫 [   ]
63 宥 [   ] 64 拌 [   ]
65 澁 [   ] 66 顎 [   ]
67 啼 [   ] 68 穿 [   ]
69 乏 [   ] 70 淮 [   ]
71 矛 [   ] 72 寓 [   ]
73 羞 [   ] 74 蠢 [   ]
75 甦 [   ] 76 聳 [   ]
77 隻 [   ] 78 咆 [   ]

79 薑 [   ]   80 媚 [   ]

81 蝕 [   ]   82 豬 [   ]

04 다음 글에서 밑줄 친 單語를 漢字[正字]로 바꾸어 쓰시오. (83~112)

○ 인간만이 [83]농담을 하며 이상성격이나 저지능인 [84]극소수를 [85]제외한다면, 거의 모든 인간이 농담을 주고받는다. 농담은 [86]윤활유와 같다. 자칫 [87]사막처럼 [88]건조하고 전쟁터처럼 [89]살벌할 수도 있는 일상에 농담은 한 가닥 웃을 수 있는 [90]여유를 주고 때로는 한바탕 웃음이 삶에 지치고 꼬인 우리들에게 새롭게 살아갈 수 있는 힘을 주기도 한다.

〈이혜성, 어문수상〉

○ 환경이 [91]오염되면 [92]재앙이 될 수 있다.

○ 방송의 [93]편파적인 보도는 [94]시청자의 판단을 [95]저해한다.

○ 국가는 [96]균형 있는 국민 경제의 성장 및 안정과 적정한 [97]소득의 분배를 [98]유지하고, 시장의 지배와 경제력의 남용을 [99]방지하며, 경제주체간의 [100]조화를 통한 경제의 민주화를 위하여 경제에 관한 규제와 조정을 할 수 있다.

〈대한민국 헌법 제 119조〉

○ 삼촌이 [101]보궐선거에 출마하셨는데, 그 [102]귀추가 주목된다.

○ [103]상황 [104]파악이 빠른 윤대감이 [105]지묵과 [106]필연을 꺼내 [107]서찰을 쓸 준비를 하였다.

○ [108]오만한 사람이나 [109]용렬한 [110]범부와는 동업할 수가 없다.

○ [111]허공의 [112]운무.

83 [   ]   84 [   ]

85 [   ]   86 [   ]

87 [   ]   88 [   ]

89 [   ]   90 [   ]

91 [   ]   92 [   ]

93 [   ]   94 [   ]

95 [   ]   96 [   ]

97 [   ]   98 [   ]

99 [   ]   100 [   ]

101 [   ]   102 [   ]

103 [   ]   104 [   ]

105 [   ]   106 [   ]

107 [   ]   108 [   ]

109 [   ]   110 [   ]

111 [   ]   112 [   ]

05 다음 제시한 意味를 지닌 2音節의 單語를 漢字[正字]로 쓰시오. (113~122)

113 숲이 깊이 우거진 모양.   [   ]

114 예물을 갖춰 초빙함.   [   ]

115 완고해 쓸모없는 선비.   [   ]

116 몹시 심한 추위.   [   ]

117 두렵고 무서움.   [   ]

118 알아서 깨달음.   [   ]

119 죽은 사람을 그리며 생각함.   [   ]

120 상서로운 기운.   [   ]

121 단단히 붙여 꼭 봉함.   [   ]

122 일을 꾸며 내려고 꾀함.   [   ]

06 다음 ( ) 안에 비슷한 뜻을 가진 漢字[正字]를 써 넣어, 文章을 完成하시오. (123~127)

123 脈( )이 貫通하는 논리가 있다.

124 어떤 정책에도 ( )抗하는 세력이 있는 법이다.

125 예산을 削( )하였다.

126 철의 帳( )에 갇혀 있는 무리.

127 ( )惡시설을 철거하다.

07 다음 ( ) 안에 뜻이나 訓이 비슷한 漢字를 써 넣어, 單語를 完成하시오. (128~132)

128 ( )促

129 旌( )

130 車( )

131 ( )買

132 骸( )

08 다음 각 항에서 첫 音節이 長音인 것을 가려 그 번호를 쓰시오. (133~142)

133 ① 帽子　② 母子　[　　　]

134 ① 會議　② 懷疑　[　　　]

135 ① 上官　② 相關　[　　　]

136 ① 繕匠　② 船檣　[　　　]

137 ① 聖人　② 成人　[　　　]

138 ① 新寺　② 紳士　[　　　]

139 ① 安全　② 案前　[　　　]

140 ① 旅券　② 與圈　[　　　]

141 ① 有利　② 遊離　[　　　]

142 ① 頂上　② 正常　[　　　]

09 다음 ( ) 안에 밑줄 친 漢字와 뜻이 反對 또는 相對되는 漢字[正字]를 써 넣어, 文句를 完成하시오. (143~147)

143 빛깔의 濃( ).

144 國力의 ( )衰는 민심의 협조 여부에 달린 것이다.

145 강약, 승부, ( )雄을 決하다.

146 노환에는 賢( )의 구분이 없다.

147 京( ) 각지의 벗이 모였다.

10 다음 각 漢字와 뜻이 反對 또는 相對되는 漢字[正字]를 써 넣어, 2音節 漢字語를 만드시오. (148~152)

148 ( )冷

149 早( )

150 榮( )

151 ( )借

152 毁( )

11 다음 ( ) 안에 알맞은 漢字를 써 넣어, 四字成語를 完成하시오. (153~167)

153 忠言( )耳　　154 ( )恩忘德

155 見蚊拔( )　　156 麥( )之歎

157 雪( )鴻爪　　158 良( )擇木

159 ( )河之辯　　160 歡呼雀( )

161 天衣無( )　　162 賊反( )杖

163 吳越同( )　　164 惡戰苦( )

165 東( )西走　　166 千( )萬紅

167 狐假( )威

12 다음 漢字의 部首를 쓰시오. (168~177)

168 快　[　　　]

169 攻　[　　　]

170 迅　[　　　]

171 鳴　[　　　]

172 餓　[　　　]

173 額　[　　　]

174 隆　[　　　]

175 雁　[　　　]

176 島　[　　　]

177 帛　[　　　]

13 다음 漢字語의 뜻을 간단히 풀이하시오. (178~187)

178 鼠竊 [   ]

179 姦慝 [   ]

180 逼迫 [   ]

181 股肱 [   ]

182 壓卷 [   ]

183 光陰 [   ]

184 咫尺 [   ]

185 幽人 [   ]

186 杞憂 [   ]

187 巨擘 [   ]

14 다음 (   ) 속 漢字語의 同音異義語를 漢字[正字]로 쓰되, 제시된 意味를 유념하시오. (188~197)

188 (漸症) ; 차츰 차츰 늘어남.   [   ]

189 (陷穽) ; 군사용 배를 통틀어 이르는 말.

[   ]

190 (斜陽) ; 겸사하고 받지 않음.   [   ]

191 (初老) ; 풀에 맺힌 이슬.   [   ]

192 (羽隊) ; 특별히 잘 대우함.   [   ]

193 (裂創) ; 힘차게 노래를 부름.   [   ]

194 (私有) ; 논리적으로 생각함.   [   ]

195 (政敵) ; 고요하고 평온함.   [   ]

196 (舞技) ; 전쟁에 쓰는 도구.   [   ]

197 (秋天) ; 인재를 천거함.   [   ]

15 다음 漢字를 略字로 쓰시오. (198~200)

198 據 [   ]

199 漆 [   ]

200 雙 [   ]

제99회
2022. 11. 26 시행
(社) 한국어문회 주관·한국한자능력검정회 시행
한자능력검정시험 1급 **기출문제**
문 항 수 : 200문항
합격문항 : 160문항
제한시간 : 90분

01 다음 밑줄 친 漢字語의 讀音을 쓰시오. (1~20)

○ [1]癡呆는 인간다움을 [2]剝奪해 버리는 병이다.

○ [3]切親 한 사람을 잃고 난 후 당분간 [4]蟄居할 수밖에 없었다.

○ [5]森林이 심히 [6]鬱蒼한 [7]峻嶺을 [8]登攀하며 [9]孤寂을 달래었다.

○ 고속도로를 만드느라 산을 [10]掘鑿하는데 엄청난 [11]轟音이 들렸다.

○ 그날의 [12]舞蹈는 매우 [13]華麗하고 [14]幻想的 이었다.

○ 무슨 일이든 [15]些少한 일은 없으니, 산림을 [16]毁損하는 자도 [17]嚴罰에 처함이 마땅하다.

○ 신병을 [18]憑藉하여 [19]遲刻이나 [20]缺席을 자 행하는 자가 많다.

1 [	]	2 [	]
3 [	]	4 [	]
5 [	]	6 [	]
7 [	]	8 [	]
9 [	]	10 [	]
11 [	]	12 [	]
13 [	]	14 [	]
15 [	]	16 [	]
17 [	]	18 [	]
19 [	]	20 [	]

02 다음 漢字語의 讀音을 쓰시오. (21~50)

21 玉璽 [	]	22 惶悚 [	]
23 孵卵 [	]	24 蹂躪 [	]
25 支撑 [	]	26 弛緩 [	]
27 鵲巢 [	]	28 旱魃 [	]
29 乖愎 [	]	30 梵唄 [	]
31 孕胎 [	]	32 淨穢 [	]
33 兆朕 [	]	34 潰瘍 [	]
35 嬬鰥 [	]	36 搏獲 [	]
37 眷戀 [	]	38 碎屑 [	]
39 湮淪 [	]	40 胸襟 [	]
41 娑婆 [	]	42 貝塚 [	]
43 囹圄 [	]	44 膵臟 [	]
45 阿諂 [	]	46 萌芽 [	]
47 褒貶 [	]	48 邪慝 [	]
49 飢饉 [	]	50 浚渫 [	]

03 다음 漢字의 訓과 音을 쓰시오. (51~82)

51 棧 [	]	52 漿 [	]
53 舐 [	]	54 搾 [	]
55 摯 [	]	56 勅 [	]
57 慄 [	]	58 嬉 [	]
59 肇 [	]	60 奏 [	]
61 卉 [	]	62 倨 [	]
63 涅 [	]	64 弩 [	]
65 蛋 [	]	66 籃 [	]
67 螟 [	]	68 牡 [	]
69 勃 [	]	70 嗣 [	]
71 瘙 [	]	72 眺 [	]
73 佩 [	]	74 駝 [	]
75 拌 [	]	76 唆 [	]
77 椽 [	]	78 嵋 [	]
79 芍 [	]	80 讖 [	]
81 套 [	]	82 爬 [	]

04 다음 밑줄 친 單語를 漢字[正字]로 바꾸어 쓰시오. (83~112)

> ○ [83]참신하고 유능한 인재를 [84]선발, [85]추천해 주시기 바랍니다.
>
> ○ 그 사회의 [86]벌족이었던 그의 [87]상가에서는 [88]조객이 [89]애도를 표하는데 불편이 없도록 [90]차양막을 치고, 호상에게 조문객들을 정중하게 모시도록 [91]부탁했다.
>
> ○ 그의 [92]독특한 [93]미소는 한편으로 그 [94]감격에 찬물을 끼얹었고, 다른 한편으로는 그 감격을 더욱 [95]신비스럽게 만들기에 충분할 만큼 매우 [96]인상적이었던 [97]기억이 새롭다.
> 〈천승걸, 잊을 수 없는 스승〉
>
> ○ 서로 [98]취미가 다르고, 사상이 [99]충돌되고, 이상이 없이 나간다면 거기에 [100]융합이 있을 수 없는 것이다. 〈이태준, 화관〉
>
> ○ 여름의 [101]황혼은 미풍에 흔들리는 [102]가로수와 더불어 달콤하고 슬프게 사람들을 [103]매혹한다.
>
> ○ 미영의 [104]모함, 자신의 [105]우둔, 그에 대한 [106]분개와 [107]혐오, 준구는 가슴이 부글부글 끓어올랐다. 〈이영치, 흐린 날 황야에서〉
>
> ○ 환경이 [108]오염되면 인류에게 큰 [109]재앙이 될 수 있다.
>
> ○ 물질문명과 달리 정신문화는 한번 훼손되면 어떤 방법으로도 재건 [110]복구는 물론 [111]세탁도 불가능하다고 한다. 그 정신문화의 [112]근간이 되는 것이 그 나라 그 민족의 言語이다.

83 [   ]   84 [   ]
85 [   ]   86 [   ]
87 [   ]   88 [   ]
89 [   ]   90 [   ]
91 [   ]   92 [   ]
93 [   ]   94 [   ]
95 [   ]   96 [   ]

97 [   ]   98 [   ]
99 [   ]   100 [   ]
101 [   ]   102 [   ]
103 [   ]   104 [   ]
105 [   ]   106 [   ]
107 [   ]   108 [   ]
109 [   ]   110 [   ]
111 [   ]   112 [   ]

05 다음 뜻을 지닌 單語를 漢字[2音節의 正字]로 쓰시오. (113~122)

113 늙은 신선. [   ]
114 물건 값이 쌈. [   ]
115 쓸데없는 군더더기. [   ]
116 임금이 난리를 피하여 안전한 곳으로 떠남.
[   ]
117 몹시 심한 추위. [   ]
118 보이지 않게 파묻거나 파묻힘. [   ]
119 서책에서 가장 뛰어난 부분. [   ]
120 자기의 사심을 자제함. [   ]
121 짙은 안개. [   ]
122 잡아 가둠. [   ]

06 다음 ( ) 안에 비슷한 뜻을 가진 漢字[正字]를 써 넣어, 文章을 完成하시오. (123~127)

123 유행의 ( )端을 걷다.
124 固辭 抛( ) 작전.
125 恐( )정치 시대.
126 ( )愼의 의지.
127 끊임없이 ( )促하는 빚쟁이.

07 다음 ( ) 안에 뜻이나 訓이 비슷한 漢字를 써 넣어, 單語를 完成하시오. (128~132)

128 ( )諱

129 脈( )

130 ( )捷

131 淺( )

132 ( )懃

08 다음 중 첫 音節이 長音인 것을 가려 그 번호를 쓰시오. (133~142)

133 ① 害黨 ② 該當 [   ]

134 ① 懷疑 ② 會議 [   ]

135 ① 死前 ② 私田 [   ]

136 ① 共起 ② 空氣 [   ]

137 ① 途中 ② 徒衆 [   ]

138 ① 文字 ② 問字 [   ]

139 ① 無用 ② 武勇 [   ]

140 ① 負戴 ② 部隊 [   ]

141 ① 房門 ② 訪問 [   ]

142 ① 安全 ② 眼前 [   ]

09 다음 ( ) 안에 밑줄 친 漢字와 뜻이 反對 또는 相對되는 漢字[正字]를 써 넣어, 文句를 完成하시오 (143~147)

143 원고의 添( )과 교정.

144 사건의 經( )를 설명하다.

145 ( )俗이 절충되다.

146 衆( )不敵.

147 ( )沈이 무상한 세상.

10 다음 각 漢字와 뜻이 反對 또는 相對되는 漢字[正字]를 써 넣어, 2音節 漢字語를 만드시오. (148~152)

148 淸( )

149 ( )近

150 嫡( )

151 優( )

152 ( )略

11 다음 ( ) 안에 알맞은 漢字를 써 넣어, 四字成語를 完成하시오. (153~167)

153 厚顔無( )   154 勤( )節約

155 同黨( )異   156 ( )海桑田

157 阿鼻( )喚   158 榮( )盛衰

159 皓齒丹( )   160 ( )飛魄散

161 表( )不同   162 朝變( )改

163 吳越同( )   164 良( )擇木

165 聲東( )西   166 ( )山血海

167 外柔內( )

12 다음 漢字의 部首를 쓰시오. (168~177)

168 庵 [   ]

169 帶 [   ]

170 宙 [   ]

171 刊 [   ]

172 姑 [   ]

173 夢 [   ]

174 攻 [   ]

175 盆 [   ]

176 眠 [   ]

177 貿 [   ]

13 다음 漢字語의 뜻을 간단히 풀이하시오. (178~187)

178 剪枝 [   ]

179 秋毫 [   ]

180 豪宕 [   ]

181 遞增 [   ]

182 鄕愁 [   ]

183 米壽 [   ]

184 矜恤 [   ]

185 糟糠 [   ]

186 涕泣 [   ]

187 餘蔭 [   ]

⓮ 다음 (   ) 속 漢字語의 同音異義語를 漢字[正字]로 쓰되, 제시된 뜻에 맞추시오. (188~197)

188 (電報) ; 다른 관직에 보임함.   [   ]

189 (救濟) ; 몰아내어 없애버림.   [   ]

190 (課長) ; 사실보다 지나차게 부풀려짐.

[   ]

191 (貸邊) ; 대신하여 말함.   [   ]

192 (戀敵) ; 벼룻물을 담는 그릇.   [   ]

193 (事由) ; 논리적으로 생각함.   [   ]

194 (高聳) ; 급료를 받고 남의 일을 하는 것.

[   ]

195 (醜貌) ; 죽은 사람을 사모함.   [   ]

196 (京外) ; 공경하고 두려워함.   [   ]

197 (銅像) ; 심한 추위로 피부가 헐어서 상하는 일.

[   ]

⓯ 다음 漢字를 略字로 쓰시오. (198~200)

198 龜 [   ]

199 爐 [   ]

200 漆 [   ]

제100회
2023. 02. 25 시행
(社) 한국어문회 주관·한국한자능력검정회 시행
한자능력검정시험 1급 기출문제

문 항 수 : 200문항	
합격문항 : 160문항	
제한시간 : 90분	

01 다음 밑줄 친 漢字語의 讀音을 쓰시오. (1~20)

○ 눈길에 발자국 [1]痕迹을 남기며 [2]骨髓에 사무치는 [3]孤寂을 달랜다.

○ 그 [4]舞蹈會는 무척 [5]華麗하고 [6]幻想的인 꿈의 무대였다.

○ 집안의 [7]憂患을 [8]憑藉하여 [9]遲刻이나 [10]缺席을 [11]恣行하는 자가 자주 있다.

○ 도로의 [12]凹凸 구간을 정비하느라, 멀리서 엄청난 [13]轟音이 들린다.

○ [14]怨讎를 만들면 [15]堪耐하기 어려운 고통이 따른다.

○ 선생님 말씀을 [16]歪曲하지 말고 학업을 [17]抛棄하지도 말라.

○ 식기를 깨끗이 [18]洗滌하고 조촐한 [19]戴冠式을 준비 중에 뜻밖의 성금이 [20]遝至하였다.

1 [ ]		2 [ ]	
3 [ ]		4 [ ]	
5 [ ]		6 [ ]	
7 [ ]		8 [ ]	
9 [ ]		10 [ ]	
11 [ ]		12 [ ]	
13 [ ]		14 [ ]	
15 [ ]		16 [ ]	
17 [ ]		18 [ ]	
19 [ ]		20 [ ]	

02 다음 漢字語의 讀音을 쓰시오. (21~50)

21 凌蔑 [ ]		22 灰燼 [ ]	
23 湮淪 [ ]		24 櫻脣 [ ]	
25 奸慝 [ ]		26 兆朕 [ ]	
27 耽溺 [ ]		28 諡號 [ ]	
29 癡呆 [ ]		30 乖愎 [ ]	
31 拔擢 [ ]		32 玉璽 [ ]	
33 矜恤 [ ]		34 涅槃 [ ]	
35 淨穢 [ ]		36 梵唄 [ ]	
37 逼迫 [ ]		38 旱魃 [ ]	
39 辛辣 [ ]		40 胸襟 [ ]	
41 桎梏 [ ]		42 凱旋 [ ]	
43 膵臟 [ ]		44 褒貶 [ ]	
45 萌芽 [ ]		46 浚渫 [ ]	
47 憔悴 [ ]		48 鴛鴦 [ ]	
49 蠟蜜 [ ]		50 瑕疵 [ ]	

03 다음 漢字의 訓과 音을 쓰시오. (51~82)

51 鵲 [ ]		52 蔭 [ ]	
53 閣 [ ]		54 豺 [ ]	
55 甦 [ ]		56 輩 [ ]	
57 畝 [ ]		58 吝 [ ]	
59 礫 [ ]		60 賭 [ ]	
61 捺 [ ]		62 喫 [ ]	
63 糠 [ ]		64 纏 [ ]	
65 喉 [ ]		66 稟 [ ]	
67 宕 [ ]		68 峙 [ ]	
69 垛 [ ]		70 蠢 [ ]	
71 窄 [ ]		72 膺 [ ]	
73 裔 [ ]		74 殲 [ ]	
75 麝 [ ]		76 鼈 [ ]	
77 靡 [ ]		78 菱 [ ]	

79 痰 [   ]   80 拿 [   ]

81 觀 [   ]   82 毘 [   ]

04 다음 밑줄 친 單語를 漢字[正字]로 바꾸어 쓰시오. (83~112)

○ 후루쇼프 전 [83]소련 공산당 서기장은 사후 미국에서 출판된 [84]회고록에서 "6·25 전쟁은 김일성이 [85]기획하고 스탈린이 [86]승낙한 침략 전쟁"이라고 [87]증언했다. 그는 "오랫동안 우리는 한국전쟁이 남한 [88]주도로 시작됐다고 주장해 왔지만 이제 역사를 위해 진실을 말한다."고 했다. 〈김태익, 회고록의 진실〉

○ 적의 [89]위협을 [90]저지하는 방법은 [91]굴종이 아니라, 國力의 [92]배양과 [93]적침에 대한 [94]철저한 응징뿐임을 [95]명심해야 한다.

○ [96]항상 조심스럽고 [97]예의 바른 송장환이 술이 들어가면 이 지경이었다. 〈박경리, 토지〉

○ 여름의 [98]황혼은 [99]미풍에 흔들리는 가로수와 더불어 달콤하고 슬프게 사람들을 [100]매혹한다.

○ 우리에게 먹을 것, 입을 것이 없고, 또 [101]의지하여 살 것이 없으면 우리의 생활은 [102]파괴될 것이라, 우리가 무슨 권리와 자유와 [103]행복을 [104]기대할 수 있으며 참으로 사람다운 발전을 [105]희망할 수가 있으리오. 우리 생활의 제일 [106]조건은 곧 의식주의 문제 즉 [107]산업적 [108]기초라. 이 산업적 기초가 파멸을 당하여 우리에게 남은 것이 없으며 그 아무것도 없는 우리가 사람다운 생활을 하지 못할 것은 당연하지 아니한가, 이러므로 우리에게 가장 [109]긴급한 문제가 되는 것이 곧 산업 문제이니, 그러면 오늘날 우리 [110]조선 사람이 이 문제에 대한 관계가 어떠한가.

○ [111]마취 주사를 맞고 [112]맹장염 수술을 받았다.

83 [   ]   84 [   ]

85 [   ]   86 [   ]

87 [   ]   88 [   ]

89 [   ]   90 [   ]

91 [   ]   92 [   ]

93 [   ]   94 [   ]

95 [   ]   96 [   ]

97 [   ]   98 [   ]

99 [   ]   100 [   ]

101 [   ]   102 [   ]

103 [   ]   104 [   ]

105 [   ]   106 [   ]

107 [   ]   108 [   ]

109 [   ]   110 [   ]

111 [   ]   112 [   ]

05 다음 의미를 지닌 單語를 漢字[2音節의 正字]로 쓰시오. (113~122)

113 매우 위급함.   [   ]

114 열성 있고 성실함.   [   ]

115 늙은 신선.   [   ]

116 몹시 곤궁함.   [   ]

117 짙은 안개   [   ]

118 아주 조금.   [   ]

119 벼룻물을 담는 그릇.   [   ]

120 반란을 꾀하는 무리.   [   ]

121 인재를 천거함.   [   ]

122 보이지 않게 파묻음.   [   ]

06 다음 漢字와 비슷한 뜻을 가진 漢字(正字)를 ( ) 안에 써서 문장에 적합한 漢字語가 되게 하시오. (123~127)

123 전기 ( )抗.

124 끊임없이 催( )하는 빚쟁이.

125 <u>謹( )</u>의 의지.

126 ( )怖정치 시대.

127 긴 가뭄으로 ( )饉에 시달림.

07 다음 ( ) 안에 뜻이나 訓이 비슷한 漢字를 써넣어, 單語를 完成하시오. (128~132)

128 祭( )

129 ( )墓

130 誤( )

131 偈( )

132 ( )慢

08 다음 중 첫 音節이 長音인 것을 가려 그 번호를 쓰시오. (133~142)

133 ① 道場 ② 屠場   [   ]

134 ① 母子 ② 帽子   [   ]

135 ① 排球 ② 配球   [   ]

136 ① 浮上 ② 負傷   [   ]

137 ① 專攻 ② 戰功   [   ]

138 ① 思考 ② 事故   [   ]

139 ① 士氣 ② 沙器   [   ]

140 ① 聖人 ② 成人   [   ]

141 ① 笑話 ② 燒火   [   ]

142 ① 醫師 ② 意思   [   ]

09 다음 ( ) 안에 밑줄 친 漢字와 뜻이 反對 또는 相對되는 漢字[正字]를 써넣어, 文句를 完成하시오. (143~147)

143 <u>陟( )</u>이 너무 심하다.

144 ( )<u>雄</u>을 겨루다.

145 ( )<u>疎</u>간에 시비는 가려야 한다.

146 <u>榮( )</u>의 교차.

147 옷감에도 ( )<u>縮</u>性이 있다.

10 다음 각 漢字와 뜻이 反對 또는 相對되는 漢字[正字]를 써넣어, 2音節 漢字語를 만드시오. (148~152)

148 表( )

149 ( )盾

150 呑( )

151 愛( )

152 貴( )

11 다음 ( ) 안에 알맞은 漢字를 써 넣어, 四字成語를 完成하시오. (153~167)

153 下( )上薄

154 泥田鬪( )

155 淸廉( )白

156 ( )海桑田

157 空前( )後

158 初志一( )

159 良( )擇木

160 聲東( )西

161 ( )膽相照

162 夫唱婦( )

163 ( )說竪說

164 ( )邊情談

165 離合集( )

166 千( )萬紅

167 畫( )添足

12 다음 漢字의 部首를 쓰시오. (168~177)

168 庵 [   ]   169 寢 [   ]

170 婆 [   ]   171 夜 [   ]

172 彷 [   ]   173 療 [   ]

174 艦 [   ]   175 罰 [   ]

176 稷 [   ]   177 戚 [   ]

⑬ 다음 漢字語의 뜻을 간단히 풀이하시오. (178~187)

178 股肱 [   ]

179 濫觴 [   ]

180 汝輩 [   ]

181 鼠竊 [   ]

182 巨擘 [   ]

183 貝塚 [   ]

184 囹圄 [   ]

185 坑殺 [   ]

186 闡揚 [   ]

187 兩麥 [   ]

⑮ 다음 漢字를 略字로 쓰시오. (198~200)

198 漆 [   ]

199 獻 [   ]

200 寫 [   ]

⑭ 다음 (   ) 속 漢字語의 同音異義語를 漢字[正字]로
쓰되, 제시된 뜻에 맞추시오. (188~197)

188 (小說) ; 원통한 죄를 밝혀 씻음. [   ]

189 (愁色) ; 더듬어 찾음. [   ]

190 (戎器) ; 불룩하게 두드러져 일어나 들뜸.

[   ]

191 (松京) ; 불경을 욈. [   ]

192 (佑啓) ; 어리석은 생각. [   ]

193 (自認) ; 자애롭고 인자함. [   ]

194 (私情) ; 활터에 세운 정자. [   ]

195 (女權) ; 외국 여행권. [   ]

196 (營造) ; 상서로운 새. [   ]

197 (庭前) ; 전력이 한때 끊어짐. [   ]

제101회
2023. 06. 03 시행

(社) 한국어문회 주관·한국한자능력검정회 시행
한자능력검정시험 1급 기출문제

문 항 수 : 200문항
합격문항 : 160문항
제한시간 : 90분

01 다음 글의 밑줄 친 漢字語 중 漢字로 表記된 것에는 그 讀音을 쓰고, 한글로 記錄된 것은 漢字[正字]로 바꾸어 쓰시오. (1~50)

○ 중국의 동북 [1]공정 ; '공정'이란 '프로젝트(project)의 중국어 [2]번역이다. 중국 정부가 추진하는 소위 '공정'은 여러 가지가 있는데, 역사 방면의 공정은 크게 두 가지 목적하에 [3]입안된 것이다. 첫째, '중화민족'의 위대한 창조와 [4]구원한 역사를 증명하여 안팎에 있는 중화민족의 자존심을 [5]고양시켜 중국으로의 [6]귀속심을 높이기 위함이요, 둘째, 티베트·신강·동북 등 새롭게 편입된 지역을 生地에서 熟地로 만들어서 영토 [7]분쟁을 사전에 대비하려는 복합적인 목적이 그것이다. 斷代공정, [8]探源공정 등이 前者에 속하고, 西南공정, 서북공정, 남방공정, 동북공정, 해양공정 등이 後者에 속한다.
〈朴漢濟, 大唐제국과 그 유산〉

○ 지난 世紀 [9]말엽부터 세계는 [10]급속히 변하고 있다. 토지와 자원 등 유형자산이 [11]중시되던 20세기에 비하여 21세기는 흔히들 知識 [12]정보와 상상력, 창의성 같은 무형자산이 가장 소중한 자원이 될 것이라 하니, 이제 비로소 文化가 物質의 原動力이 되는 시대가 오는가보다. 이러한 [13]예상대로라면 [14]부존 자원이 너무도 부족하여 자원 강국의 눈치를 볼 수밖에 없던 前世紀와 달리 [15]두뇌와 노력만으로 경쟁할 수 있게 될 것이니 우리의 발전 가능성도 그만큼 커질 것이다. 특히 우리의 관심을 끄는 일은 美國과 中國 중심의 세계 [16]질서 개편 바람이다. 공교롭게도 미국은 로마字 문화권의 대표국이요, 중국은 漢字 문화권의 대표 走者라 할 만하다. 그리고 우리는 로마字와 같은 表音文字 "한글"과 表意文字 "漢字"를 共用하는, 세계에서도 그 예가 몇 안되는 나라 중의 代表國이니, 이제는 이 [17]有力하고 효과적인 자산을 잘 활용해야 할 때이다. 〈(社)韓國語文會 編, 자랑스러운 韓國語〉

○ 영어 학습의 [18]광풍이 온 나라를 휘몰아치고 있다. 동네마다 [19]유아를 위한 外國語學院이 [20]성업 중이고, 웬만한 市道에서는 모두 "영어마을"을 育成하고 있으며, 政界와 官界에서는 여러 해 전부터 공공연히 '英語 公用語論을 主唱하는 사람들이 설치고 있다. 이들이' 영어 제2공용어 '정책의 의미를 제대로 아는 것 같지도 않고, 더욱이 [21]조기 영어 교육이 몰고 오는 [22]병폐에 대하여는 생각도 해 본 일이 없을 것임이 분명하다. 참으로 조국과 민족의 장래를 위하여 염려스러운 것은 교육 정책 [23]당국의 [24]단견과 無知와 [25]경박함이다. 지난 2005년 중반 쯤에 釜山市 교육청에서 "스쿨폴리스(School Police)"制를 시행하기로 하였다는 대대적인 홍보를 대하고 아연한 적이 있다. 學內 폭력 문제가 [26]심각하여 [27]대응책으로 마련한 것인데, 그 이름에서 '學園警察'이나 '自治警察 따위보다는 서양식 이름이라야 훨씬 [28]참신하고 權威가 생길 것이라 여기는 정책 담당자의 思考는 不治의 지경에 이르렀다.
〈東民, 英語 열풍과 漢字教育, 자랑스러운 韓國語〉

○ [29]친구간의 [30]돈독한 우정과 형제간의 독실한 [31]우애는 세월이 갈수록 큰 재산이 된다.

○ [32]崎嶇한 운명을 타고 난 사람이 가뜩이나 [33]壅塞하고 [34]陋醜한 살림에 군식구까지 늘어났다.

○ 회담은 [35]교착상태에 빠졌으나, 후배에게 직장을 [36]斡旋할 기회가 생겼다.

○ 김군은 원래 [37]乖愎한 성미에 홀로 [38]堪耐하기 힘든 일을 당했는데, 갑자기 [39]脊椎까지 다쳤다.

○ 깊은 바다 [40]암반 속에서 많은 [41]희토류가 발견되었다니, 이것도 [42]전화위복이라 할 것인가.

○ 원래 文字는 세 요소를 가지는 것이니, 모양[形]·소리[音, 聲]·뜻[意]이 그것이다. 表意文字에서는 이 세 요소가 더욱 분명하지만,

表音文字에 있어서는 뜻의 기능이 매우 약하여 '形과 聲'의 두 요소만으로 볼 수도 있다. 그런데 漢字의 3요소 중 '形'은 韓國·中國·日本이 비슷한 모습으로 쓰인다. - 중국에 [43]繁體字와 簡體字가 있고, 한국과 일본에서 正字와 略字가 쓰이지만, 簡體字는 略字體와 너무 달라 글자 모양도 三國이 완전히 같다고 할 수는 없다. - 이에 비하여 音價는 [44]판이하게 달라서 '國語'를 '국어'로 읽는 나라는 우리밖에 없다. 한편 意味에 있어서는 三國이 비슷한 경우와 전혀 달리 쓰이는 경우가 섞여 있어, [45]절반의 同質性 밖에 인정할 수가 없다. '東西'가 중국 白話文에서는 '물건'의 뜻이고, '大丈夫'가 일본어에서는 '괜찮다'는 의미로 쓰이는 경우가 더 많다. 이처럼 모양이 같은 漢字·漢字語라도 그 音이 다르고 뜻도 다른 경우가 많으니, 漢字는 準國字요, 漢字語도 국어인 것이다. 국어의 현실을 좀더 [46]면밀히 살펴보면 한글과 漢字, 固有語와 漢字語는 인간의 정신세계, 곧 感性과 理性의 [47]영역을 [48]절묘하게 [49]분담하여 [50]描寫하고 있는 것이다.

1 [   ]   2 [   ]
3 [   ]   4 [   ]
5 [   ]   6 [   ]
7 [   ]   8 [   ]
9 [   ]   10 [   ]
11 [   ]   12 [   ]
13 [   ]   14 [   ]
15 [   ]   16 [   ]
17 [   ]   18 [   ]
19 [   ]   20 [   ]
21 [   ]   22 [   ]
23 [   ]   24 [   ]
25 [   ]   26 [   ]
27 [   ]   28 [   ]

29 [   ]   30 [   ]
31 [   ]   32 [   ]
33 [   ]   34 [   ]
35 [   ]   36 [   ]
37 [   ]   38 [   ]
39 [   ]   40 [   ]
41 [   ]   42 [   ]
43 [   ]   44 [   ]
45 [   ]   46 [   ]
47 [   ]   48 [   ]
49 [   ]   50 [   ]

② 다음 漢字語의 讀音을 쓰시오. (51~80)

51 梵唄 [   ]   52 櫻脣 [   ]
53 遝至 [   ]   54 姦慝 [   ]
55 狡猾 [   ]   56 佩劍 [   ]
57 斥黜 [   ]   58 辛辣 [   ]
59 渺然 [   ]   60 兆朕 [   ]
61 殲滅 [   ]   62 菩薩 [   ]
63 敷衍 [   ]   64 浚渫 [   ]
65 懲毖 [   ]   66 譴責 [   ]
67 瘦瘠 [   ]   68 諡號 [   ]
69 荊棘 [   ]   70 旱魃 [   ]
71 耽溺 [   ]   72 奢侈 [   ]
73 癡呆 [   ]   74 潰瘍 [   ]
75 捕繩 [   ]   76 屠戮 [   ]
77 登攀 [   ]   78 戴冠 [   ]
79 臂膊 [   ]   80 痔疾 [   ]

③ 다음 漢字의 訓과 音을 쓰시오. (81~112)

81 熙 [   ]   82 介
83 絡 [   ]   84 握

85 霸 [   ]   86 趨 [   ]

87 旬 [   ]   88 繕 [   ]

89 溪 [   ]   90 劣 [   ]

91 匹 [   ]   92 獵 [   ]

93 岳 [   ]   94 鬱 [   ]

95 蔬 [   ]   96 僅 [   ]

97 柴 [   ]   98 亥 [   ]

99 距 [   ]   100 盾 [   ]

101 芽 [   ]   102 憾 [   ]

103 戊 [   ]   104 膝 [   ]

105 懷 [   ]   106 粟 [   ]

107 妥 [   ]   108 颱 [   ]

109 據 [   ]   110 輛 [   ]

111 舶 [   ]   112 滑 [   ]

04 다음과 같은 뜻을 가진 單語를 漢字[2音節의 正字]로 쓰시오. (113~122)

113 임금이 난리를 피해 안전한 곳으로 떠남.

[   ]

114 몹시 적음의 비유.   [   ]

115 수량이 점차 늚.   [   ]

116 여든여덟 살.   [   ]

117 예물을 갖추어 초빙함.   [   ]

118 완고해 쓸모없는 선비.   [   ]

119 몹시 심한 추위.   [   ]

120 늙은 신선.   [   ]

121 물건 값이 쌈.   [   ]

122 죽은 사람을 그리며 생각함.   [   ]

05 다음 ( ) 안에 비슷한 意味를 지닌 한자[正字]를 써 넣어, 文句를 完成하시오. (123~127)

123 梧( )나무로 만든 거문고.

124 맨틀의 鎔( )으로 생성된 마그마.

125 恐( )정치 시대.

126 끊임없이 ( )促하는 사기꾼.

127 풍기가 ( )亂한 고을.

06 다음 ( ) 안에 訓이나 뜻이 비슷한 漢字를 써 넣어, 單語를 完成하시오. (128~132)

128 傲( )   129 ( )擁

130 旌( )   131 ( )襟

132 祭( )

07 다음 각 항에서 첫 音節이 長音인 것을 가려 그 번호를 쓰시오. (133~142)

133 ① 部隊 ② 負袋 [   ]

134 ① 變更 ② 邊境 [   ]

135 ① 上品 ② 商品 [   ]

136 ① 辭表 ② 死票 [   ]

137 ① 選手 ② 船首 [   ]

138 ① 成人 ② 聖人 [   ]

139 ① 修學 ② 數學 [   ]

140 ① 借款 ② 次官 [   ]

141 ① 始作 ② 詩作 [   ]

142 ① 眼前 ② 安全 [   ]

08 다음 ( ) 안에 밑줄 친 漢字와 뜻이 상대(또는 반대)되는 漢字를 正字로 적어 문장을 완성하시오. (143~147)

143 ( )雄을 決하다.

144 伸( )성이 좋은 옷감.

145 천성의 ( )鈍.

146 원고의 添( )과 교정.

147 政敵이라도 毁( )가 함께 가야 한다.

⑨ 다음 각 漢字와 뜻이 反對 또는 相對되는 漢字[正字]를 써 넣어, 2音節 漢字語를 만드시오. (148~152)

148 淸( )

149 巧( )

150 ( )姪

151 ( )圓

152 勤( )

⑩ 다음 ( ) 안에 알맞은 漢字를 써 넣어, 四字成語를 完成하시오. (153~167)

153 ( )氣撑天

154 沙上樓( )

155 望( )之歎

156 駭怪( )測

157 落月屋( )

158 萬( )改諭

159 雪( )花容

160 大言不( )

161 ( )鼻叫喚

162 賊反( )杖

163 左衝右( )

164 汗牛充( )

165 ( )木求魚

166 ( )合之卒

167 仰不( )天

⑪ 다음 漢字의 部首를 쓰시오. (168~177)

168 唐 [   ]   169 拜 [   ]

170 孰 [   ]   171 稅 [   ]

172 貪 [   ]   173 望 [   ]

174 怯 [   ]   175 療 [   ]

176 聲 [   ]   177 踐 [   ]

⑫ 다음 ( ) 속 漢字語의 同音異義語를 漢字로 쓰되, 提示된 意味에 맞추시오. (178~187)

178 (斑紬) ; 끼니때 곁들여 마시는 술. [   ]

179 (杞憂) ; 가물 때 비 오기를 빎. [   ]

180 (丈夫) ; 수입 지출을 기록한 책. [   ]

181 (京畿) ; 운동 혹은 기술을 겨룸. [   ]

182 (初月) ; 한계나 표준을 뛰어넘음. [   ]

183 (散亂) ; 알을 낳음. [   ]

184 (茶菓) ; 수효의 많고 적음. [   ]

185 (午睡) ; 구정물. [   ]

186 (符號) ; 재산이 많고 세력 있는 사람.

[   ]

187 (奪取) ; 냄새를 빼어 없앰. [   ]

⑬ 다음 漢字語의 뜻을 간단히 풀이하시오. (188~197)

188 頑命 [   ]

189 汝輩 [   ]

190 靈鳥 [   ]

191 誦經 [   ]

192 掌跡 [   ]

193 隆起 [   ]

194 千尋 [   ]

195 鼠竊 [   ]

196 兩麥 [   ]

197 昭雪 [   ]

⑭ 다음 漢字를 널리 通用되는 略字로 바꾸어 쓰시오. (198~200)

198 驛 [   ]

199 辭 [   ]

200 體 [   ]

제102회
2023. 08. 26 시행
(社) 한국어문회 주관·한국한자능력검정회 시행
한자능력검정시험 1급 기출문제
문 항 수 : 200문항
합격문항 : 160문항
제한시간 : 90분

01 다음 문장의 밑줄 친 漢字語의 讀音을 쓰시오. (1~20)

○ 경제적으로 극도로 [1]窮乏하고 사방에서 [2]逼迫 받는 형세.

○ [3]侮蔑과 [4]揶揄와 [5]詛呪는 自尊을 갉아먹는 사촌 같은 버릇이다.

○ [6]姦慝한 자는 [7]狡猾하기도 한 법이다.

○ 극심한 [8]旱魃과 [9]餘厄으로 [10]閭閻이 함께 고통을 겪고 있다.

○ [11]颱風이나 홍수가 지나간 후에는 農漁民의 고통을 [12]忖度하고 [13]浚渫 작업에도 동참해야 한다.

○ [14]敷衍 설명이 너무 길면 [15]鮮明性이 모자라 보이기 쉽다.

○ 현실은 [16]苛酷하고 [17]冷嚴하기까지 하여, 이성적인 판단이 요구된다.

○ [18]癡呆로 맑지 못한 정신과 [19]瘦瘠해진 몸매로 거리를 [20]彷徨하고 있다.

1 [   ]   2 [   ]
3 [   ]   4 [   ]
5 [   ]   6 [   ]
7 [   ]   8 [   ]
9 [   ]   10 [   ]
11 [   ]   12 [   ]
13 [   ]   14 [   ]
15 [   ]   16 [   ]
17 [   ]   18 [   ]
19 [   ]   20 [   ]

02 다음 漢字語의 讀音을 쓰시오. (21~50)

21 僭稱 [   ]   22 詔勅 [   ]
23 島嶼 [   ]   24 兆朕 [   ]
25 斥黜 [   ]   26 陋醜 [   ]
27 飢饉 [   ]   28 翁壻 [   ]
29 寤寐 [   ]   30 孕胎 [   ]
31 誹謗 [   ]   32 壅滯 [   ]
33 登攀 [   ]   34 憑藉 [   ]
35 掘鑿 [   ]   36 奢侈 [   ]
37 嬰兒 [   ]   38 臂膊 [   ]
39 萌芽 [   ]   40 乖愎 [   ]
41 絨緞 [   ]   42 諧謔 [   ]
43 袂別 [   ]   44 惶悚 [   ]
45 漲溢 [   ]   46 嚆矢 [   ]
47 阿諂 [   ]   48 支撑 [   ]
49 遭遇 [   ]   50 涅槃 [   ]

03 다음 漢字의 訓과 音을 쓰시오. (51~82)

51 艱 [   ]   52 雁 [   ]
53 爐 [   ]   54 霱 [   ]
55 鞍 [   ]   56 窄 [   ]
57 彙 [   ]   58 糠 [   ]
59 逞 [   ]   60 窒 [   ]
61 輦 [   ]   62 疸 [   ]
63 帖 [   ]   64 稟 [   ]
65 羈 [   ]   66 捹 [   ]
67 磊 [   ]   68 櫛 [   ]
69 詰 [   ]   70 澎 [   ]
71 妬 [   ]   72 舐 [   ]
73 崖 [   ]   74 柴 [   ]
75 欠 [   ]   76 夙 [   ]

77 礫 [   ]   78 椽 [   ]

79 秤 [   ]   80 錐 [   ]

81 踊 [   ]   82 疳 [   ]

○ 방송의 [108]편파적인 보도는 [109]시청자의 판단을 [110]저해한다.

○ 숲이 [111]무성한 한라산에 눈이 쌓여 무척 [112]순결해 보인다.

04 다음 글의 밑줄 친 單語를 漢字[正字]로 바꾸어 쓰시오. (83~112)

○ 토론이나 토의에서는 자기 생각만 [83]고집할 것이 아니라, [84]보편 [85]타당한 견해를 제시해야 한다.

○ 형의 교복을 [86]수선해 입으면서 [87]우울증이 더 심해졌다.

○ 동아시아 외교 [88]갈등이 여전한데, 일본은 진실을 [89]왜곡하지 말고 과거 [90]만행에 대하여 사과해야 한다.

○ 김대감은 [91]묵지에 물을 담고 [92]필연을 꺼내 서찰 쓸 준비를 하였다.

○ 청춘의 피가 뜨거운지라, 인간의 동산에는 사랑의 풀이 돋고, 이상의 꽃이 피고, 희망이 놀고 뜨고, [93]열락의 새가 운다. 사랑의 풀이 없으면 인간은 [94]사막이다. 오아시스도 없는 사막이다. 이상의 꽃이 없으면 쓸쓸한 인간에 남는 것은 [95]영락과 [96]부패뿐이다. 낙원을 [97]장식하는 [98]천자 [99]만홍이 어디 있으랴! 석가는 무엇을 위해 설산에서 고행하고, 예수는 무엇을 위해 광야에서 방황하였으며, 공자는 무엇을 위해 천하를 철환하였을까? 그들은 커다란 이상, 곧 만천하의 대중을 품에 안고, 그들에게 밝은 길을 찾아주며, 그들을 행복스럽고 평화스러운 곳으로 [100]인도하겠다는 커다란 이상을 품었기 때문이다.

〈민태원, 『청춘예찬』〉

○ 그 회사는 적자가 [101]누적되어 [102]도산하고 말았다.

○ 우리 학교가 [103]농구대회 결승에서 치열한 접전 끝에 전국을 [104]제패하였다.

○ [105]흡연은 [106]후두암을 [107]유발하므로 주의해야 한다.

83 [   ]   84 [   ]

85 [   ]   86 [   ]

87 [   ]   88 [   ]

89 [   ]   90 [   ]

91 [   ]   92 [   ]

93 [   ]   94 [   ]

95 [   ]   96 [   ]

97 [   ]   98 [   ]

99 [   ]   100 [   ]

101 [   ]   102 [   ]

103 [   ]   104 [   ]

105 [   ]   106 [   ]

107 [   ]   108 [   ]

109 [   ]   110 [   ]

111 [   ]   112 [   ]

05 다음의 意味를 지닌 單語를 漢字[2音節의 正字]로 쓰시오. (113~122)

113 매우 위급함.   [   ]

114 열성 있고 성실함.   [   ]

115 남빛을 띤 녹색.   [   ]

116 임금이 난리를 피해 안전한 곳으로 떠남.

[   ]

117 물에 떠서 흘러감.   [   ]

118 남을 그럴듯하게 속임.   [   ]

119 상서로운 기운.   [   ]

120 쓸데없는 군더더기.   [   ]

121 여든여덟 살.   [   ]

122 공로와 벼슬 경력이 많은 집안. [   ]

06 다음 ( ) 안에 비슷한 뜻을 가진 漢字[正字]를 써넣어, 文句를 完成하시오. (123~127)

123 ( )墓가 도열한 공동묘지.

124 祭( ) 덕에 이밥이라.

125 船( )의 설계와 건조.

126 텅 빈 ( )穀 창고.

127 脈( )이 이어지지 않는 글.

07 다음 ( ) 안에 뜻이나 訓이 비슷한 漢字를 써넣어, 單語를 完成하시오. (128~132)

128 ( )諱

129 淺( )

130 骸( )

131 ( )棄

132 ( )惡

08 다음 각 항에서 첫 音節이 長音인 것을 가려 그 번호를 쓰시오. (133~142)

133 ① 眞檀 ② 震檀 [   ]

134 ① 統長 ② 通帳 [   ]

135 ① 使丁 ② 私情 [   ]

136 ① 新寺 ② 紳士 [   ]

137 ① 同期 ② 動機 [   ]

138 ① 辭典 ② 死前 [   ]

139 ① 聖人 ② 成人 [   ]

140 ① 訴願 ② 所願 [   ]

141 ① 始作 ② 詩作 [   ]

142 ① 義務 ② 醫務 [   ]

09 다음 ( ) 안에 밑줄 친 漢字와 意味上 反對 또는 相對되는 漢字를 써 넣어, 文章을 完成하시오. (143~147)

143 공무 처리에서는 친소, ( )近을 가리지 아니한다.

144 행동이 민첩한가 무딘가를 ( )鈍이라 표현한다.

145 사람의 평가에는 勤( )가 첫째다.

146 首( )가 相應하다.

147 신분에는 貴( )이 없다.

10 다음 각 漢字와 뜻이 反對 또는 相對되는 漢字[正字]를 써 넣어, 2音節 漢字語를 만드시오. (148~152)

148 縱( )

149 ( )俗

150 愛( )

151 ( )削

152 呑( )

11 다음 ( ) 속 단어의 同音異義語를 주어진 뜻에 맞게 漢字(正字)로 쓰시오. (153~167)

153 泰山峻( )

154 博而不( )

155 ( )天大笑

156 ( )呼雀躍

157 夏( )冬扇

158 厚顔無( )

159 丹( )皓齒

160 外柔內( )

161 狐假( )威

162 魚魯不( )

163 ( )本塞源

164 炎( )世態

165 雪泥( )爪

166 蝸角之( )

167 日( )月將

12 다음 漢字의 部首를 쓰시오. (168~177)

168 夜 [   ]   169 幕 [   ]

170 殘 [   ]   171 蹴 [   ]

172 頂 [   ]   173 鳴 [   ]

174 雜 [   ]   175 霜 [   ]

176 獸 [   ]   177 看 [   ]

13 다음 漢字語의 뜻을 간단히 풀이하시오. (178~187)

178 舊臘 [   ]

179 汁滓 [   ]

180 股肱 [   ]

181 桀紂 [   ]

182 光陰 [   ]

183 如反掌 [   ]

184 壓卷 [   ]

185 幽囚 [   ]

186 技倆 [   ]

187 駿馬 [   ]

14 다음 문장 속의 밑줄 친 同音異義語를 漢字[正字]로 쓰시오. (188~197)

> ○ 1950년대에는 빈민 [188]구제의 여러 방법 중에 기생충 [189]구제 조치부터 서둘러야 했다.
>
> ○ 독립운동가를 [190]수색하는 일본 경찰과 이를 지켜보는 이웃의 [191]수색[근심스런 기색]
>
> ○ 일정을 [192]변경하여 완도 [193]변경을 탐사하기로 하였다.
>
> ○ 정치꾼 같은 [194]모사를 꾀하지 말고, 미술관에서 [195]모사를 배우기로 결심하였다.
>
> ○ 지방 [196]유지 한 분이 전통문화를 [197]유지 계승하기 위하여 기름종이 유지 만드는 방법을 기록으로 남겼다.

188 [   ] 189 [   ]

190 [   ] 191 [   ]

192 [   ] 193 [   ]

194 [   ] 195 [   ]

196 [   ] 197 [   ]

15 다음 漢字를 널리 통용되는 略字로 쓰시오. (198~200)

198 觸 [   ]

199 轉 [   ]

200 蠶 [   ]

【제95회】 기출문제(129p~132p)

1 방대	2 소급	3 나국	4 날조
5 날인	6 산록	7 등반가	8 시신
9 즐비	10 암염	11 융기	12 찬탈
13 옹립	14 참칭	15 시호	16 교차로
17 굴착기	18 췌장암	19 초췌	20 호탕
21 태권	22 포환	23 당폐	24 마진
25 준동	26 고상	27 봉납	28 번국
29 반구	30 멱색	31 유종	32 유구
33 두창	34 도륙	35 무지	36 고민
37 방불	38 서식	39 소양	40 형수
41 승상	42 억측	43 첨앙	44 출척
45 지탱	46 내핍	47 해태	48 봉황
49 염문	50 영아	51 오목할 요	52 자손 윤
53 가게 전	54 자취 종	55 밝힐 천	56 펼 터
57 채마밭 포	58 사특할 특	59 차꼬 질	60 즙 즙
61 아이밸 임	62 버릴 연	63 무릎 슬	64 소매 수
65 빈소 빈	66 더러울 비	67 회 회	68 헤칠 피
69 항아리 항	70 길고 둥글 타	71 공장 창	72 마칠 준
73 솥 정	74 집 저	75 가슴 응	76 샘 선
77 떫을 삽	78 술취할 명	79 소매 메	80 그릇될 와
81 놋쇠 유	82 빌 주	83 燭光	84 聰氣
85 激勵	86 法網	87 巧妙	88 犯罪
89 組織	90 逮捕	91 汗蒸幕	92 感染
93 擴散	94 根據	95 核武器	96 爆發
97 放射能	98 落塵	99 皇帝	100 諸侯
101 封地	102 下賜	103 纖維	104 紅蔘
105 攝政	106 撤廢	107 彈壓	108 排擊
109 措置	110 裏面	111 尖端	112 駐車
113 證券	114 顧客	115 預託	116 潛龍
117 焦眉	118 軍畢	119 艦砲	120 轉役
121 偏見	122 衡平	123 愛	124 死
125 解	126 綱	127 閻	128 七旬, 從心
129 殺到	130 握髮	131 缺陷	132 折衷(衝)
133 姑	134 畓	135 庶	136 親
137 雌	138 持續	139 酷評	140 輕薄
141 秩序	142 刹那	143 ①	144 ②
145 ①	146 ①	147 ②	148 ②
149 ②	150 ②	151 ②	152 ①
153 翁	154 塗	155 臥	156 鑑
157 衛	158 憂	159 縫	160 藍
161 爐	162 蝶	163 素	164 逐
165 頂	166 臭	167 俱	168 羽
169 酉	170 辵	171 靑	172 方
173 大	174 火	175 夕	176 聿
177 尸	178 뉘우쳐 한탄하고 번뇌함.	179 씹다	
180 어림잡아 헤아림.		181 깨끗하고 맑다	182 던지다
183 윗사람 죽이다		184 부엌	185 마른 대추
186 잘게 부수다	187 떡국	188 詐欺	189 負藏
190 前哨	191 敵性	192 窓戶	193 祕傳
194 盆鳥	195 點燈	196 廳舍	197 胎盤
198 叕	199 蚤	200 碍	

【제96회】 기출문제(133p~136p)

1 맹점	2 변천사	3 탈락	4 첨가
5 비하	6 구상화	7 폐해	8 호도
9 역려	10 회한	11 윤택	12 왕복
13 운무	14 옹색	15 폐허	16 호탕
17 영접	18 찰나	19 유혹	20 영어
21 읍양	22 저작	23 야유	24 판납
25 칩거	26 언제	27 괴뢰	28 소양
29 조강	30 무격	31 발효	32 활리
33 직신	34 강계	35 창진	36 패부
37 하루	38 시노	39 귤병	40 잉태
41 거재	42 경건	43 둔적	44 엄매
45 빙고	46 신랄	47 사소	48 속박
49 강개	50 해금	51 재물(뇌물) 회	52 췰 갈
53 외람할 외	54 공손할 제	55 새 봉	56 갈매기 구
57 용솟음칠 흉	58 쪽 람	59 무너질 궤	60 지을 주
61 파리할 초	62 매 응	63 생강 강	64 가시 극
65 저주할 저	66 나부낄 표	67 나이 령	68 소모할 모
69 안장 안	70 쌓을 퇴	71 모자랄 핍	72 검은말 려(리)
73 일어설(넘어질)궐	74 고요할 밀	75 궁벽할 벽	76 향기 은
77 빠를 첩	78 여쭐 품	79 지껄일 훤	80 국 갱
81 눈동자 동	82 펼 터	83 相補的	84 危懼
85 混用	86 感覺的	87 好惡	88 先入觀
89 多樣性	90 交易	91 便宜	92 追究(追求/推究)
93 莫重	94 傾倒	95 劣敗	96 蘇聯
97 企劃	98 承諾	99 證言	100 主導
101 幻聽	102 黃昏	103 微風	104 街路樹
105 環境	106 災殃	107 改革	108 抛棄
109 斥候兵	110 僞裝	111 朗誦	112 參席
113 勤儉	114 蒙塵	115 滯症	116 豚犬
117 敎唆	118 浮葉	119 親睦	120 愚直
121 拍掌	122 戲弄	123 桐	124 飢
125 朱	126 奪	127 充	128 惠
129 祀	130 延	131 傲(倨)	132 墳
133 ①	134 ①	135 ②	136 ②
137 ②	138 ①	139 ②	140 ②
141 ①	142 ①	143 緩	144 伸
145 需	146 雌	147 忙	148 凶
149 裏	150 吐	151 矛	152 憎
153 擊	154 雷	155 紫	156 膽
157 伐	158 麥	159 狗	160 厚
161 螢	162 貪	163 拳	164 髮
165 窮	166 拔	167 脣	168 巾
169 糸	170 月(肉)	171 彳	172 广
173 彳	174 貝	175 目	176 田
177 頁	178 남의 상사에 조의를 표함.		
179 비밀이 드러남.		180 너희들	181 아직 존재함.
182 산소에 심는 나무의 총칭.		183 꽃병 물병 등의 미칭.	
184 원통한 죄를 밝혀 씻음.		185 마음을 놓음.	
186 공격과 방어.		187 왕성한 원기.	188 射亭
189 貢布	190 私藏	191 遊離	192 錢貨
193 奏疏	194 酒邪	195 淺才	196 鄕愁
197 懷疑	198 柒	199 塩	200 担

【제97회】 기출문제(137p~140p)

1 참칭	2 조칙	3 비방	4 참회
5 야유	6 기구	7 감당	8 폐허
9 척추	10 근육	11 괴팍	12 빙자
13 탄로	14 활강	15 궤변	16 궤산
17 겁박	18 아사	19 요철	20 훼손
21 활협	22 메별	23 반사	24 패검
25 답지	26 호표	27 간특	28 도서
29 조짐	30 농염	31 발랄	32 치매
33 시호	34 착굴	35 무지	36 말갈
37 구치	38 두진	39 맹아	40 소요
41 비박	42 도륙	43 수척	44 투척
45 교란	46 개선	47 부연	48 수치
49 황송	50 옥새	51 늦을 안	52 괴이름 간
53 무릎 슬	54 끊을 절	55 흠향할 흠	56 짤 착
57 높은땅 개	58 좀먹을 식	59 장수 수	60 너그러울 유
61 뵐 근	62 바다 명	63 담 전	64 맺을 체
65 골짜기 협	66 필 필	67 버릴 반	68 공경할 건
69 찾을 며	70 솟을 용	71 붙일 첩	72 눈동자 동
73 깨어날 소	74 꾸물거릴 준	75 군색할 군	76 턱 악
77 젖을 점	78 물이름 회	79 내기 도	80 목책 채
81 깰 성	82 밝을 량	83 茉蔬	84 後孫
85 繁榮	86 寄與	87 宣誓	88 逮捕
89 歪曲	90 颱風	91 濫獲	92 滅種
93 危機	94 心臟	95 鼓動	96 巨船
97 透明	98 智慧	99 悅樂	100 禮讚
101 偏頗	102 視聽者	103 沮害	104 環境
105 汚染	106 災殃	107 弊端	108 春窮期
109 糧穀	110 備蓄	111 鬱蒼	112 純潔
113 聰俊	114 溺沒	115 蓋草	116 秋霜
117 陶瓦	118 野禽	119 低廉	120 欺罔
121 幣聘	122 腐儒	123 謙	124 養
125 寂	126 朋	127 堤	128 擁
129 胸	130 曉	131 旗	132 缺(乏)
133 ①	134 ①	135 ②	136 ②
137 ②	138 ①	139 ①	140 ②
141 ①	142 ①	143 濁	144 仰
145 尾	146 遠	147 鈍	148 衰
149 勤	150 淺	151 壽	152 賤
153 爐	154 耳	155 踏	156 桑
157 割	158 尿	159 滄	160 橫
161 魂	162 退	163 躍	164 膠
165 錯	166 禍	167 逐	168 夕
169 巾	170 鳥	171 頁	172 隹
173 貝	174 月	175 皿	176 夊
177 牛	178 임금이 가장 믿고 소중히 여기는 신하		
179 아주 가까운 거리		180 매우 쉬움.	
181 서로 비슷하여 맞섬.		182 온갖 사물의 맨 처음.	
183 매우 위급함.		184 주목을 끄는 일.	
185 가장 뛰어난 부분.		186 드러내어 퍼지게 함.	
187 원통해하고 슬퍼함.		188 徒勞	189 油脂
190 搜索	191 沙器	192 廳舍	193 取捨
194 塗裝	195 遲刻	196 畢竟	197 帳簿
198 鷄	199 厪	200 灣	

【제98회】 기출문제(141p~144p)

1 세태	2 풍자	3 감당	4 단련
5 비방	6 금도	7 경우	8 울창
9 준령	10 등반	11 기구	12 돈독
13 취업	14 알선	15 파란	16 중첩
17 빙자	18 사기	19 맹수	20 도륙
21 저작	22 조짐	23 한발	24 범패
25 말갈	26 수척	27 시호	28 형극
29 모호	30 두진	31 답지	32 흔적
33 괴팍	34 양말	35 비박	36 세척
37 교활	38 지탱	39 아첨	40 유린
41 이완	42 패륜	43 박탈	44 열반
45 경건	46 능멸	47 굴착	48 탐닉
49 징비	50 하상	51 외람할 외	52 지을 주
53 흠향할 흠	54 불을 팽	55 부끄러울 참	56 거만할 거
57 더러울 루	58 아득할 묘	59 잡을 나	60 비둘기 구
61 물넘칠 도	62 무당 무	63 너그러울 유	64 버릴 반
65 떫을 삽	66 턱 악	67 올 제	68 뚫을 천
69 모자랄 핍	70 물이름 회	71 창 모	72 부칠 우
73 부끄러울 수	74 꾸물거릴 준	75 깨어날 소	76 솟을 용
77 외짝 척	78 고할지를 포	79 생강 강	80 아첨할(예쁠) 미
81 좀먹을 식	82 돼지 저	83 弄談	84 極少數
85 除外	86 潤滑油	87 沙漠(砂漠)	88 乾燥
89 殺伐	90 餘裕	91 汚染	92 災殃
93 偏頗	94 視聽者	95 沮害	96 均衡
97 所得	98 維持	99 防止	100 調和
101 補闕	102 歸趨	103 狀況	104 把握
105 紙墨	106 筆硯	107 書札	108 傲慢
109 庸劣	110 凡夫	111 虛空	112 雲霧
113 森林	114 幣聘	115 腐儒	116 酷寒
117 恐怖	118 知覺	119 追慕	120 瑞氣
121 密封	122 企圖	123 絡	124 抵
125 減	126 幕	127 嫌	128 催
129 旗	130 輔	131 購	132 骨
133 ②	134 ①	135 ①	136 ①
137 ①	138 ②	139 ②	140 ②
141 ①	142 ②	143 淡	144 盛
145 雌	146 愚	147 鄕	148 溫
149 晩	150 辱	151 貸	152 譽
153 逆	154 背	155 劍	156 秀
157 泥	158 禽	159 懸	160 躍
161 縫	162 荷	163 舟	164 鬪
165 奔/行/馳	166 紫	167 虎	168 心
169 夂(攴)	170 辵(辶)	171 鳥	172 食
173 頁	174 阝	175 隹	176 山
177 巾	178 좀도둑	179 간사하고 사특함.	
180 곤궁함.	181 가장 믿는 신하	182 가장 뛰어난 부분	
183 세월	184 아주 가까운 거리		
185 속세를 피해 조용히 사는 이		186 쓸데없는 걱정	
187 학식이 뛰어난 사람		188 遞增	189 艦艇
190 辭讓	191 草露	192 優待	193 熱唱
194 思惟	195 靜寂	196 武器	197 推薦
198 抛	199 柒	200 双	

【제99회】 기출문제(145p~148p)

1 치매	2 박탈	3 절친	4 칩거
5 삼림	6 울창	7 준령	8 등반
9 고적	10 굴착	11 굉음	12 무도
13 화려	14 환상적	15 사소	16 훼손
17 엄벌	18 빙자	19 지각	20 결석
21 옥새	22 황송	23 부란	24 유린
25 지탱	26 이완	27 작소	28 한발
29 괴팍(퍅)	30 범패	31 잉태	32 정예
33 조짐	34 궤양	35 상환	36 박획
37 권련	38 쇄설	39 인륜	40 흉금
41 사바	42 패총	43 영어	44 췌장
45 아첨	46 맹아	47 포폄	48 사특
49 기근	50 준설	51 사다리 잔	52 즙 장
53 씨름 저	54 짤 착	55 잡을지	56 칙서 칙
57 급할 표	58 아름다울 희	59 비롯할 조	60 아뢸 주
61 풀 훼	62 거만할 거	63 열반 녈	64 쇠뇌 노
65 새알 단	66 대바구니 람	67 멸구 명	68 수컷 모
69 노할 발	70 이을 사	71 피부병 소	72 볼 조
73 찰 패	74 낙타 타	75 버릴 반	76 부추길 사
77 서까래 연	78 산굽이 우	79 함박꽃 작	80 예언 참
81 씌울 투	82 긁을 파	83 斬新	84 選拔
85 推薦	86 閥族	87 喪家	88 弔客
89 哀悼	90 遮陽幕	91 付託	92 獨特
93 微笑	94 感激	95 神祕(秘)	96 印象
97 記憶	98 趣味	99 衝突	100 融合
101 黃昏	102 街路樹	103 魅惑	104 謀陷
105 愚鈍	106 憤慨	107 嫌惡	108 汚染
109 災殃	110 復舊	111 洗濯	112 根幹
113 仙翁	114 低廉	115 蛇足	116 蒙塵
117 酷寒	118 埋沒	119 壓卷	120 克己
121 濃霧	122 幽囚/拘禁	123 尖	124 棄
125 怖	126 謹	127 督/催	128 忌
129 絡	130 敏	131 薄	132 愧
133 ①	134 ②	135 ①	136 ①
137 ①	138 ②	139 ②	140 ①
141 ②	142 ②	143 削	144 緯
145 雅	146 寡	147 浮	148 濁
149 遠	150 庶	151 劣	152 詳
153 恥	154 儉	155 伐	156 碧
157 叫	158 枯	159 脣	160 魂
161 裏	162 夕/暮	163 舟	164 禽
165 擊	166 屍	167 剛	168 广
169 巾	170 宀	171 刀(刂)	172 女
173 夕	174 攴(攵)	175 皿	176 目
177 貝	178 나뭇가지를 쳐냄.		
179 매우 적음의 비유.		180 기개가 세참.	
181 수량이 점차 늚.		182 고향이 그리워 느끼는 슬픔.	
183 여든여덟 살.		184 불쌍히 여김.	
185 지게미와 쌀겨. 매우 초라한 음식.		186 눈물을 흘리며 슬피 욺.	
187 조상의 공덕으로 받는 복.		188 轉補	189 驅除
190 誇張	191 代辯	192 硯滴	193 思惟
194 雇傭	195 追慕	196 敬畏	197 凍傷
198 龜/亀	199 炉	200 柒	

【제100회】 기출문제(149p~152p)

1 흔적	2 골수	3 고적	4 무도회
5 화려	6 환상적	7 우환	8 빙자
9 지각	10 결석	11 자행	12 요철
13 굉음	14 원수	15 감내	16 왜곡
17 포기	18 세척	19 대관식	20 답지
21 능멸	22 회신	23 인륜	24 앵순
25 간특	26 조짐	27 탐닉	28 시호
29 치매	30 괴팍(퍅)	31 발탁	32 옥새
33 긍휼	34 열반	35 정예	36 범패
37 핍박	38 한발	39 신랄	40 흉금
41 질곡	42 개선	43 췌장	44 포폄
45 맹아	46 준설	47 초췌	48 원앙
49 납밀	50 하자	51 까치 작	52 그늘 음
53 마을 염	54 승냥이 시	55 깨어날 소	56 바퀴/날 비
57 이랑 무(묘)	58 아낄 린	59 조약돌 력	60 내기 도
61 누를 날	62 먹을 끽	63 겨 강	64 얽을 전
65 목구멍 후	66 여쭐 품	67 호탕할 탕	68 언덕 치
69 사패지 채	70 꾸물거릴 준	71 함정 정	72 가슴 응
73 후손 예	74 다죽일 섬	75 사향노루 사	76 자라 별
77 쓰러질 미	78 마름 릉	79 가래 담	80 잡을 나
81 빌 근	82 도울 비	83 蘇聯	84 回顧錄
85 企劃	86 承諾	87 證言	88 主導
89 威脅	90 沮止	91 屈從	92 培養
93 敵侵	94 徹底	95 銘心	96 恒常
97 禮儀	98 黃昏	99 微風	100 魅惑
101 依支	102 破壞	103 幸福	104 期待
105 希望	106 條件	107 産業	108 基礎
109 緊急	110 朝鮮	111 痲醉	112 盲腸炎
113 焦眉	114 篤實	115 仙翁	116 塗炭
117 濃霧	118 秋毫	119 硯滴	120 叛徒
121 推薦	122 埋沒	123 抵	124 促
125 愼	126 恐	127 飢(饑)	128 祀
129 塡	130 謬	131 頌	132 傲
133 ①	134 ①	135 ②	136 ②
137 ②	138 ②	139 ①	140 ①
141 ①	142 ②	143 降	144 雌
145 親	146 辱	147 伸	148 裏(裡)
149 矛	150 吐	151 憎	152 賤
153 厚	154 狗	155 潔	156 碧
157 絶	158 貫	159 禽	160 擊
161 肝	162 隨	163 横	164 爐
165 散	166 紫	167 蛇	168 广
169 宀	170 女	171 夕	172 彳
173 广	174 舟	175 网(罒)	176 禾
177 戈	178 임금이 가장 믿는 신하		
179 사물의 처음	180 너희들	181 좀도둑	
182 학식이 뛰어난 사람		183 조개무지	184 감옥
185 구덩이에 파묻어 죽임		186 드러내어 널리 퍼지게 함	
187 보리와 밀	188 昭雪	189 搜索	190 隆起
191 誦經	192 愚計	193 慈仁	194 射亭
195 旅券	196 靈鳥	197 停電	198 柒
199 献	200 写/冩		

【제101회】 기출문제(153p~156p)

1 工程	2 飜譯	3 立案	4 久遠
5 高揚	6 歸屬心	7 紛爭	8 탐원
9 末葉	10 急速	11 重視	12 情報
13 豫想	14 賦存	15 頭腦	16 秩序
17 效果的	18 狂風	19 幼兒	20 盛業
21 早期	22 病弊	23 當局	24 短見
25 輕薄	26 深刻	27 對應策	28 斬新
29 親舊	30 敦篤	31 友愛	32 기구
33 옹색	34 누추	35 膠着	36 알선
37 괴팍	38 감내	39 척추	40 巖盤
41 稀土類	42 轉禍爲福	43 번체자	44 判異
45 折半	46 綿密	47 領域	48 絶妙
49 分擔	50 묘사	51 범패	52 앵순
53 답지	54 간특	55 교활	56 패검
57 척출	58 신랄	59 묘연	60 조짐
61 섬멸	62 보살	63 부연	64 준설
65 징비	66 견책	67 수척	68 시호
69 형극	70 한발	71 탐닉	72 사치
73 치매	74 궤양	75 포승	76 도륙
77 등반	78 대관	79 비박	80 치질
81 빛날 희	82 낄 개	83 이을(얽을) 락	84 쥘 악
85 으뜸 패	86 달아날 추	87 열흘 순	88 기울 선
89 시내 계	90 못할 렬	91 짝 필	92 사냥 렵
93 큰 산 악	94 답답할 울	95 나물 소	96 겨우 근
97 섶 시	98 돼지 해	99 상거할 거	100 방패 순
101 싹 아	102 섭섭할 감	103 천간 무	104 무릎 슬
105 품을 회	106 조 속	107 온당할 타	108 태풍 태
109 근거 거	110 수레 량	111 배 박	112 미끄러울 활
113 蒙塵	114 秋毫	115 遞增	116 米壽
117 幣聘	118 腐儒	119 酷寒	120 仙翁
121 低廉	122 追慕	123 桐	124 融
125 怖	126 催	127 枩	128 慢
129 抱	130 旗	131 胸	132 祀
133 ②	134 ①	135 ①	136 ②
137 ①	138 ②	139 ②	140 ①
141 ①	142 ①	143 雌	144 縮
145 銳	146 削	147 譽	148 濁
149 拙	150 叔	151 方	152 怠
153 憤(忿)	154 閣	155 洋(羊)/國	156 罔
157 梁	158 端	159 膚	160 懃
161 阿	162 荷	163 突	164 棟
165 緣	166 鳥/瓦	167 愧	168 口
169 手	170 子	171 禾	172 貝
173 月	174 心(忄)	175 广	176 耳
177 足	178 飯酒	179 祈雨	180 帳簿
181 競技	182 超越	183 産卵	184 多寡
185 汚水	186 富豪	187 脫臭	
188 죽지 않고 모질게 살아 있는 목숨.	189 너희들.		190 상서로운 새.
191 불경을 욈.	192 손바닥 자국.	193 높게 일어나 들뜸.	
194 매우 높거나 깊음.		195 쥐새끼 같은 좀도둑.	
196 보리와 밀.	197 원통한 죄를 밝혀 씻음.		
198 駅	199 辞	200 体	

【제102회】 기출문제(157p~160p)

1 궁핍	2 핍박	3 모멸	4 야유
5 저주	6 간특	7 교활	8 한발
9 여액	10 여염	11 태풍	12 촌탁
13 준설	14 부연	15 선명성	16 가혹
17 냉엄	18 치매	19 수척	20 방황
21 참칭	22 조칙	23 도서	24 조짐
25 척출	26 누추	27 기근	28 옹서
29 오매	30 잉태	31 비방	32 옹체
33 등반	34 빙자	35 굴착	36 사치
37 영아	38 비박	39 맹아	40 괴팍(팩)
41 융단	42 해학	43 메별	44 황송
45 창일	46 효시	47 아첨	48 지탱
49 조우	50 열반	51 어려울 간	52 기러기 안
53 불탄끝 신	54 아지랑이 애	55 안장 안	56 함정 정
57 무리 휘	58 겨 강	59 쾌할 령	60 막힐 질
61 가마 련	62 황달 달	63 문서 첩	64 여쭐 품
65 굴레 기	66 누를 날	67 돌무더기 뢰	68 빗 즐
69 꾸짖을 힐	70 물소리 팽	71 샘낼 투	72 씨름 저
73 언덕 애	74 섶 시	75 하품 흠	76 이를 숙
77 조약돌 력	78 서까래 연	79 저울 칭	80 송곳 추
81 띨 용	82 감질 감	83 固執	84 普遍
85 安當	86 修繕	87 憂鬱症	88 葛藤
89 歪曲	90 蠻行	91 墨池	92 筆硯
93 悅樂	94 沙漠(砂漠)	95 零落	96 腐敗
97 裝飾	98 千紫	99 萬紅	100 引導
101 累積	102 倒産	103 籠球	104 制霸(覇)
105 吸煙	106 喉頭癌	107 誘發	108 偏頗
109 視聽者	110 沮害	111 茂盛	112 純潔
113 焦眉	114 篤實	115 藍碧	116 蒙塵
117 漂流	118 欺罔	119 瑞氣	120 蛇足
121 米壽	122 閥族(閥閱)	123 墳	124 祀
125 舶	126 糧	127 絡	128 忌
129 薄	130 骨	131 抛	132 嫌
133 ②	134 ①	135 ①	136 ②
137 ②	138 ②	139 ①	140 ①
141 ①	142 ①	143 遠	144 銳
145 怠	146 尾	147 賤	148 橫
149 雅	150 憎	151 添	152 吐
153 嶺	154 精	155 仰	156 歡
157 爐	158 恥	159 脣	160 剛
161 虎	162 辨	163 拔	164 涼
165 鴻	166 爭	167 就	168 夕
169 巾	170 歹	171 足	172 頁
173 鳥	174 隹	175 雨	176 犬
177 目	178 지난해 섣달	179 즙을 짜낸 찌꺼기	
180 임금이 가장 믿는 신하	181 대표적인 폭군		182 세월
183 매우 쉬움	184 가장 뛰어난 부분		185 잡아 가둠
186 기능	187 잘 달리는 우수한 말		188 救濟
189 驅除	190 搜索	191 愁色	192 變更
193 邊境	194 謀事	195 模寫	196 有志
197 維持	198 触	199 転	200 蚕

한자능력검정시험
기출 · 예상문제집 1급

발 행 일 ㅣ 2024년 3월 20일

발 행 인 ㅣ 한국어문한자연구회

발 행 처 ㅣ 한국어문교육연구회

주　　소 ㅣ 경기도 남양주시 다산순환로 20 B동
　　　　　 3층 34호(다산현대 프리미엄캠퍼스몰)

전　　화 ㅣ 02)332-1275, 031)556-1276

팩　　스 ㅣ 02)332-1274

등록번호 ㅣ 제313-2009-192호

I S B N ㅣ 979-11-91238-61-7　13700

인지

정가 16,000원

공ㅣ급ㅣ처　　푸른하늘　T. 02-332-1275, 1276　ㅣ　F. 02-332-1274
www.skymiru.co.kr

한자능력검정시험
기출·예상문제집